オーストラリア教育改革に学ぶ
── 学校変革プランの方法と実際 ──

佐藤博志 編著

Lessons from the Education Reform in Australia
─ Methods and Practice of School Innovation Plan ─

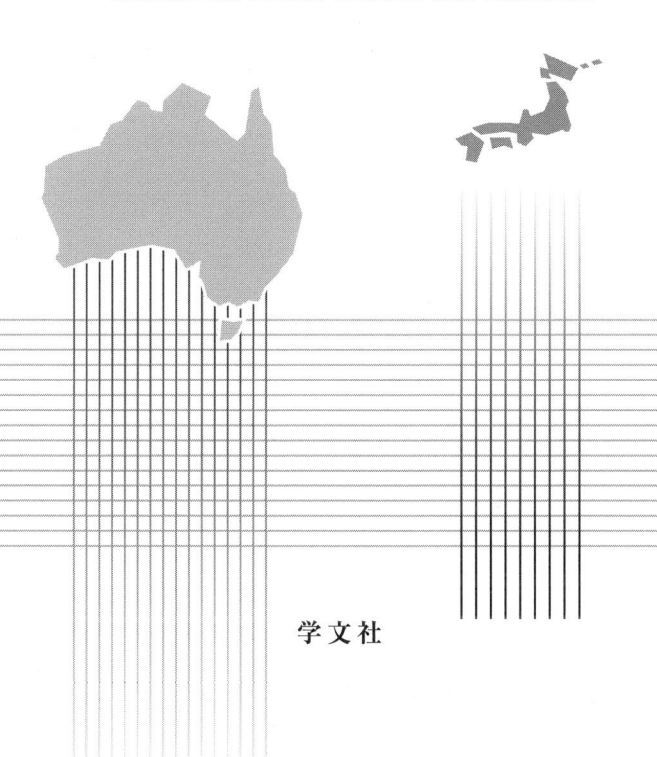

学文社

まえがき

　心ある教師は「学校を何とか良くしよう」との思いで，子どもに向き合い日々努力している．だが，現実の壁はあまりにも高い．第一に，今日の教育改革は迷走している．教育改革はグランドデザインをもたず，授業の変革に焦点づけられていないため，学校現場を多忙化と無力感に陥れている．第二に，学校組織を形成する教師の世界は，相互不干渉，事なかれ主義，前例主義が支配し，学校の変革を困難にしている．第三に，各学校は，学校変革を進めるためのプランを明確に策定していない．そのため，教師の努力が拡散する傾向がある．社会と子どもの変化が急激な時代にこそ，学校変革プランが必要である．第四に，教職の専門的力量形成の仕組みが整備されていない．その結果，新たな価値・知識・方法を摂取しないまま，多くの教師が教壇に立っている．第五に，スクールリーダーは，一部の卓越した事例を除いて，子どもと授業に焦点づけたリーダーシップを発揮していない．スクールリーダーに大学院レベルの学習機会を提供することが急務であるが，そのための全国的システムは体系化されていない．

　本書は，このような教育界の現実を直視し，とくに第三の問題，すなわち，学校変革プランの方法と実際について論究する．そして，学校現場で努力している教師の方々に問題解決の手がかりを示すことを試みる．そのために，まず，オーストラリアの教育と学校変革プランについて紹介する．次に，オーストラリアの学校変革プランを参考に，3名の教師に事例研究を行ってもらった．事例研究は，学校の課題と経緯についても論述しており，前述の諸問題のいくつかに迫るものとなっている．本書の主題はスクールリーダーの関心事であろう．その点に着目すれば，本書は第五の問題，つまり，スクールリーダーシップ開発の問題に関係している．

　本書の読み方は，いろいろ考えられる．本書は，学校経営計画の作り方の参

考になり得る．オーストラリアの教育改革について論じた図書でもある．事例研究を中心に読めば，教師の努力についてもうかがい知ることができる．いずれにしても，本書は学校経営研究の実践化を志向している．本書の企画は，「オーストラリア政府文化機関豪日交流基金」の出版助成に採択された．オーストラリア政府，豪日交流基金に感謝申し上げる．本書が日豪友好の発展に貢献できることを願う．

　最後に，学文社代表取締役田中千津子氏に心より御礼申し上げる．

2007年春

編著者

付記　本書は「オーストラリア政府文化機関豪日交流基金」の助成を受けて刊行された．

目 次

まえがき　i

序　章　本書の目的・意義・方法 …………………………………… 1

第1節　本書の背景　2

(1) スクールリーダーとの出会い　2
(2) 漂流する日本の教育改革と教師の苦悩　4
(3) 自律的学校経営と教育改革のデザイン　5

第2節　本書の目的　8

(1) 現代教育改革における学校経営計画の位置　8
(2) 学校経営計画の現状と課題　10
(3) 本書の目的―学校経営計画から学校変革プランへ―　13
(4) アメリカのチャータースクールとの違い　15

第3節　本書の意義　16

(1) 学校経営研究の実践化　16
(2) 比較教育研究の実践化　20

第4節　本書の方法と構成　22

(1) 本書の方法　22
(2) 事例研究の性質　25
(3) 本書の構成　27

第1章　オーストラリアの教育改革 …………………………… 33

第1節　オーストラリアの教育制度　33

(1) 教育の社会背景　33
(2) 教育制度　35
(3) 教育行政と学校　37
(4) 学力水準　41

第2節　学校をベースとした教育改革　47

(1) 学校審議会　47
(2) 学校の裁量拡大とパートナーシップ　48
(3) 教育課程政策　51

第3節　多民族共生のための教育改革　55

(1) 多文化教育　55
(2) 市民性教育　59
(3) 先住民教育　60

第4節　オーストラリアの学校教育の卓越性と課題　63

第2章　オーストラリアの学校変革プラン・チャーター ……… 69

第1節　ビクトリア州の自律的学校経営　69

(1) 自律的学校経営の概念　69
(2) 自律的学校経営の歴史的背景　70
(3) オーストラリア学校経営改革におけるビクトリア州の位置　71

第2節　ビクトリア州の教育改革と学校組織マネジメントシステム　73

(1) ビクトリア州の教育改革　73
(2) 学校組織マネジメントシステム　75

第3節　ベンチマーク　76

第4節　チャーター　80

　(1)　チャーターの定義と構成　80
　(2)　チャーターの作成過程　84

第5節　学校評価　86

　(1)　学校年次報告　86
　(2)　3年ごとの学校評価　87

第6節　学校ランキングの規制　89

第7節　チャーターの理論　92

　(1)　準契約としてのチャーター　92
　(2)　チャーターとアカウンタビリティ　94

第8節　日本の学校におけるチャーターの使用法　95

　(1)　日本とオーストラリアの学校経営の相違性　95
　(2)　チャーターの使用法①―教育理念の明確化―　96
　(3)　チャーターの使用法②―将来展望の検討―　97
　(4)　チャーターの使用法③―学校変革の方向性の提示―　100
　(5)　チャーター活用の技術的ポイント　102
　(6)　考　察　104

第3章　公立A小学校におけるチャーターの作成　……………　112

第1節　学校の概要　112

　(1)　学校の特徴と組織　112
　(2)　教育目標　113
　(3)　教育課程　113

第2節　学校改善の経緯と課題　115

　(1)　学校改善の経緯―二学期制を通して―　115
　(2)　学校改善の経緯―放送教育・情報教育を通して―　118
　(3)　学校の現状と課題　119

第3節　チャーターの作成　121

　　(1)　チャーター作成の手順と方針　121
　　(2)　チャーターの全体像　126
　　(3)　学校プロファイル　126
　　(4)　教育課程目標　126
　　(5)　教育環境目標　132
　　(6)　スタッフマネジメント目標　133
　　(7)　財務・設備運営目標　134
　　(8)　重点領域　134
　　(9)　実践方針　134
　　(10)　児童のルール　135
　　(11)　アカウンタビリティ計画　135

　第4節　成果と課題　135

第4章　公立Ｂ中学校におけるチャーターの作成　……………… 137

　第1節　学校の概要　137

　　(1)　学校の特徴と組織　137
　　(2)　教育目標　138
　　(3)　教育課程　141

　第2節　学校改善の経緯と課題　141

　　(1)　学校改善の経緯—2002年度まで—　141
　　(2)　学校改善の経緯—2002年度以降—　144
　　(3)　学校の現状と課題　146

　第3節　チャーターの作成　148

　　(1)　チャーター作成の手順と方針　148
　　(2)　チャーターの全体像　150
　　(3)　学校プロファイル　150
　　(4)　教育課程目標　156
　　(5)　教育環境目標　157

(6)　スタッフマネジメント目標　　158
　　　(7)　財務・設備運営目標　　159
　　　(8)　重点領域　　159
　　　(9)　実践方針　　160
　　　(10)　生徒のルール　　160
　　　(11)　アカウンタビリティ計画　　161
　第4節　成果と課題　　161

第5章　公立C高等学校におけるチャーターの作成 ………… 167

　第1節　学校の概要　　167
　　　(1)　学校の特徴と組織　　167
　　　(2)　教育目標　　168
　　　(3)　教育課程　　170
　第2節　学校改善の経緯と課題　　173
　　　(1)　学校改善の経緯　　173
　　　(2)　民間出身校長赴任1年目—2003年度—　　173
　　　(3)　民間出身校長赴任2年目—2004年度—　　176
　　　(4)　民間出身校長赴任3年目—2005年度—　　178
　　　(5)　学校の現状と課題　　179
　第3節　チャーターの作成　　182
　　　(1)　チャーター作成の手順と方針　　182
　　　(2)　チャーターの全体像　　182
　　　(3)　学校プロファイル　　182
　　　(4)　教育課程目標　　190
　　　(5)　教育環境目標　　192
　　　(6)　スタッフマネジメント目標　　193
　　　(7)　財務・設備運営目標　　195
　　　(8)　重点領域　　196
　　　(9)　実践方針　　201
　　　(10)　生徒のルール　　202

(11)　アカウンタビリティ計画　202
　第4節　成果と課題　202

終　章　オーストラリア教育改革に学ぶ ……………… 205

　第1節　事例研究執筆者からのメッセージ　205
　　　(1)　公立A小学校の場合　205
　　　(2)　公立B中学校の場合　206
　　　(3)　公立C高等学校の場合　208
　第2節　スクールリーダーとの対話　210
　　　(1)　学校経営計画の作成過程　211
　　　(2)　チャーターの実践方針と学校プロファイル　212
　　　(3)　チャーターを通して日本の教育について考える　213
　第3節　本論の要点　216
　　　(1)　オーストラリア教育の研究　216
　　　(2)　事例研究　217
　第4節　結論―学校変革プランの方法と実際―　223
　　　(1)　チャーターの意義　223
　　　(2)　チャーター作成の手順　226
　　　(3)　チャーターの基準　227
　　　(4)　学校プロファイル　229
　　　(5)　学校目標　233
　　　(6)　重点領域　237
　　　(7)　実践方針　239
　第5節　おわりに　241
　　　(1)　教育改革の課題と展望　241
　　　(2)　学校教育の普遍性・永遠性　247

補　論　スクールリーダー養成大学院の展望 ……………… 251
　　(1) はじめに　251
　　(2) 学校経営と授業開発　252
　　(3) コア，リベラルアーツ，実習　254
　　(4) 大学院レベルのスクールリーダー養成システムの確立へ　258
　　(5) 残された課題　260

あとがき　263

付属資料　264

　　(1) オーストラリア・ビクトリア州公立D小学校のチャーター（翻訳）　264
　　(2) 公立A小学校の学校経営計画　282
　　(3) 公立B中学校の学校経営計画　283
　　(4) 公立C高等学校の学校経営計画　285
　　(5) チャーターのフォーマット　287

参考文献　292

索引　299

序　章

本書の目的・意義・方法

　本書は，オーストラリアの教育改革とチャーターについて検討した上で，日本のスクールリーダーに事例研究としてチャーターを作成してもらい，学校変革プランの方法と実際を示すことを目的としている．本書は，学校現場の実践に役立つことを志している．したがって，主な読者対象は教師である．とくに，「学校変革の手がかりを知りたい」と思っているスクールリーダーの人びとに読んでいただきたい[1]．もちろん，教育行政職員，大学院生，学部生，保護者，教育に関心をもつ市民の方々も読者対象である．以下，第1節で本書の背景を述べ，第2節で目的を論じる．次に第3節で本書の意義を説明する．第4節では本書の方法と構成について説明する．

　なお，序章，第2章，終章（いずれも編著者が執筆を担当）では日本の教育行政制度に対する見解が示されている．これは編著者個人の見解であって，分担執筆者および分担執筆者の勤務校とは関係がないことをおことわりしておく．

第1節　本書の背景

(1) スクールリーダーとの出会い

　2004年3月末日，私は博多発の新幹線に乗って岡山に向かっていた．同年4月に開設される岡山大学大学院教育学研究科教育組織マネジメント専攻の専任教員になるために，前任校の長崎大学を後にしたのだ．岡山大学の教育組織マネジメント専攻は，全国で最初に設置されたスクールリーダー養成大学院である[2]．だが気分は晴れない．私は「どのような授業をすればいいのか．どんな学生が来るのか．年長者にどのように教えるのか」と考え込んでいた．答が見つからないまま，あっという間に岡山駅に到着した．

　私の担当科目は学校経営戦略特論，同演習で，開講は平日夜間である．最初の授業の日，教室に入って息をのんだ．雰囲気はまさに学校の職員室．学校帰りの教師ばかりだ．何か談笑している．とまどっていると，一番前に座っている学生が笑顔で声をかけた．「先生，どうぞおかけください」．心優しい学生のようだった．授業を開始し，学生に自己紹介を求めると，「教頭をしています」「教務主任をしています」との答が次々に返ってくる．「この人たちに，研究ばかりやってきた私が何を教えるのか」というのが，口には出せない正直な思いだった．

　現在と違って当時は，スクールリーダー養成大学院における教育方法はほとんど開発されていなかった．大学院では研究をするのが主流であり，私も研究者養成の大学院の中で育ってきた．したがって，実践的な文献を扱う，議論を学生に展開させる等の工夫をしても，研究者養成大学院的な授業スタイルになってしまう．だから，うまくいった時は議論が盛り上がるし，そうでない時は，今一つになってしまう．授業がうまくいかなかった時は，帰り道で「彼らの時間と授業料を無駄にしてしまった」と後悔せざるを得なかった．後期には，学校評価をテーマとして，事例研究とロールプレイ方式を取り入れた．学生たち

は「おもしろいです．勉強になります」と言ってくれる．だが，ベストの授業ではないことは私自身がよく分かっている．教えたことのある人なら誰でも知っているだろう．「教室の雰囲気，学生の反応」が授業の良し悪しを判断するポイントであることを．どうすればいいのか，分からないまま一年が過ぎた．

切り替えたのは2年目である．私の得意分野に焦点づけて，授業のテーマを設定することにした．前期は，「学校・幼稚園における経営戦略—権限・資源の活用，ビジョン策定，実施方法—」，後期は，「教育改革に関する総合的研究」をテーマとして，授業を展開した[3]．いずれも私が研究してきた分野だから，自信をもって話せる．幸い，これらのテーマに対する学生の関心はとても高かった．それに，1年目の授業のおかげで，多少なりとも，教師の気持ちが分かってきたので，学生との会話が自然になってきた．2年目は，少しずつ真剣勝負の議論ができるようになってきたと思う．私にとっては学ぶことの多い2年目だった．そして，3年目の授業では毎回熱い議論が続く．私自身もさまざまな機会をとらえて学校現場に関与するようになった．3年目は，教師の問題を何度か授業で扱った．その際，授業が始まるとすぐに教室の空気に緊張感が走ったことが忘れられない．教師の問題は学生自らの問題だから，真剣な思いがにじみ出たのであろう．その3年目もまもなく終わろうとしている[4]．

こうした経験から分かったことがある．それは「学校現場は本当にこまっている」ということだ．そして，教師は，「どんなものでもいいから，学校を良くするための手法がほしい」と思っている．しばしば，スクールリーダー養成には学校経営のスキルが重要だと指摘される．スキルを習得させるためにワークショップが有効とされる．だが，技法に傾斜したスクールリーダー養成は砂上の楼閣である．教育論・教師論をベースとした実践志向の本質的議論こそが，スクールリーダー養成の核心である[5]．この点をクリアしていれば，「考えるヒント」であっても，スクールリーダーの心に響く．

オーストラリア教育の研究を約15年続けてきた私は，オーストラリア教育改革の中で，日本の学校現場のヒントになり得るものは何かを考えた．今，国

レベルの教育改革はイギリスをモデルとしている．しかし，学校現場は，イギリスに限らず，どこの国の方法でもいいから，学校を良くする方法を教えてほしいと切実に考えている．そこで，日本とオーストラリアの教育改革の動向を対比し，オーストラリアの教育改革のどの点が日本の学校現場のヒントになるのだろうかと考えた．そして，オーストラリア教育改革の実践的な研究を行うこととした．これが本書の端緒である．

(2) 漂流する日本の教育改革と教師の苦悩

先ほど「学校現場は本当にこまっている」と述べた．「その原因は何か」と問われれば，答えなければならないことは，あまりにも多い．教育政策の問題から教師の問題まで多岐にわたるだろう．ここでは，とくに政策レベルの問題を中心に論じることとする．

歴史的には，今日の教育改革の源流は，1980年代，中曽根内閣時代の臨時教育審議会にまでさかのぼることができる．より直接的な起点は，1998年の中央教育審議会の答申「今後の地方教育行政の在り方について」である．同答申は，橋本内閣が推進した行政改革・地方分権化の潮流に乗って，学校の自主性・自律性を掲げ，教育政策の新たな息吹を感じさせた．だが，1998年以降の教育改革は教師を苦悩させるものとなった．

第一に，政策で学校の自律性が強調されるわりには，学校の権限拡大はそれほど進んでいない．たしかに，いくつかの自治体で，学校裁量予算や教員の公募制・FA制が導入された．だが，学校裁量予算の金額は，それほど大きくない．学校裁量予算や教員人事の学校裁量拡大に消極的な自治体もある．また，教育課程編成の学校裁量も十分拡大されたとは言えない．裁量拡大どころか，授業時数の確保に追われ，教務主任は日々苦しんでいる．コミュニティ・スクールでは，学校裁量の拡大が意図されているが，その数は少ない．コミュニティ・スクールを標榜しながら，その趣旨を理解していない校長も，ごく一部ではあるが散見された[6]．

第二に，学校教育をめぐる上意下達構造が，地方教育行政と学校の硬直化を招いており，同時に，学校教育の結果責任（アカウンタビリティ）の所在を曖昧にしている⁷⁾．この問題について，前志木市長の穂坂邦夫は，「今の制度は，文科省→都道府県教委→市町村教委→学校現場という，導線の長い上意下達のシステムになっている．このため，市町村の役割は，所管する小中学校が上からの『命令』どおりに義務教育を行っているかどうかをチェックする受動的な『監視機関』になっている．（中略）こうした構造は，教育の実施主体である市町村や学校現場の創造性を低下させ，双方の一体感を阻害するとともに，責任感の欠如にもつながる」⁸⁾と論じている．このような上意下達構造と責任所在の曖昧さが，教育界における責任転嫁の体質を招いている．

　第三に，場当たり的な教育改革が教師の無力感を促進している．学校評議員制，学校選択制，学校週五日制，総合的な学習の時間，学校評価，教員評価，主幹職，学力向上事業が次々と導入されてきた．そして，全国学力・学習状況調査が実施され，教員免許更新制も制度化された．だが，教師は「これらの改革は何のために行われるのか」「改革を実施して，授業が良くなるのか．子どもが変わるのか」「さまざまな改革の間に整合性はとれているのか」という疑問を感じている⁹⁾．また，「システムを改革しても，大半の教師は形式的にやり過ごすだけだ．教師の専門的能力が向上しなければ，子どもに良い影響は出ない」「そもそも，スクールリーダーの能力が問われているのではないか」という声も聞かれる．「改革の結果，自己研鑽，教材開発のための時間がとれなくなっている」「出張，事務処理，苦情対応が多く，同僚との話し合いも中々できない」「最も大切な子どもと向き合う時間すらとれなくなっている」とも考えている．

(3) 自律的学校経営と教育改革のデザイン

　第一の問題（学校の裁量が乏しい）と第二の問題（上意下達構造と責任所在の曖昧さ）を解決するためには，まず，地教行法体制の見直しによって，学校の裁量

を大幅に拡大することが不可欠である．自律的学校経営を確立し，公教育をめぐる公平（equity）と効率（efficiency）の調和的実現をめざすべきである．私は自律的学校経営を「教育課程編成，人事運営，財務運営等に関する権限が大幅に委譲された学校経営」と定義している[10]．ただし，学校の権限拡大によって自動的に教育の質が向上するわけではない．当然，自律的学校経営のリーダーシップという課題も生じてくる．

したがって，次に重要なことは，スクールリーダーの能力の刷新，教師の専門的能力の向上である．教師の高い専門的能力が生かされてこそ，「自律的」と呼ぶに値する学校組織の諸活動が展開する．結局のところ，学校を動かすのは，システムではなく人だからである．とくに，スクールリーダーシップの開発が鍵になるだろう．2000年にイギリスで，トニー・ブレア（Tony Blair）首相が国立スクールリーダーシップカレッジ（National College for School Leadership）を設置したことは，その証左である．スクールリーダーの養成は成功すれば，若手への波及効果も期待される．若手教員が立派なスクールリーダーに勤務校で出会い，ともに働く中で，「自分も将来あのような教師なりたい．そのためには，どのように自分を高めていけば良いか」と思うようになるからである．

これらのことは教育の専門家ならば誰もが分かっている．分かっていながら，一向に実現できない．実現できないから，バウチャー制度，学校間競争の促進，子ども・保護者による教員評価といった暴論が幅を利かすのである．

第三の問題（場当たり的な教育改革）は，現実には第一と第二の問題と絡み合っているが，理論的には政策の問題である．今の日本の教育政策には，教育改革のデザインという発想が必要なのである．ブライアン・コールドウエル（Brian Caldwell）は，教育改革のデザインが「コア」「総合性」「体系性」から構成されると論じている[11]．私は，コールドウエルの議論を参照しながらも，教育改革のデザインは，「本質」「分野と整合性」「戦略的実施」によって構成されると考えている（図0－1）．

まず，「本質」は，すべての教育政策の基盤である．その内実は授業の質の

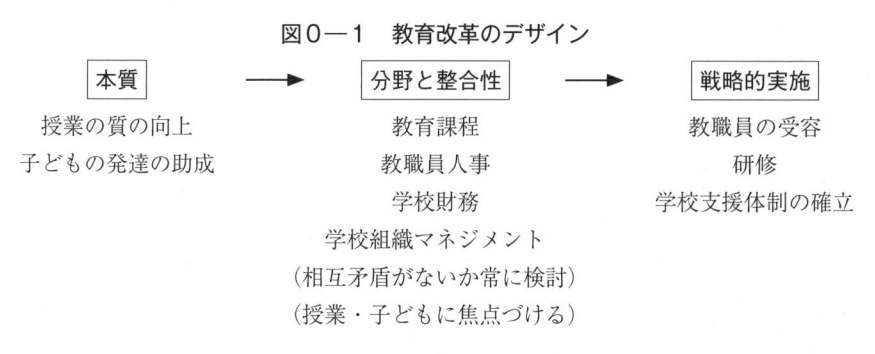

図0―1　教育改革のデザイン

| 本質 | → | 分野と整合性 | → | 戦略的実施 |

授業の質の向上　　　　　教育課程　　　　　　　教職員の受容
子どもの発達の助成　　　教職員人事　　　　　　研修
　　　　　　　　　　　　学校財務　　　　　　　学校支援体制の確立
　　　　　　　　　　　　学校組織マネジメント
　　　　　　　　　　　　（相互矛盾がないか常に検討）
　　　　　　　　　　　　（授業・子どもに焦点づける）

向上・子どもの発達の助成である．学習の主体は子どもであり，学習の場は授業だからである．当然，「本質」を構成する教育理念と哲学も明らかにされる必要がある．次に，どの分野の教育政策が必要なのかを特定する必要がある．現在は，本質に必ずしも結びつかない教育改革が散発されていると言わざるを得ない．

次に「分野と整合性」について述べる．教育政策の基幹分野として「教育課程，教職員人事，学校財務，学校組織マネジメント（学校経営計画，学校評価）」があげられる[12]．教育課程は学校の教育活動の基盤である．入試の設問も教育課程政策との整合性を保つことが求められる．教職員は教育活動を行う主体であるため，その人事の仕組みは教育の質を左右する．教育活動を実施するためには予算の裏づけが必要である．教職員の力を拡散させることなく，一定の教育理念の実現に向かって，集結させるためには，学校組織マネジメントが必要である．したがって，「教育課程，教職員人事，学校財務，学校組織マネジメント」が教育改革の基幹分野になる．教育政策の相互の整合性は強く求められる．相互に矛盾するような政策は回避されなければならない．

「戦略的実施」とは，教育改革を戦略的に実施することである．そのためには，教職員の受容，研修，学校支援体制の確立が求められるだろう．教職員の受容を担保するためには，多くの優秀なスクールリーダーを教育政策形成過程に参加させる必要がある．教育行政機関が教育改革に関する研修を企画し，学

校を支援することも必要である．学校支援体制を確立するためには，教育行政職員の力量形成が課題になってくる．具体的には，教育行政職員を専門職としてアップグレードさせるために，教育長・指導主事の大学院レベルの養成と免許制度（大学院修了または科目等履修）の導入が，真剣に検討されるべきであろう．

つまり，日本の教育政策は，「本質」（授業の質の向上・子どもの発達の助成）に役立っているかという観点から，「分野と整合性」の妥当性，「戦略的実施」の可能性を検討し，再構築（スクラップ・アンド・ビルド）される必要がある[13]．これは国と地方の両方に当てはまるが，とくに国レベルの教育政策は再構築の必要がある．国レベルの教育政策にデザインがないから，地方教育行政が混乱するのである．2006年12月15日に教育基本法が改正されたが，同法第17条に新設された教育振興基本計画の策定において，デザインの考え方が不可欠であることは言うまでもない．

本書は，以上のような教育改革の問題構造のうち，学校組織マネジメント分野の学校経営計画に焦点づけている．その基本的な理由は，学校経営計画が学校変革の羅針盤的な役割を果たすからである．ところが，日本の学校経営計画は抽象的である．組織の共通目標がはっきりしないと，教師のエンパワーメントも成立しない[14]．教師が元気にならなければ，授業は良くならないし，子どもの発達を助成できない．こうした考えから，本書は学校経営計画を主題に設定した．

第2節　本書の目的

(1) 現代教育改革における学校経営計画の位置

トニー・ブッシュ（Tony Bush）は，「学校への権限委譲は，国，地方政府の政治家や行政官がどんなにうまくやろうと意図しても，彼らよりも，学校とカレッジの専門家と素人の理事（lay governors）の方が，児童・生徒の具体的なニ

ーズを特定し，ニーズに適合した質の高い教育プログラムを実施できるだろうという確信によって進められた．拡大した自律性は，学校とカレッジのリーダーによって享受されるだろうが，アカウンタビリティの一層の重視によって調和されてきた．それが自由の代価である」と論じている．

ここには，本来，学校のアカウンタビリティの重視は学校の権限拡大と一体であるという重要な指摘が含まれている．私は自律的学校経営のアカウンタビリティを，「校長が，学校経営の結果について保護者・教育行政に説明し，納得が得られない場合，責任をとること」と定義している．つまり，アカウンタビリティは結果責任を基盤とした概念であるが，恣意的な責任追及を回避するために，結果に対する評価が必要となる．評価の前提として，学校経営計画の策定も求められるだろう．1990年代にイギリス，オーストラリア，ニュージーランドで，専門的学校評価（いわゆる第三者評価）を担当する独立機関が設けられた．そして，学校経営計画のガイドラインが設定され，教員評価も制度化されてきた．イギリス，オーストラリア，ニュージーランドにおける学校経営計画，学校評価，教員評価は，学校の大幅な権限拡大とほぼ同時に導入されたことを確認しておきたい．

一方，日本では学校の権限がそれほど拡大されず，上意下達の教育行政構造が維持されたまま，学校評価と教員評価が推進されてきた．まず，2002年の小学校設置基準等の策定以降，学校評価が強力に推進されてきた．教員評価も各自治体で導入されてきている．一部の自治体では教員評価結果と給与の連動が提案され，そのネガティブな影響が危惧されている．そして，2006年度には文部科学省が学校の第三者評価を試行した．このように日本の教育改革は，学校の権限拡大を置き去りにして，評価が先行している．こうした事態は早急に打開される必要があるだろう．

学校の権限を拡大しても，学校評価，教員評価を行えば「何を着眼点に評価するのか」という疑問がつきまとう．その疑問が解き明かされなければ，「形式だけ整えて評価をやり過ごす」ことになりかねない．これでは，各学校が抱

える根本的問題は見過ごされてしまう．学校の第三者評価の場合も例外ではない．どんなに優れた教育専門家を評価者として集めても，学校経営計画において学校，授業，教師の在り方が丁寧に記述されていなければ，第三者評価の着眼点も一般論にならざるを得ない．

評価が形式的作業に陥らないようにするために，各学校は学校経営計画を明確に策定する必要がある．学校経営計画は，評価対象となる成果と課題の基盤的枠組みだからである．いわゆるP（計画，Plan）―D（実施，Do）―C（評価，Check）―A（行動，Action）サイクルが提唱されて久しい．だが，単にPDCAを導入するのでは十分ではない．PDCAは基本的形式に過ぎないからである．「評価」を導入すればするほど，Checkの前提としてのPlanの在り方が問われてくる．校長は職務経験を回顧するだけでなく，教育論・教師論を理論的・実践的に検討し，同僚や保護者代表との討議を経て，自己の責任において勤務校の学校経営計画（Plan）の草稿を練り上げることが期待される．そのような学校経営計画があれば教育実践の方向性が定まり，学校評価と教員評価の着眼点も明確になるだろう．

(2) 学校経営計画の現状と課題

日本では過去長い間，学校経営計画は抽象的であった．校長は「学校を経営する」と言っても，実際には教育行政機関の意向をうかがいながら，自分の教職経験と人間関係にもとづいて前例主義的に運営せざるを得なかった．それゆえ，大抵の学校の場合は，変革志向の学校経営計画を策定してこなかった．

近年になって，各自治体において学校経営計画の重要性が認識され，学校経営計画のフォーマットが制定されるようになってきた．学校経営計画の策定を比較的早い段階から重視してきた自治体として，東京都と三重県があげられる．東京都では2002年11月に『都立学校におけるマネジメントサイクルの導入に向けて』を公表し[17]，2003年度から学校経営計画の策定を都立学校に義務づけた．三重県では2004年に学校経営品質を県立学校に導入した．三重県の学校

経営品質は，学校プロフィールとカテゴリー別のアセスメントから成立している．その学校プロフィールは，「1．めざす学校像，2．『価値』を提供する相手方について，3．学校を取り巻く環境変化について，4．教職員の人材育成について，5．パートナーについて，6．学校経営の基本方針について，7．その他情報」から構成されている．

学校経営計画の推進という基本的方向は適切である．いわゆるクオリティマネジメントはそれ自体が教育界にとって新しいものであり，一定の意義は認められる．だが，現在のところ，東京都や三重県の各学校の学校経営計画書を検討すると，教育論，教師論，授業論という学校教育の基盤が深く論じられたものになっていない．授業論から校内研究へ展開していく迫力も感じられない．どちらかというと，項目羅列的になっており，教育の専門家の拠り所になっていないような印象を受ける．これでは，授業の根本的な革新，教師と子どもの関係の再構築に結びつかないだろう．

なぜ，このようになってしまったのだろうか．その理由は，クオリティマネジメントの考え方が表層的に導入されたからである．いいかえれば，各学校において，組織マネジメントの考え方が教育論に結びついていないからである．結局，学校にマネジメントを導入しても，「教育」と「経営」が結びつかなければ，「教育経営」は展開していかないのである．現在，経営コンサルタント会社に，校長・教頭に対する組織マネジメント研修を委託する自治体が増えている．だが，校長・教頭が汎用的なマネジメント・スキルを学習しても，「腑に落ちない」という感想が出され，必ずしも教室や教師の変革に結びつかない．この問題に関して，現職のスクールリーダーは次のように述べている．

「最近，組織マネジメントの手法がクローズアップされているが，『持続する志』にとっては当然のことで特別な刷新ではない．組織マネジメントの手法は，各教師の教育実践の持続する更新に向けてのマネジメント力を出発とする．つまり，実践の質を問い，実践を鍛え改善する方法として，この手法は学習され，実践において現実を分析し次への展開を促す力として作用する．しかし，

PDCAのマネジメントサイクルはパターン化する．そのパターンのレールに乗っておれば，質の改善や展開につながるのではない．手法に則れば首尾良く展開するのではない．教育実践を吟味にかけその有効性を妥当性として問うならば，具体的な子どもの姿を問うことを通して以外には語れない．それは学校教育の質を，個々の教師の教室での実践を子どもの学びのカタチとして妥当性を問うことに他ならない」[21]．

　そもそも教育は個々の子どもを相手にした手間のかかる営みである．その手間から慈しみと喜びが生まれてくる．遊びも一見無駄に見えるが，実は子どもは遊びからも学んでいる．このように，教育は個別的であり，発達はゆっくりとした歩みである．ゆっくりしているように見えても，突如として覚醒し開花する．潜在性があるからである．人間の潜在能力の開花を貨幣価値に換算することほど，的外れなことはない．結局，教育の本質は，標準化と能率化を基本とする企業経営のノウハウの対極にある．だからこそ，教育の本質に対する深い理解があって，はじめて組織マネジメントの考え方が生きてくるのではないだろうか．今こそ，「学校の経営」の独自性・固有性を吟味し，教育専門家にふさわしい学校組織マネジメントを構築する時であろう．

　大野裕己は，近年，日本の各自治体で導入されてきた学校経営計画を一括して，「開発型」学校経営計画と呼んでいる[22]．たしかに，イギリスでは学校経営計画は School Development Plan と呼ばれてきた[23]．では，開発の概念定義から考えるとどうであろうか．開発（development）とは，「新しいまたは発展した何かを生産または創造する過程（the process of producing or creating something new or more advanced）」[24]を意味する．つまり，開発は先進性，発展性，創造性を機軸としている．日本で近年導入されてきた学校経営計画は，開発と呼ぶに値する教育の先進性，発展性，創造性が込められているのだろうか．日本の学校経営計画を文字どおり開発的にすることが課題ではないだろうか．

(3) 本書の目的—学校経営計画から学校変革プランへ—

　本書は，オーストラリアの教育改革とチャーターについて検討した上で，日本のスクールリーダーに事例研究としてチャーターを作成してもらい，学校変革プランの方法と実際を示すことを目的としている．そして，日本の学校経営計画を学校変革プランにバージョンアップすることを展望し，広くは，日本の教育改革の在り方にも論及していきたい．

　チャーターはオーストラリア・ビクトリア州で1993年に導入された．1993年に，ビクトリア州では「未来の学校」(Schools of the Future) と呼ばれる教育改革が実施された[25]．この教育改革は，児童・生徒の潜在的能力を最大にするような質の高い教育を提供することを全体的な目的としている[26]．この目的を実現するために，教育課程編成，人事，財務に関する学校の権限を大幅に拡大し，自律的学校経営を導入した．学校ごとの教育の多様性を許容しながら，アカウンタビリティも確保しようとしている[27]．チャーターは権限が拡大した学校の学校経営計画である．

　チャーターとは，校長，学校審議会会長（保護者），教育行政代表の同意・署名によって有効になる3年間の学校経営計画である．校長は，教育の依頼者との同意事項であるチャーターの実施結果に責任をもっている．チャーターは，教育の依頼者（教育行政と保護者）と教育の実施者（校長を責任者とする教育の専門家）の間の同意事項である．チャーターは，一般的な契約とは異なり，倫理綱領的な性質をもった同意事項である．それゆえ，チャーターは準契約（quasi-contract）と呼ばれる．

　オーストラリアのチャーターに着目した理由は，第一に，学校経営の全領域をカバーしていることである．チャーターは，学校プロファイル（School Profile），学校目標（School Goals），重点領域（School Priorities），実践方針（Codes of Practices），児童・生徒のルール（Student Code of Conduct），アカウンタビリティ計画（Accountability Arrangements）から構成されている．第二に，学校が主体的に教育論と教師の倫理綱領を策定できることである．学校プロファイルに

学校の土台となる教育論を示すことができる。一方、実践方針に学校教育倫理に位置づくような教師の倫理綱領を描くことができる。第三に、重点領域の設定が義務づけられていることである。重点領域の設定によって、教師がコミットする新たな方向性が示され、学校の特色づくりにつなげられる。（チャーターの詳細については第2章参照）

たとえば、手抜き授業をする教師の問題がある。子どもを大切にしない教師がいる。これを見てみぬふりをするようなスクールリーダーであってはいけない。現実はどうであろうか。校長はモデル授業を行い、教師の授業力向上のために指導できるのか。そのためのビジョンを策定できるのか。民間出身校長の藤原和博（杉並区立和田中学校長）は、「自ら授業もできないような校長は、もう（教育現場から）去れということです。自分で授業の手本を見せられないで、教員を従えられるわけがない」[28]と教育界の現状を批判している。

吉本二郎は、校長のリーダーシップについて次のように論じている。「リーダーシップは、経営的には組織構成員に適切な誘因を与えつつ、『個人の主観的態度に改変を加えて、組織への協力を引き出すこと』であると解される。その誘因にはさまざまあるが、個性的な校長の教育に対する情熱や識見が強い誘因となることは、しばしばである。ヨーチが教育の創造的リーダーシップにおいて、校長がその地位や身分によらず、理想と価値による統率を示すべきだというのも、そのゆえである。かくて、校長は、職員の自主的協力を得るため、優れた個人的資質を要請されるとともに、組織論に基づく、集団関係におけるリーダーシップがとくに要求されるのである」[29]。

吉本の指摘は今日なお意義深い。校長を筆頭とするスクールリーダーは教育に対する価値観を基底にしてこそ、専門的指導力を発揮できるだろう。当然、この観点から、スクールリーダー養成の在り方も再検討される必要がある。そして、スクールリーダーシップの基本枠組みとして、授業と教師の質を向上するような学校経営計画の策定が求められる。本書は、以上のような問題構造のうち、学校経営計画の問題に焦点を当てている。

教育論・教師論を看過し，技法に傾斜した学校経営計画は形式的になってしまう．「教育に対する情熱や識見[30]」を表した学校経営計画が求められていると言えよう[31]．それを具体化するためにオーストラリア・ビクトリア州のチャーターは参考になる．本書では，チャーターの開発的精神をイメージするために，チャーターを学校変革プランと呼ぶことにした．巻末に付属資料として，ビクトリア州の公立D小学校のチャーターの翻訳を掲載したので参照してほしい．

なお，本書では，第1章を除き，オーストラリアの教育改革については，1993年から1999年を主な対象とし，広くは2000年代初頭までを対象としている．

(4) アメリカのチャータースクールとの違い

学校の裁量拡大と結果責任の厳格化という観点からは，アメリカのチャータースクールも注目される．チャータースクールは，「子どもたちに対する教育の結果に責任を負う代わりに，公立学校を縛っている制限や規則から逃れる自由を州当局から付与される[32]」．チャータースクールは，運営者（保護者団体，教員グループ，病院，大学，民間企業等）が教育成果の観点からスポンサー（認可者，州ないし地方の教育委員会等）と契約を結ぶことによって，時限つきで開校する学校である[33]．ただし，チャーターに掲げられた契約が達成できない場合は閉校になる[34]．なお，チャータースクールは全米で約2,400校にとどまっており[35]，「全国的には，チャータースクールに通っているのは初等・中等教育の生徒全体の約1％[36]」である．

チャータースクールには質の高い学校と低い学校がある[37]．質の低い学校が閉校された場合[38]，子どもは教育を受けるために，他の学校に転校しなければならない．チャータースクールが閉校された場合，子どもは転校という負担を伴うことになる．つまり，「目的を達成しなければ，閉鎖も余儀なしというチャータースクールの革新性が同時にその不安定性につながっている[39]」．

アメリカでは，チャータースクールが設置されているが，オーストラリアで

はチャータースクールは設置されていない．オーストラリア・ビクトリア州の公立学校はチャーターを策定するが，そのことによって公立学校がチャータースクールに移行するわけではない[40]．ビクトリア州では，公立学校の3年間の学校経営計画がチャーターと呼ばれているのである．

アメリカのチャータースクールとビクトリア州の自律的学校経営は，いずれもチャーターを策定するが，チャーター実施に関するサンクションが異なっている．アメリカのチャータースクールでは，チャーターの目標が達成できない場合，閉校になる．一方，ビクトリア州の学校はチャーターを策定するが，チャーター実施の成果が乏しい場合でも閉校措置は受けない．その代わりに，改善の見込みがまったくない場合は，校長の任期更新（通常，5年に一度）の際に，学校経営のアカウンタビリティ（結果責任）を追及する．すなわち，学校審議会の申し出にもとづいて，地方教育行政が総合的に検討した上で，地方教育事務所長が校長の任期更新を認めず，新しい校長の下で，学校経営の改善を図ることも制度上は可能である．

第3節　本書の意義

(1) 学校経営研究の実践化

日本教育経営学会では，学校経営研究を中心に，教育に関する経営的，組織的研究が行われている．広くは，教育行政，教育政策の研究も取り込まれている．近年，同学会で，学校経営研究の実践化が推進されている[41]．学校経営研究の対象は学校経営であり，学校経営は実践に他ならない[42]．このように考えれば，学校経営研究の実践化は必然的である．学校経営研究の実践化は，研究者が実践に関与し，研究が実践に貢献することを理念としている．教師から見れば「早く実践化してほしい．学校現場に役立つ研究をしてほしい」というのが本音だろう．

だが，学校経営研究の実践化の議論は容易ではない．理論と実践が別個の性質を有しているからである．研究とは一定の枠組みの下で，現象を実証・分析し，何らかの原理・法則を解明しようとする行為である．つまり，研究は抽象化・理論化を志向している．現象の具体的態様を解明しようとする質的研究であっても，枠組みを設定し，何らかの意味づけを意図した時点で，抽象化・理論化を内在している．だからこそ，方法論の設定と自覚が要求されるのである．一方で，実践は具体的である．複雑かつ多面的であり流動的である．固定的な教育実践など世の中に存在しない．指導案どおりに進まないのが授業なのである．つまり，理論と実践は根本的に分離しており，両者の接近はあり得るが，結合は非生産的である[43]．分離しているからこそ，理論（抽象）と実践（具体）の往還が成り立ち，理論は実践レベルの問題解決に貢献できるのである．したがって，学校経営研究の実践化は，理論と実践の一体化を目標としたものではない．

では，学校経営研究の実践化とは，学校からの直接的ニーズを価値基準に，研究方法を特定化・固定化するものなのであろうか．今日，事例研究が推奨されている．各学校の実態の個別性と独自性を鑑みると，事例研究は重要である．とりわけ，アクションリサーチは学校現場に直接的に必要とされるだろう[44]．だが，どのような研究方法であっても，直接的ないし間接的に学校のニーズに応えられる可能性がある．逆に，アクションリサーチであっても，学校のニーズに必ず応えられるとは限らない．仮に，すべての研究がアクションリサーチになったとしたら，学界の活力は低下するだろう．ゆえに，学校経営研究の実践化は，研究方法の多様性を許容している．当然，学校経営研究の実践化は，理論研究を否定するものではない．

むしろ，問われるのは研究成果であろう．学校経営研究の成果が，間接的にせよ，直接的にせよ，実践的に有用（もしくは有意）であることが期待されている．つまり，学校経営研究の実践化は，研究成果の実践的有用性の担保を本質としている．では，理論と実践が結合する必要はなく，研究方法も自由である

ならば，どのように，研究成果の実践的有用性が担保されるのか．結局，「研究者が学校の実態を知る必要がある」という古典的な定理に行き着く．研究者が学校の実態を知っており，学校のニーズを建設的に考慮することが出発点である．その上で，研究者による実践への「支援の専門性」「支援の効果性」「データの妥当性，信頼性」が問われてくる．これらの観点をクリアすれば，実践に対して直接的または間接的に有用な研究成果が出てくるだろう．こうして，サージョヴァニ（Sergiovanni）が提唱する「実践理論（Theory of Practice）[46]」が生成する．

朴聖雨は実践理論の特質について次のようにまとめている．「① 『実践理論』は統合的知である．規範科学の価値，記述科学における効用，実証主義と道徳科学，説明と理解，法則性の探求と解釈学などを包容しその統合化をめざす．② 『実践理論』は従来の学問において絶対視されて来た法則性や実証性にもとづく『知』のみではなく，教育経営実践にかかわる人びとそれぞれの『理解』や『直観』をより大切にし，実践を改善することを重視する．③ 『実践理論』は教育経営目標達成のためのどのような活動を行うか，そしてその活動の過程を重視する．④ 『実践理論』は教育経営特有の諸側面を重視するが，とくに具体的かつ細かな事柄に留意する．⑤ 『実践理論』は従来の科学で重視された実体の記述，因果関係や法則性，予測などとともに規範をも重視する．⑥ 『実践理論』は教育経営学をどのように改善するかに関する価値指向を重視する．⑦ 『実践理論』は実体の記述と価値志向の具体的な意味を『理解』しやすくすることで知の効果を高める」[47]．

研究者が「学校はこうなっているだろう」と理解し，その理解が実は誤っている場合がある．にもかかわらず，研究成果が生み出されていく．このような事態は回避しなければならない．学校に役立たないばかりか，研究の質の低下を招くからである．とはいえ，研究者がいくら学校を訪問しても，表面的な理解に終始してしまっては意味がない．研究者は，教師の本音を聞きだし，意味を読みとる力量が必要である．授業を観察し，教師と子どもの関係の根本的問

題を見抜く力量も求められる．学校の改善策を作成し，提案する力量も期待される．つまり，研究者は各学校と学級に固有の「社会的価値や社会的秩序」を鑑識することが求められる．「研究者が学校の実態を知る必要がある」という言葉の意味は深長である．学校経営研究の実践化をめぐって，研究者自身の能力と在り方が問われてくるのである．

　これまで，こうした力量の形成は，学校経営分野の研究者養成大学院であまり重視されてこなかった．もちろん，調査分析・論文作成能力は研究の根幹として今後も重要である．だが，実践理解能力，実践に関与する専門的能力の育成も，いわゆる研究大学院の博士課程において必要になってくると予測できる．いずれ，学校経営学の実践化，広くは教育学の実践化が本格的な潮流となり，博士課程レベルの研究者養成の在り方も変わっていくのではないだろうか．

　この点に関わって，天笠茂は「臨床を経験することを通して，『基礎』をより確かなものにする．また，『基礎』をもとに『臨床』に迫る．それぞれの時期を重ねながら，教育経営研究をめぐる自己形成史を刻んでいく．臨床的アプローチは，このような歩みを教育経営研究者にうながす可能性をもっていることを加えておきたい．ところで，わが国においては教育経営や学校経営の研究および教育を担う人びとの臨床経験の乏しさが目につきつつも，それを不思議に問題にしない風土が存在する．しかも，次の時代を担うべき若い世代にも，その傾向が受け継がれようとしている」と述べている．

　学校経営研究を行う者は天笠の指摘を傾聴すべきだと思う．研究者が実践的マインドをもつことが，学校経営研究の実践化の鍵だからである．そのためには，研究者はスクールリーダーと対話する必要がある．本書は，このような問題意識から学校経営研究の実践化を志向している．そこで，本書ではスクールリーダー自身に事例研究を執筆してもらった．岡山大学の教育組織マネジメント専攻の授業で，本書の企画と事例研究に関する討議も行った．その際，執筆者以外の受講生（現職のスクールリーダー）から意見を出してもらい，実践性の向上に努めた．いわば，本書はスクールリーダー養成大学院の教室から生まれた

のである.

(2) 比較教育研究の実践化

　比較教育学と聞いて,教師はどのような学問と思うだろうか.比較とは基本的思考であり,誰もが日常生活で「比べる」ことをしている.教育研究においても同様である.木村力雄と宮腰英一は,「比較教育学会を除けば,教育関係諸学会のなかでも教育行政学会ほど並置比較にこだわり続けてきた学会は他にあるまい」[51]と述べている.つまり,比較は別に比較教育学の独自の手法ではない.日本比較教育学会では,外国の教育について調べて報告するか,諸外国と日本の教育について比較し,国際的観点から議論することが主流となっている.このような比較教育学会の動向から,比較教育学は外国教育研究を基盤とした学問であると考えられる.

　市川昭午は比較教育学に対して厳しく批判している.「国際的にも国内的にも,日本教育の特色と問題点,さらにはその要因について体系的な説明が必要とされているが,本来こうした課題に応えるのが比較教育の存在理由だった筈である.(中略)当然こうした期待に応えてくれると誰しもが思うに違いない.私もそうした期待をもって本学会に入会し,既に二十年以上になるが,いまだにこの期待はみたされていない」[52].さらに,「わが国の比較教育研究がこのような現状にあるのは,外国教育の研究者にわが国の教育問題に関する関心が乏しいためではないだろうか」[53]と考察している.佐々木毅は,この論文について「学会の研究が外国研究に埋没しかかっていることを危惧しつつ,比較研究の不振の原因に迫ろうとしたものとして記憶されるべきである」[54]と述べ,その重要性を喚起している.

　その後も,日本比較教育学会機関誌『比較教育学研究』において,研究方法に関する議論が行われてきた[55].その中で,地域教育研究の本格化も提言された[56].だが,現在のところ,同学会の研究論文は外国の教育について精緻に検討して終わるか,または,論文の最後に日本との若干の比較考察を行うものが主流で

ある。そして、後者の場合においては、「日本にとって示唆がある」と述べることが多かった。だが、外国の教育システムまたは実践が、日本の学校現場に本当に示唆があるのか、どのように示唆があるのかは、ほとんど検証されてこなかった。そのような研究の必要性もあまり提言されていない。[57]

私は、外国教育研究を否定しているのではない。外国教育事情の正確な紹介も重要である。たとえば、教育行政官が外国の教育改革の動向を正確に理解していない時、比較教育学者は声をあげなければならない。外国教育の動向を把握するだけでも、大変な労力を伴う。2カ国以上を研究対象とするのなら、なおさら難しい。外国教育を本格的に理解するためには、現地の言葉の習得は当然の前提とされ、その国の社会、文化、人びとの価値観も理解する必要がある。外国の社会と教育を本格的に理解しようと思って留学しても、帰国すれば程なく、教育政策はもちろん、人びとの価値観も変化していく。だからこそ、外国教育研究は今後も推進されるべきである。

日本比較教育学会で外国教育研究が中軸なのはかまわない。外国教育研究が地道な努力を伴うものであり、時間とコストがかかることを考慮すれば、それは自然なことであろう。とはいえ、私は、外国のシステムや実践が日本の学校にどのように役立つかを検証した研究がもっと行われる方が望ましいと考えている。検証に至らないとしても、少なくとも、比較教育研究者は日本の学校の実態を知る必要があるだろう。外国教育研究に専念するあまり、日本の学校に疎く、外国の学校に詳しいのでは、本末転倒と言わざるを得ない。

とくに日本比較教育学会の将来を担う若手研究者は、率先して日本の学校の実態を理解し、校内研修等を行うことが期待される。日本の学校は研究者の知見を求めているからである。比較教育研究者は、学校現場に関与することによって日本の学校が抱える問題と教師の世界の実態を理解し、外国教育研究の知見が日本にどのように貢献できるのかを深く考えさせられるだろう。日本の学校の実態を知ることは、外国の学校の実態の解明にも役立つ。なぜなら、調査で渡航する前に、実践に裏づけられた研究枠組みを設定できるからである。

比較教育研究の実践化は，比較教育学の存在意義の強化にもつながる．この点に関わって，二宮晧は，「日本の比較教育学研究を行う人びとは，日本や世界の人びとはどのような情報を求めているか，をよく市場調査し，市場のニーズにあう比較教育学研究および研究者の養成を行うべきではないか．比較教育学研究の市場における価値を失わせているのはまさに『私たち比較教育学研究者』自身の責任ではないのか[58]」と述べている．そして，「比較教育学研究・教育は今日でも本当に意義があると確信をもって主張できるのか[59]」と問題提起している．教員養成・研修の実践化が進められている今こそ，二宮の論文に再び注目するべきである．同時に，市川の論考が今なお重要であることを理解する必要があろう．

本書は，基本的に学校経営学の範疇に位置づくが，外国教育を扱っている点に着目すれば比較教育学にも重複している．事例研究では，オーストラリアの学校変革プラン・チャーターを，日本の教師がどのように受けとめ，活用していったのかを検証している．したがって，本書は比較教育研究の実践化を試みているとも位置づけられる．

第4節　本書の方法と構成

(1) 本書の方法

本書の方法は，政策研究と事例研究に大別できる．第1章は教育改革に関する政策的研究である．第2章は学校経営に関する政策的研究である[60]．第3章から第5章は，公立学校を対象とした学校経営の事例研究である．学校改善の経緯をふまえて，学校変革プラン・チャーターを作成することを試みる．学校経営研究の実践化の観点から，第3章から第5章の事例研究が重要な位置にある．以下では，事例研究の方法について説明する．

第一に，事例の設定方法について述べる．まず，市立小学校，市立中学校，

県立高等学校を一つずつ対象にした.これは学校段階による違いを調べるためである.次に,岡山県内の公立学校に事例を限定した.そのことによって,事例校をとりまく地方教育行政・政策の共通性を高めた.各学校の特徴は第3章から第5章の冒頭で説明した.上記のような基本的方針を定めたが,複数の学校を候補にあげて事例を選定したのではない.第3章から第5章の執筆者の勤務先が事例に設定されている.[61] 第3章から第5章の執筆者は現職教員であり,岡山大学大学院教育学研究科教育組織マネジメント専攻の修了生または大学院生である.

第二に,事例研究の共通の枠組みについて述べる.編著者は,事例研究の基本的な論文構成を設定した.その結果,第3章から第5章の構成は,一部分を除いて共通になっている.すなわち,第1節で学校の概要を述べ,第2節で学校改善の経緯と課題を論じる.そして,第3節で勤務校を対象にチャーターを作成し,第4節で成果と課題を考察する.

第3章から第5章の第3節と第4節はチャーターを作成し,考察するところであり,とくに重要である.その枠組みは次のとおりである.「(1)チャーター作成の手順と方針」では,どのようにチャーターを作ったのかを述べる.「(2)チャーターの全体像」では,チャーターのフォーマット(巻末付属資料)にもとづいて,勤務校のチャーターを作成する.「(3)学校プロファイル」から「(11)アカウンタビリティ計画」では,チャーターの各項目について論述する.「第4節 成果と課題」では,成果と課題を考察する.このような枠組みにもとづいて,各執筆者は現象を説明,考察している.

第三に,事例研究の執筆者と事例校の関係について述べる.本書では,現職のスクールリーダーが勤務校の事例研究を行っている.第3章は小学校教頭,第4章は中学校教諭(教務主任,研究主任),第5章は高校教諭(進路指導主事)が執筆している.[62] いずれの執筆者も,岡山大学大学院教育学研究科教育組織マネジメント専攻の修了生または大学院生であり,研究分野は学校経営学である.第3章と第5章の執筆者は2005年度の修了生,第4章の執筆者は大学院生で

ある[63].

　つまり，執筆者は勤務校の事例研究を行っているが，そのことによって方法上いくつかの特徴が生じてくる．まず，教師から見た学校の実態を明らかにできる．教師が勤務校をどのように把握し，どのようなチャーターを作成するのか，チャーターに対してどのような考えを抱いたかという点が明らかになる．ただし，執筆者が自らの勤務校を継続的・意図的に観察した上で，原稿を執筆したわけではない．執筆者は，原稿を執筆する段階になって，勤務校の経緯と現状を振り返り，チャーターを作成したと言えよう．原稿を書くことによって，自分の仕事を振り返り，学校に対する理解を深めている．執筆者は事例校で教頭，主任教諭の立場にある．このような立場は事例研究の内容に影響を与えている．さらに，執筆者は大学院で学んでいるため，学校経営学に関する一定の知見をもっている．そのため，執筆者は勤務校を分析することが可能になっている．

　第四に，編著者と事例校の関係について述べる．当初，編著者は，すべての事例校で学校経営計画に関する校内研修を行い，チャーターについて解説する予定であった．ところが，高等学校の執筆者（進路指導主事）は校内研修のニーズがないと述べた．そのため，高等学校での校内研修は実施しなかった．中学校の執筆者（教務主任・研究主任）は是非校内研修を実施してほしいと述べたが，学校経営計画が主題では教職員が関心をもたないとの懸念を示した．そこで「授業開発マネジメント」という主題で研修を行った．その際，チャーターについても言及した．小学校の執筆者（教頭）は，勤務校の研究主任と研究副主任とともに私の研究室を訪問した．研修の主題について相談した結果，小学校の校内研究に関連した研修内容にすることとなった．そして「社会変化と授業・学習のイノベーション」という主題で研修を実施した．この研修ではチャーターには言及しなかった．このように，編著者と事例校の関係は学校間で異なっている．この違いは，事例研究の内容に若干の影響を与えているだろう（校内研修の内容は，第3章と第4章を参照）．

序　章　本書の目的・意義・方法　25

　第五に，事例研究の草稿に関する集中討議について述べる．私は，岡山大学大学院教育学研究科教育組織マネジメント専攻で学校経営戦略特論演習（後期）を担当している．2006年度の受講生は同専攻院生12名で，私立幼稚園教諭1名，市立小学校教頭1名，国立大学附属小学校教諭1名，市立中学校教頭2名，市立中学校教諭1名，県立高等学校教諭2名，県立養護学校教頭1名，私立高等学校教諭1名，私立大学専任講師1名，私立専門学校職員1名である．この演習では，2006年11月16日（木曜夜間）に本書の企画とチャーターの概要について説明した．チャーターの翻訳についても配布し，チャーターの実際について受講生全員で理解した．さらに，同年11月18日（土曜午後）に事例研究の草稿に関する集中討議を行った．事例研究執筆者3名が，草稿を報告した．11月18日には第1章と翻訳の担当者も参加している．これらの授業では，活発な意見交換が行われた．受講生（スクールリーダー）が事例研究の草稿にどのような反応を示すかを集中討議で明らかにし，本書の妥当性と実践性の向上に努めた．集中討議の内容は終章で報告している．

(2)　事例研究の性質

　一般的には，研究者が事例研究の実施主体に位置づけられる．たとえば，『学校経営研究における臨床的アプローチの構築』（北大路書房）は，研究者が事例研究の実施主体である．教育研究者は，質問紙調査，インタビュー，参与観察等の研究方法を選択し，必要に応じて折衷し，学校，教師，子どもをめぐる諸現象を解明・考察してきた．エスノグラフィーによってモノグラフが記述される一方で，アクションリサーチも実施されてきた．学校のリアリティ解明を目標とするのか，実践へのエンパワーメントを意図するのかは，研究者の問題関心によって変わってくる．いずれにせよ，学校現場に関する研究の推進が重要であることについては，異論はないだろう．

　本書では，研究者である編著者が全体的な企画と枠組みを設定している．とはいえ，第3章から第5章の事例研究では，現職のスクールリーダーが原稿を

執筆している.つまり,教師が勤務校の事例研究を行っている.学校経営研究の実践化を推進し,スクールリーダー養成の教材を開発するためには,教師が親近感をもって読める事例研究の成果を生み出す必要がある.そのためには,教師自身が執筆者になる必要があると考えたのである.

研究者が実施した事例研究は論理構成が明確であるが,教師が読み重ねた時,「外側から学校を見ている」「研究が実践から遠く離れている」という印象をもたれることがある.[64] この要因は多様と思われるが,根本的には,研究者が事例校の専任教職員ではなく,事例校の外部者であることに起因する.私は研究者による事例研究も重要であるが,問題解決プロセスを教師の立場から論じた事例研究も必要であると考えている.後者の事例研究は,スクールリーダー養成大学院や教職大学院の授業で求められていくのではないだろうか.そこで,本書では,教師自身に勤務校を事例として原稿を執筆してもらうことにした.

佐藤学は,事例研究の分類について次のように論じている.「専門家教育における『事例研究』の方法は,2つの様式において具体化されてきた.その一つは,『事例』の検討を通して,その背後にある判断や技術の原理を習得する方法であり,もう一つは,『事例』の検討を通して,専門家にふさわしい問題解決的な思考を習得する方法である.前者は,『知識基礎』をなす専門家の知識の主要な概念を具体的な事例を通して教育する方法であり,後者は,自立した専門家らしい考え方を『事例』を通して身につける方法である.後者のスタイルは,『弁護士らしく考える』(think like lawyers) という標語で表現されてきた.(中略) 養成教育の場合は,前者の『事例研究』も有効だが,現職教育の場合は,後者の『事例研究』の活用が重要であろう.教職の場合は『知識基礎』が未確定である上,『反省的実践家』としての性格を強く帯びているからである」.[65]「『語りの様式』は,教師の経験を経験としてかたどり,教師自身の教育に対する認識や信念を形成し,教育実践に対する反省と批評を促す機能をもっている」.[66] 本書の第3章から第5章は,スクールリーダーが紙上で語った問題解決的な事例研究である.これは「教育実践に対する反省と批評を促す」[67] こ

とを意図しているのである．

(3) 本書の構成

　第1章では，オーストラリアの教育改革について論じる．まず，オーストラリアの教育制度について述べる．次に，オーストラリア教育改革についてさまざまな観点から検討する．最後に，オーストラリア教育改革の卓越性と課題について考察する．

　第2章では，オーストラリア・ビクトリア州の教育改革とアカウンタビリティ・システムについて説明する．そして，チャーターの定義，領域，作成方法，フォーマットを検討する．さらに，日本におけるチャーターの使用方法を解説する．

　第3章から第5章は，スクールリーダーが行った事例研究である．第3章は公立小学校，第4章は公立中学校，第5章は公立高等学校である．各章では，学校の概要について説明した後，学校改善の経緯と課題を述べている．そして，チャーターをフォーマットにもとづいて作成し，その内容を説明する．最後に，事例研究の成果と課題について考察する．この部分は，オーストラリアのチャーターを日本でどのように生かせるかを実験的に試行したものである．作成したチャーターは事例校で次年度以降の学校経営計画として必ずしも使用されるわけではない．事例研究では，日本のスクールリーダー（執筆者）がどのようなチャーターを作成するか，チャーターが日本の学校にどのような示唆を与え得るのかを検証する．

　終章では，事例研究執筆者からのメッセージを紹介し，大学院における集中討議の様子を報告する．そして，学校変革プランの方法と実際について検討する．最後に，日本の教育改革の課題と展望，学校教育の普遍性・永遠性について考察する．

　さらに，補論として，スクールリーダー養成大学院の展望について考察する．学校経営計画を学校変革プランにバージョンアップさせるためには，スクール

リーダーの力量向上，もっと明確に言えば，専門職としてのスクールリーダーが求められる．学校経営計画の草稿を作成するのは，スクールリーダーだからである．つまり，学校経営計画の問題とスクールリーダー養成の問題は密接に関係している．以上の理由から，本書ではスクールリーダー養成プログラムについても論じる．

巻末に付属資料として，オーストラリア・ビクトリア州公立D小学校のチャーター（翻訳），公立A小学校の学校経営計画，公立B中学校の学校経営計画，公立C高等学校の学校経営計画，チャーターのフォーマットを掲載した．

《注》
1) 大脇康弘はスクールリーダーの定義を次のように整理している．「日本におけるスクールリーダーの定義を整理すると，狭義，広義，最広義の三つがある．校長・教頭の学校管理職に限定する狭義，「学校づくりの中核を担う教職員」として省令主任や事務長を含む広義，これに教育行政職である教育長・指導主事を含む最広義の定義である．」（大脇康弘「スクールリーダー教育のシステム構築に関する争点—認識枠組と制度的基盤を中心に—」『日本教育経営学会紀要』第47号，2005年，26頁．本書ではスクールリーダーの概念を主に広義の定義で使用している．
2) 本専攻のホームページを参照．(http://ed-www.ed.okayama-u.ac.jp/%7emanage/index.html)
3) 佐藤博志「岡山大学大学院におけるスクールリーダー養成の実態と課題」大塚学校経営研究会『学校経営研究』第31巻，2006年．
4) 本章の執筆時点．2006年12月．
5) この点については，本書の補論を参照．
6) 文部科学省主催「コミュニティ・スクール推進フォーラム」福岡会場，2006年2月6日における報告と議論にもとづく．
7) たとえば，市町村が義務教育諸学校の設置者であるにもかかわらず，その教職員（県費負担教職員）の人事権は都道府県教育委員会にある．校長は2～3年で転勤となる．着任時に入学した児童・生徒の卒業を待たずに他校へ転勤するのである．これでは「在任中は大過なく過ごそう」と考える校長が出てきてもおかしくない．
8) 穂坂邦夫「教育委員会—創造性高める抜本改革を」『朝日新聞』朝刊，2006年12月1日．
9) こうした現場の意見は最近紹介されるようになってきた．たとえば次の文献が

あげられる．日本教育経営学会研究推進委員会「課題研究報告「教育改革」に揺れる学校現場：学校は今どうなっているのか？ そして教育経営研究は何を期待されているのか？」『日本教育経営学会紀要』第47号，183-211頁．小野田政利『悲鳴をあげる学校』旬報社，2006年．尾木直樹「子どもたちに「先生」を返せ」『世界』2月号，岩波書店，2007年．
10) 次の文献を参考に定義した．Caldwell, B. J. and Spinks, J. M., *Leading the Self-Managing School*, Falmer, 1992, p. 31.
11) Caldwell, B. J. and Hayward, D. K., *The Future of Schools*, Falmer, 1998, p. 161.
12) *Ibid*., p. 14.
13) 「本質」（授業の質の向上・子どもの発達の助成）に役立っていないシステムは一旦，撤廃される必要があるだろう．たとえば，学校評議員制は役立っているのだろうか．
14) エンパワーメントの定義については次の文献を参照．淵上克義『学校組織の心理学』日本文化科学社，2005年，154-156頁．
15) Bush, T., "Introduction: Setting the Scene", Bush, T., Bell, L., Bolam, R., Glatter, R. and Ribbins, P. (ed.), *Educational Management*, Paul Chapman Publishing Ltd., 1999, pp. 1-2.
16) 日本教育経営学会第46回大会，公開シンポジウム「学校教育の充実・改善に資する評価システムのあり方―教員・学校評価システムを中心として―」会場：東北大学，2006年6月3日における報告と議論にもとづく．
17) 東京都教育委員会『都立学校におけるマネジメントサイクルの導入に向けて（学校経営計画策定検討委員会報告書）』2002年11月．
18) 三重県教育委員会事務局「学校経営品質アセスメントシート（資料3，平成16年10月修正版）」2004年10月，1頁．
19) 同上書
20) クオリティマネジメントについては次の論文を参照．八尾坂修「日本とアメリカのクオリティ・マネジメント（Quality Management）をめぐる今日的特質―アメリカの大学におけるTQM導入成果をふまえて―」大学評価・学位授与機構『大学評価』第1号，2002年．
21) 福島明子「学校改善と管理職（スクールリーダー）」岡山大学大学院教育学研究科教育組織マネジメント専攻修士論文，2007年1月提出，95-96頁．
22) 大野裕己「学校経営計画」篠原清昭編著『スクールマネジメント』ミネルヴァ書房，2006年，92頁．
23) 荒木廣「イギリス，学校の組織と運営」小松郁夫・坂本孝徳・篠原清昭編著『諸外国の教育改革と教育経営』玉川大学出版部，2000年，170頁．
24) 『オックスフォード現代英英辞典』（電子辞書）（Oxford Advanced Learner's

Dictionary, Oxford University Press, 2000.）

25）なお，チャーターはビクトリア州で1993年に導入されて，2006年まで使用された．2006年からチャーターは戦略プラン（Strategic Plan）に名称とフォーマットが変更された．本書では2006年まで使用されたチャーターを中心に扱う．戦略プランはまだ導入されたばかりで，その評価が定まっていない．

26）Directorate of School Education, *Schools of the Future Preliminary Paper*, 1993, p. 4.

27）佐藤博志「オーストラリア：ビクトリア州の公立学校改革とアカウンタビリティの確保」日本比較教育学会『比較教育学研究』第28号，2002年．

28）「私たちの「美しい国へ」2，よのなか科，杉並区立和田中学校校長藤原和博さん」『東京新聞』朝刊，2007年1月3日．

29）吉本二郎『学校経営学』国土社，1965年，246頁．

30）同上書，246頁．

31）教職員に対する校長の講話も同様である．

32）ジョー・ネイサン（大沼安史訳）『チャータースクール—あなたも公立学校が創れる』一光社，1997年，19頁．

33）国立教育政策研究所・文部科学省『21世紀の学校を創る』国立教育政策研究所，2002年，56-58頁．

34）ここで述べているチャータースクールは，独立型チャータースクールである．独立型チャータースクールは「(a)個々のCSが独自に教員を含むすべてのスタッフを雇用し(b)学校施設も独自に取得する．また(c)契約破棄後は学区との一切の法的関係が消滅する」．一方，従属型チャータースクールは「(a)学区が教員を基本的にすべて雇用し(b)学校施設も学区が提供する．また(c)契約破棄後は伝統的公立学校に戻る」．以上の出典は次の文献である．諸橋由佳「チャータースクールの設立申請過程における授与期間のコントロール—米国ミルウォーキーの事例分析を通じて—」『日本教育行政学会第36回大会発表要旨集録』2001年，35頁．

35）国立教育政策研究所・文部科学省，前掲書，59頁．2001年から2002年の学校数．

36）同上書，59頁．

37）中島千恵「アメリカ：チャータースクールが投げかける問い」日本比較教育学会『比較教育学研究』第28号，2002年，16頁．

38）「連邦政府の調査によれば，2000年までに59校のチャータースクールが閉鎖された．そのうち16校はアリゾナで，最大数のチャータースクールを有する州である．」（中島千恵，前掲論文，16頁．）

39）同上論文，16頁．

40）アメリカの研究者，ジョーツとオッデンは，オーストラリア・ビクトリア州の全公立学校がチャータースクールになったと述べているが，それは間違いである．

(Goertz, M. E. and Odden, A., "Preface", Goertz, M. E. and Odden, A. (ed.), *School-Based Financing,* Corwin Press, 1999, p. xii.)

41) 2006年の日本教育経営学会総会では実践推進委員会が設置された.
42) 学校は，授業における子どもと教師の関係を中心にしながら，学級，学年，分掌といった組織をもっている．学校は，多くの人びとが関与する中で，教育実践を遂行する重層的・複合的な組織である．このような組織を運営するのが，学校経営である．
43) 純粋な実践記録を現場への処方箋にするには読み手の解釈力が問われる．処方箋となるような実践記録は，執筆者によって何らかの理論化がなされており，研究の範疇に入り得る．逆に，現場の人間が完全に理論どおり仕事を進めることは不可能である．現実の動きは理論の提案と異なるからである．実践家は，理論との位置関係を適切にとる必要がある．
44) アクションリサーチについては次の文献を参照．秋田喜代美「学校でのアクション・リサーチ」秋田喜代美・恒吉僚子・佐藤学編著『教育研究のメソドロジー』東京大学出版会，2005年．
45)「支援の専門性」「支援の効果性」「データの妥当性，信頼性」については次の文献から引用した．加治佐哲也「研究推進委員会から」日本教育経営学会事務局『日本教育経営学会ニュース』2006年度第3号，2007年1月30日，5頁．
46) 朴聖雨「理論研究」佐藤全・河野和清・西穣司編著『教育経営研究の理論と軌跡』玉川大学出版部，2000年，217頁．
47) 同上書，217頁．
48) 吉本二郎，前掲書，132頁．
49)「学校には制度的に役割と期待をかけられた，論理的整合をもった組織とは別に，それを媒介として生まれながら，まったく別の行動基準を持った社会的構造があることを認めざるを得ない．社会学上では非公式組織と呼ばれる組織の一側面であって，そこには特有の社会的価値や社会的秩序が支配しているのである．われわれは，形式的に論理的な組織を調整しても，真に社会体系としての学校の協力が生まれないことを認識しなければならない．現代の学校経営において，人間関係論が重視されるのもそのゆえである．合理的な学校経営組織が，人間関係論をいかに摂取して，真実，効果的組織を作り上げるかが，学校経営の課題である．」（吉本二郎『学校経営学』国土社，1965年，132頁．）
50) 天笠茂「学校経営研究における臨床的アプローチの可能性」小野由美子・淵上克義・浜田博文・曽余田浩史編著『学校経営研究における臨床的アプローチの構築』北大路書房，2004年，35頁．
51) 木村力雄・宮腰英一「教育の並置比較」日本比較教育学会『比較教育学研究』第20号，1994年，29頁．
52) 市川昭午「比較教育再考」日本比較教育学会『比較教育学研究』第16号，

1990年,8頁.
53) 同上論文,10頁.
54) 佐々木毅「比較教育学の理論と方法」日本比較教育学会『比較教育学研究』第20号,1994年,9頁.
55) 日本比較教育学会『比較教育学研究』第20号（1994年），第25号（1999年），第27号（2001年）の特集論文を参照.
56) 渋谷英章「地域教育研究の可能性」日本比較教育学会『比較教育学研究』第27号,2001年,22-23頁.
57) 竹熊尚夫は「日本以外の地域・国で行った調査研究を日本（あるいは日本以外の国,地域）に当てはめてみることは"試み"として必要なことであろう」と述べている.（竹熊尚夫「比較教育学と地域教育研究の課題」日本比較教育学会『比較教育学研究』第27号,2001年,5頁.）
58) 二宮晧「比較教育学の研究基盤（インフラ）の現状と課題」日本比較教育学会『比較教育学研究』第25号,1999年,53頁.
59) 同上論文,54頁.
60) 第1章と第2章では,主に政策文書を資料として扱っている.
61) 第3章から第5章の執筆者は勤務先を事例とすることに同意している.
62) いずれも現職である. 役職は原稿を執筆した2006年度時点.
63) 原稿を執筆した2006年度時点.
64) 岡山大学大学院教育学研究科教育組織マネジメント専攻の授業における学生の反応にもとづいている.
65) 佐藤学『教育方法学』岩波書店,1996年,150-151頁.
66) 同上書,152頁.
67) 同上書,152頁.

第1章

オーストラリアの教育改革

第1節 オーストラリアの教育制度

(1) 教育の社会背景

　オーストラリアは「多文化」国家もしくは「多文化主義」国家であるといわれる．しかし，この二つの用語は，異なる意味を有している．前者は多文化が共存している状態，後者は多文化を尊重する考え方を国家が支持していることを意味する．18世紀後半に，先住民が居住していたこの広大な大陸を「無主の地」と判断した後，イギリス政府は多くの移民を送り込んできた．それ以降，イギリスは同国の政治・経済などの分野において影響を及ぼしてきた．この歴史は，教育分野においても例外ではない．

　オーストラリアは日本の約22倍という広大な国土を有し，6州，2直轄区から構成されている．6州とはニューサウスウェールズ州，ビクトリア州，西オーストラリア州，タスマニア州，南オーストラリア州，クイーンズランド州である．また，2直轄区とは首都キャンベラがある首都直轄区，北部準州である．直轄区を除く各州は，1901年に連邦政府が結成される以前は，それぞれ独立した植民地であった．現在も各州政府は独自の教育政策，学校制度を有し

ている. これは, 首都直轄区と北部準州も同様である[1]. また広大な国土面積と人口密度の低さから, 教育の機会均等を保障することを目的として, 遠隔地教育の重要性も早くから認識され, 発展してきた.

現在 (2007年2月16日), オーストラリアの人口は 20,757,375 人である[2]. 2001年の国勢調査によると全人口の約 25% が外国生まれとなっており, その上位5カ国はイギリス, ニュージーランド, イタリア, ベトナム, 中国となっている. 依然としてイギリスからの移民は多いものの, 上位5カ国中二つの国はアジアの国である. さらに, オーストラリア生まれの子どもたちのうち, 少なくとも両親の一人が外国生まれの割合も 44% を占めている.

言語的背景を見ると, 家庭で英語のみを使用している人の割合は 79% である. その一方で, 約 20% の家庭では英語以外の言語を話している. では, そのような家庭では, 英語以外にどのような言語を話しているのであろう. 最も多いのは中国語 (広東語, 北京語を含む) であり, イタリア語, ギリシア語, アラビア語, ベトナム語と続く[3]. メルボルンには世界でも有数のギリシア系, イタリア系コミュニティがあり, オーストラリアの主要都市には中国人街が必ずある. ヨーロッパだけではなく, アジア諸国からの移民もオーストラリアに根付いていることが窺える. これらの現状からも, 同国が多文化・多言語状況にあり, そのような「差異」に配慮した教育が必要とされる背景も理解できよう. この文化・言語の多様性は, 子どもたちの学校教育の成果に「格差」を引き起こす原因ともなる.

オーストラリアの多文化主義は, 自らの言語や文化を維持する権利とともに, ① 英語を国語とする, ② 民主主義を尊重する, ③ 他者が自らの言語や文化を維持する権利を尊重するなどの前提条件をもつ[4]. これは, 同国が国是とする多文化主義が国内の多様性の尊重とともに, 英語や民主主義の尊重といった国家としての枠組みの維持を志向していることを示す. つまり, オーストラリアは民主主義を尊重する英語公用語国であることを忘れてはならないのである.

また近年, オーストラリア経済は好調である. これは, 原油や鉄鉱石などの

第一次産品の輸出にも拠っている．しかし，ここ十数年間で観光業を含むサービス産業や高度加工品などの輸出も伸びており，現在の好景気を支えている．このような状況は，天然資源に加え，高度な知識社会を創造することにより，「ラッキーカントリー」の更なるステップに拍車をかけている．ここで，重要な役割を担っているのが「教育」ともいえる．

(2) 教育制度

　オーストラリアでは，1901年の連邦結成以来，それ以前の植民地時代の影響もあり，州の自治権が大きく認められている．学校教育の分野では，各州政府が初等・中等教育，連邦政府が高等教育に関する権限を有している．

　オーストラリアの学校教育制度は，就学前教育，初等教育，中等教育から構成されている．中等教育は前期と後期に分けられており，前期までが義務教育となっている．後期中等教育は，中等教育修了資格への準備段階である．10年生で進学か否かを決定するため，11・12年生は修了資格受験への準備期間として位置づけられている．この修了資格を取得することが，高等教育進学の前提条件となる．

　これらの学校は，① 公立学校，② 私立学校に大別できる．公立学校の大部分は州立学校である．また私立学校は，独立学校（independent school）とカトリック系学校に分類できる．7割の子どもたちが公立学校，2割が独立学校，1割がカトリック系学校に就学している．連邦政府は，公私の別を問わず，州政府を通じて各学校に財政的支援を提供している．現ハワード政権は私立学校への支援を推進しているため，連邦議会選挙の際には，学校教育に対する財政支援が争点の一つとされた．

　各学校段階の年数は図1―1のとおり，各州によって若干異なっている．とくに義務教育年数は原則として6歳から15歳までであるが，タスマニア州のみ6歳から16歳であるという点が，主な相違点である．しかし大部分の州の5歳児は，就学前教育として幼稚園（kindergarten），準備学級（pre-paratory）な

図1-1　オーストラリアの学校制度

学年	NSW, Vic, Tas, ACT	SA, NT, WA	Qld
12	中等学校	中等学校	中等学校
11			
10			
9			
8			
7			
6	小学校	小学校	小学校
5			
4			
3			
2			
1			
	就学前教育		

注）1．*MCCETYA, National Report on Schooling in Australia 2001*, 2002 をもとに筆者が作成．
　　2．NSW：ニューサウスウェールズ州，Vic：ビクトリア州，ACT：首都直轄区，Tas：タスマニア州，SA：南オーストラリア州，NT：北部準州，Qld：クイーンズランド州，WA：西オーストラリア州．
　　3．クイーンズランド州では2007年度から準備学級が本格的に実施されている．

ど名称は異なるが「学校」に通っている．この実質上の就学年齢の相違は，小学校や中等学校の修業年限も含め，連邦政府の主導により2010年までに統一される予定である．

　また現在，オーストラリアの各州政府は，後期中等教育への進学率および修了率の向上を最優先目標の一つに掲げている．実際，義務教育の最終学年である10年生から後期中等教育の最終学年である12年生までの残留率は，オーストラリア全体で77.1％に留まっている[5]．そのため，第2節で詳述するが，大学入学への準備を目的とした「アカデミック」な科目だけではなく，就職後も

役立つ実践的な側面を有した科目を提供することにより，後期中等教育への残留・修了率向上をめざしている[6]．

(3) 教育行政と学校

　オーストラリアでの教育行政制度は連邦政府が高等教育，州政府が初等中等教育を管轄している．まず，連邦政府教育省の特性を知る上で，1980年代後半からの名称の変遷を追うことは有意義であろう．1980年代前半は連邦教育省（Department of Education）であったが，1987年に教育訓練雇用省（Department of Education, Employment and Training: DEET）に改編され，その後，教育雇用訓練青少年担当省（Department of Education, Employment, Training and Youth Affairs: DEETYA），教育訓練青少年担当省（Department of Education, Training and Youth Affairs: DETYA），教育科学訓練省（Department of Education, Science and Training: DEST）と名称および組織を数年ごとに変えている．これらの変遷は，1980年代後半以降，同国において，教育政策が職業訓練やその後の就職，さらには青少年に関わる課題を考慮しながら策定されるべきであると考えられてきたことを示している．連邦教育省[7]は，首都キャンベラに置かれているが，各州の州都および地方都市には地方事務所が設置されている．各州政府は，それぞれ教育省を有している．それらの教育省も，その名称から連邦教育省と同様に雇用，訓練などの機能を有していることがわかる．

　連邦教育省および各州教育省の大臣は，全国教育雇用訓練青少年問題審議会（Ministerial Council on Education, Employment, Training and Youth Affairs: MCEETYA）[8]において，さまざまな教育に関する国家的な政策を策定してきた．1980年代末以降，MCEETYAが中心的な役割を担い，全国共通の教育に関する指針が矢継ぎ早に発表されてきた．その転機の一つとなったのが，1989年に採択・発表された，オーストラリアで最初の学校教育に関する国家目標ともいえる「ホバート宣言」（The Hobart Declaration on Schooling）である．ここで，学校教育に関する国家目標が「学校，各州および連邦政府が協働するための枠組み」と

して提示されたのである．1999年には，21世紀に向けた学校教育の新たな指針として「アデレード宣言」(The Adelaide Declaration on National Goals for Schooling in the Twenty-First Century) が採択・発表された（表1-1）．主として，① 学校教育における包括的な目標，② 具体的な教育内容に関する枠組み，③ 社会的な公正を実現するための教育目標から構成されている．ここではオーストラリア全体が協力して，今後急激な変化や複雑化を伴う21世紀を生き抜くことができる人間を育成するという強い決意が記されている．その他にも，情報技術への対応や市民性教育などさまざまな事柄について言及されている．その中でも筆者の目を一層引くのは「楽観的な思考」(optimism) について書かれた箇所である (1.2)．「楽観的な思考」という概念の背景には，個々の子どもの「うまくできる」という信念（自己効力感）を大切にする教育観がある．これは，オーストラリア全体の学校教育へのスタンスが垣間見られる一文であろう．また，表1-1には記載されていないが，父母に対しても「子どもにとっての最初の教育者」であることが大前提とされている．

　ここまで見てきたように，オーストラリアの教育行政制度は，連邦および州教育省の連携によって成り立っている．近年，各州教育省の管轄である初等中等教育に対しても，連邦教育省が主導権をもちつつある．その分野は大別して，① 教育の質を保証するための枠組みの設定，② 各州の教育環境における「格差」の是正に集約できる．前者は「アデレード宣言」や教育基準の設定であり，後者は遠隔地・先住民・移民など，教育の機会均等の面で不利益を被っている地域やグループを対象とした補助金の提供が中心である．財政面では，公立学校に関しては州教育省が予算の大部分を負担し，それを連邦政府が補助している．一方，私立学校に対しては，その逆に連邦政府は一定程度の予算を負担し，州・政府がそれを補助する形態がとられている．公立学校への予算に限っていえば，各州の教育予算総額は，連邦政府のそれの約20倍である[9]．

　また，連邦政府の主導による「国家」としての統一性・一貫性を追及する政策が，学校教育に影響力を及ぼし始めている．2005年，連邦教育省は全国的

表1—1　国家目標（アデレード宣言）：抜粋

1　学校教育はすべての生徒の才能や能力を十分に成長させる．生徒が学校を卒業する時には，以下の点を達成することが目標である．
　1.1　物事を分析し，問題解決をする能力や技能，そして活動を計画し，それに対する準備や他の人と協力するために，自らの考えや情報を伝える能力をもつ．
　1.2　自信，楽観的な考え方，高い自尊心を持ち続ける素質をもち，家族，コミュニティ，仕事の同僚の一員として，彼（女）らの生活の潜在的な役割の基礎としての個人的な卓越性に関与する．
　1.3　道徳性，倫理性，社会的公正に関する判断や責任を行使する能力や世界を理解し，物事の成り行きを見極め，自らの生活に関する合理的かつ学識ある決定をし，自らの行動に責任をもつ能力を有する．
　1.4　オーストラリアの政府のシステムや市民生活を理解し，批評する，活動的で知識をもった市民となる．
　1.5　仕事に必要な技能や仕事の環境への理解，キャリアの選択肢，職業教育・訓練，継続教育，就職，生涯学習に対する積極的な態度や基盤となる進路をもつ．
　1.6　新しい技術，とくに情報やコミュニケーション技術に対して自信をもち，創造的で，生産的な利用者となり，これらの技術社会に対する影響を理解する．
　1.7　自然環境に対する理解や関心，取り組む気持ちをもち，環境的に持続可能な開発に関する知識を身につけ，貢献する．
　1.8　健康的なライフスタイルを作り上げ，維持するために必要な，また余暇時間を創造的に，満足して利用するために必要な知識，技能，態度をもつ．

2　カリキュラムの観点から，生徒は以下の点を習得する．
　2.1　義務教育期間で，以下の8つの学習領域を含んだ総合的でバランスのとれたカリキュラムを通して，高水準の知識，技能，理解が獲得される．
　　　○芸術（the arts）　○英語（English）
　　　○保健体育（health and physical education）
　　　○英語以外の言語（languages other than English）
　　　○算数（mathematics）　○理科（science）
　　　○社会と環境の学習（studies of society and environment）
　　　○技術（technology）　8分野の相互関係を大切にする．
　2.2　ニューメラシー，英語リテラシーの技能を習得する．すべての生徒が適切なレベルで計算でき，文章を読み，書き，綴り，そしてコミュニケーションをとることができる．
　2.3　義務教育期間において，職業的な学習プログラムに参加し，後期中等教育における学習活動の一部として，職業教育や訓練プログラムにアクセスできる．

> 2.4 将来，柔軟性や適応性を最大限に発揮できるような技能を含め，企業において必要な技能を促進し，発展させるプログラムや活動に参加する．
>
> 3 学校教育は社会的に公正であるべきである．その為に，以下の点に留意すべきである．
> 3.1 学校教育での生徒の成果は，性別，言語，文化，エスニシティ，宗教，障がいなどの「差別」に対する否定的見解との関連を断たなくてはならない．また，生徒の社会経済的な背景や地理的問題から生じる格差との関連も断たなくてはならない．
> 3.2 教育的に不利益を被っている生徒の学習成果は，改善され，時間をかけても他の生徒の成果に追いつく．
> 3.3 アボリジナルおよびトレス海峡島嶼民の生徒は，学習成果が向上し，他の生徒の成果に追いつくために，学校教育へのアクセスや機会が公正でなくてはならない．
> 3.4 すべての生徒はオーストラリア社会に対するアボリジナルおよびトレス海峡島嶼民の文化の価値を理解し，認めるべきである．そして，先住民と非先住民の間の和解に貢献し，そこから利益を得るための知識や技能，理解をもつ．
> 3.5 すべての生徒は，学校教育から 12 年生もしくは職業的に同等な訓練を修了するために必要な質の高い教育にアクセスし，学校教育は職業，もしくは継続教育・訓練に対して明確で，公認された道筋を提供する．

注）筆者が一部を抜粋した．
出典）MCEETYA, *The Adelaide Declaration on National Goals for Schooling in the Twenty-First Century*, 1999.

な統一テスト，統一資格の導入を提案した．つまり，これまで州ごとに設定されていたテストや教育資格を連邦主導のもと統一する方向性にある．全国統一テストは，一定の教育水準（ベンチマーク）に達していない生徒を探し出すことを，より一層可能にする．そして，それらの生徒を対象とした教育支援計画が実施に移されている．以前は非英語母語話者や先住民生徒など，特定の背景をもった子どもたちを対象に，個別指導などの教育支援が提供されてきた．しかし今回は，生徒の社会経済的背景にかかわらず，一定の教育水準に達していない子どもたちに，学外の民間教育産業との協働を視野に入れつつ，最大 700 ドルの個別指導のバウチャーが提供されている．

さらに，平易な英語で通信簿を記述することにより，保護者がこれまで以上

に子どもたちの教育成果に関心をもつことを期待した指針も発表されている.また,英語の表現だけではなく,通信簿に含まれる項目などの面で,連邦・州レベルでの画一性をもたせることを提案した.これにより,オーストラリア全体や州内における自分の子どもたちの位置づけを保護者は,理解できるようになる.そしてその結果,保護者による学校教育への関与・参加が促進されると想定されるのである.

このような制度面での統一とともに,国旗掲揚の奨励,価値教育(value education)の構築などにより,ナショナル・アイデンティティを涵養する取組みも実施されている.また,2006年10月からは学校周辺の牧師(chaplain)を活用しながら,生徒のみならず,教職員の精神面に対する個別支援を全国的に展開するプログラムを実施した.連邦政府側は,このプログラムについて,広い意味での学校周辺のコミュニティを教育活動において有効活用する一環であるという見解を示している.この活動は,宗教・宗派にかかわらず,生徒・教職員の相談に対応する試みである.[10] しかし,連邦政府教育省がキリスト教の牧師のみを対象にしてこのようなプログラムを実施するのは,公立学校制度における宗教的中立性の観点から,議論の余地があるであろう.

(4) 学力水準

オーストラリアの学力水準を理解する上で最も明解な方法は,経済協力開発機構(OECD)が実施している「生徒の学習到達度調査」(PISA)における同国の位置づけを見ることであろう.2003年には数学的リテラシー,読解力,科学的リテラシー,問題解決能力など四分野に関する15歳時の学習到達度が41カ国で調査された.各分野の順位では,オーストラリアは数学的リテラシーが11位,読解力は4位,科学的リテラシーでは6位,問題解決能力では7位であった(表1-2).しかし,点数の有意差によってグループ分けをしてみると,オーストラリアよりも,明確に高い点数を獲得していた国は,最も順位が低かった数学的リテラシーでは4カ国,読解力では1カ国,科学的リテラシーでは

表1―2　2003年PISAの国別・分野別の順位

	数学的リテラシー	読解力	科学的リテラシー	問題解決能力
1	香港	フィンランド	フィンランド	韓国
2	フィンランド	韓国	日本	香港
3	韓国	カナダ	香港	フィンランド
4	オランダ	オーストラリア	韓国	日本
5	リヒテンシュタイン	リヒテンシュタイン	リヒテンシュタイン	ニュージーランド
6	日本	ニュージーランド	オーストラリア	マカオ
7	カナダ	アイルランド	マカオ	オーストラリア
8	ベルギー	スウェーデン	オランダ	リヒテンシュタイン
9	マカオ	オランダ	チェコ	カナダ
10	スイス	香港	ニュージーランド	ベルギー
11	オーストラリア	ベルギー	カナダ	スイス
12	ニュージーランド	ノルウェー	スイス	オランダ
13	チェコ	スイス	フランス	フランス
14	アイスランド	日本	ベルギー	デンマーク
15	デンマーク	マカオ	スウェーデン	チェコ

出典）国立教育政策研究所編『生きるための知識と技能〈2〉OECD生徒の学習到達度調査（PISA）2003年調査国際結果報告書』ぎょうせい，2004年．

3カ国，問題解決能力でも4カ国である．2000年に実施されたPISAの成果と比較すると順位が下がった分野もあったが，オーストラリアの世論は大方，この成果を好意的に捉えていた．

しかし国内に目を向けると，さまざまな側面において教育格差が明確化しつつあることがPISAの報告書によって，指摘されている[11]．まず州間の学力差であるが，すべての分野において首都直轄区と西オーストラリア州が他州を上回る成果をあげている．また，北部準州，タスマニア州，ビクトリア州の成果が他州に比べやや劣るとの結果がでている．首都直轄区は，官公庁や研究所などが点在することから，社会経済的に「恵まれた」家庭が多いとされている．その一方で，北部準州は州人口の約26％が先住民であることで知られている．ジェンダー間の相違では，男子が女子よりも読解力において劣っているとの結

果が提示された．数学的リテラシーでは，①先住民生徒，②家庭で英語以外の言語を使用している生徒，③地方都市，遠隔地域に居住している生徒，④社会経済的に低い家庭の生徒の成果が，他の学生よりも劣っている．

　PISAに代表される国際的な学力調査とともに，ここではオーストラリア国内の基礎学力調査の動向も紹介したい．「アデレード宣言」では「すべての生徒が適切なレベルで計算でき，文章を読み，書き，綴り，そしてコミュニケーションをとることができるようにするべき」ことが最優先課題とされた（表1－1）．それを契機として，各州教育省は協働で生徒の基礎学力を測定する基準としてベンチマークを開発した[12]．ベンチマークとは子どもたちが，「読み」「書き」「ニューメラシー」[13]の分野で，3・5・7年生の各学年で最低限習得されるべき技能の目安である．各州はこのベンチマークをもとに，州統一テストを開発し，実施する．つまり，ベンチマークは各州合意の上で設定されているが，それをもとに作成されるテストは，現段階では各州によって異なるのである[14]．そのため，各州独自の統一テストの結果が集計され，ベンチマークに関するデータとして，毎年公表されている．

　その結果の一部が，表1－3である．まず，全般的な傾向を見ると北部準州が他州と比較してベンチマークに達している生徒の割合が低い．これは先住民・非英語母語話者の半数以上，とくに7年生では約6割がベンチマークに達していないことがその原因であると考えられる．一方で，クイーンズランド州と首都直轄区は他州よりも若干到達率が高い．この結果の原因は，概ねPISAと同様であることが推測できよう．

　項目ごとにベンチマークへの到達率を見ると，第一に，全般的に女子は男子よりも高い．第二に，先住民は全体の平均を下回っている．第三に，非英語母語話者は全体を下回っているが，その差は僅かであることが指摘できよう．しかし，クイーンズランド州，タスマニア州の3年生の先住民は，非英語母語話者を上回っており，全体の平均にも近づいている．この傾向は，ベンチマーク調査が導入されて以来，見られなかったことから，今後両州の先住民に対する

表1―3 「読解」に関するベンチマークに達する生徒の割合（2004年）

(単位：％)

州／準州		全体	男子	女子	先住民	非英語母語話者
ニューサウスウェールズ州	3年生	92.2	90.6	93.9	80.4	91.7
	5年生	90.9	88.6	93.3	75.7	89.3
	7年生	88.1	85.7	90.6	68.5	86.2
ビクトリア州	3年生	90.5	88.2	92.8	76.6	86.7
	5年生	87.6	85.3	89.9	71.4	83.1
	7年生	93.1	91.5	94.8	77.0	89.8
クイーンズランド州	3年生	97.0	96.3	97.7	94.6	94.2
	5年生	83.4	81.4	85.6	65.0	80.1
	7年生	94.5	93.1	95.9	85.5	92.0
南オーストラリア州	3年生	90.9	88.9	92.9	73.3	89.4
	5年生	90.0	87.8	92.2	60.3	86.6
	7年生	92.5	91.0	94.0	69.2	89.1
西オーストラリア州	3年生	95.6	94.8	96.4	84.1	95.0
	5年生	93.7	92.4	95.0	74.2	91.7
	7年生	88.9	86.6	91.4	57.6	84.1
タスマニア州	3年生	96.5	95.8	97.1	93.7	91.5
	5年生	94.0	92.9	95.2	88.1	88.3
	7年生	88.9	85.7	92.2	75.7	80.1
北部準州	3年生	76.0	73.7	78.4	44.7	46.9
	5年生	77.2	74.1	80.5	47.1	44.8
	7年生	73.9	72.1	75.7	38.8	39.7
首都直轄区	3年生	95.2	94.0	96.4	94.6	88.1
	5年生	96.5	95.6	97.3	86.7	92.0
	7年生	95.0	93.4	96.7	81.6	85.0
オーストラリア	3年生	93.0	91.5	94.6	82.9	90.0
	5年生	88.7	86.6	90.9	69.4	86.2
	7年生	91.0	89.1	93.0	71.0	86.9

出典）MCEETYA, *National Report on Schooling in Australia 2004 Preliminary Paper: National Benchmark Results Reading, Writing and Numeracy Years 3, 5 and 7*, 2006.

リテラシー教育の実践が注目されるであろう．

　また，表には示していないが，調査対象のすべての学年・分野にわたって，私立学校の生徒が公立学校の生徒のベンチマーク到達率を上回っている．しかし，公立と私立間の格差よりも，「都市部」と「へき地」の生徒間の成果の格差の方が大きい．「都市部」と「地方都市」の格差は小さいが，「遠隔地」「へき地」に居住する生徒は，そのほかの生徒と比較し，明確な格差が存在する．

　以上のように，低学力層の属性として「先住民」「遠隔地・へき地居住者」などがあげられる．この傾向は，PISAおよびベンチマーク調査に共通するものである．これらのことから，オーストラリアは国際的な学力調査においては上位に位置づけられているものの，国内に目を転じると教育格差が存在し，今後これらの是正に取り組む必要性を指摘できよう．しかし，とくに「遠隔地・へき地」に住む「先住民」生徒の置かれた状況を考えるとき，このような国際的・国内的に通用する一定の指標を用いて教育評価を行うことに，疑問を抱かざるを得ないのも事実であろう．ここでは，ある先住民の女子生徒が州教育省に宛てて書いた手紙を紹介したい．[15]

　このテストを作成した人へ
　あなた方は，自分自身を恥じるべきです．
　私たちは今，上手に英語を読むことができないということを，もっとわかってください．
　私たちが，あなたにカラカワヤ語で書かれたテストを送ったら，あなたはそのテストを上手く読むことができますか．
　これが今，私の伝えたいことです．わかりますか．

　確かに，全国的に設定される教育基準は，教育関係者や保護者が子どもたちのリテラシー技能の現状を数値として客観的・相対的に把握することを可能にする．それにより，本章でこれまで見てきたような比較も可能になる．また教

育基準は，リテラシーの習得が困難な生徒を早期に発見し，教育に携わるすべての者がその責任を共有するシステムを構築することを支援する．しかし同時に，このようなベンチマークは，それに到達しなかった生徒を「区別」する指標ともなる．そしてそれは，そのような生徒のリテラシーを，ある一定の基準まで引き上げることを要請する．これまでオーストラリアでは，先住民など特定の「グループ」を対象として，重点的な教育支援が提供されてきた．しかしベンチマークの設定に伴い，それらの言語的・文化的背景をいったん「無視」し，教育基準を下回ったすべての生徒を対象として，個別指導などの教育機会を提供する試みが実施されていることは前項で述べたとおりである．

　このような文化的・言語的差異の意識的な排除は，ある意味で「公正」な教育評価を行う一方で，英語を母語としない子どもたちへの配慮の欠如という点で問題を残している．確かに英語は，オーストラリアの事実上の公用語であり，同国で生活を営むために必要不可欠な技能である．先に紹介した先住民生徒も，リテラシーの州統一テストに異議を表明するためには，テスト作成者の理解可能な英語のクレオールを用いて手紙を書いている[16]．ここに，自らの母語では，多文化主義政策を採用しているオーストラリア社会においてさえ，異議を表明することができないという現実を垣間見ることができよう．

　このような矛盾を少しでも軽減するため，ベンチマークの設定には細心の注意が払われている．たとえば，現在，7年生（日本の中学1年生に相当）を対象とした作文のテストは，現在進行形や現在完了形などの時制の適切な使用ができるかがベンチマークの一つとして設定されている[17]．ベンチマークは，あくまでもすべてのオーストラリア人に必要とされる「最低限」の基準であることに，政府側が提示した自国の多文化状況への配慮を見ることができる．

　また，近年では，リテラシーとニューメラシーのベンチマークの他にも，「科学的リテラシー」「情報コミュニケーション技術」「市民性教育」の分野に関する全国調査が，試行段階ではあるものの，実施されている．「科学的リテラシー」や「情報コミュニケーション技術」の試験的導入により，従来，計測

されている「リテラシー」の定義・概念に広がりがもたれることが期待される．しかし，「市民性教育」に関しては，知識や技能のみならず，民主主義社会で生活するための「倫理観」に関わる問題なども含まれていることから，今後，さまざまな議論がなされることも予想される．

第2節　学校をベースとした教育改革

(1)　学校審議会

　学校審議会は，生徒の保護者や学校の教職員，地域社会の代表者が学校のさまざまな意思決定に自らの意見を表明することを目的として，オーストラリアでは，1970年代に確立した制度である．広大な国土を有し，人口密度が低いオーストラリアでは教育機会の均等を保障するために，中央教育行政機関が一定の役割を果たしてきた．しかし，その行政制度が多様な教育ニーズへの対応に適さなくなったことから，この学校審議会制度が導入・実施された．

　学校審議会への流れは，1973年に発表された『オーストラリアの学校』(Schools in Australia) が契機となった．この報告は，オーストラリア全体の初等・中等教育の現状と課題が含まれている．その結果，学校教育に関連する財源不足を指摘し，学校段階に対する連邦政府の財政的支援を増加させた．この時期，連邦政府は初等・中等教育に関する諸施策を策定し始めたが，同時に，学校運営への地域参加の重要性も指摘し，学校審議会設置への流れが徐々に見られるようになってきた[18]．その中でもビクトリア州，南オーストラリア州，首都直轄区が他州に先駆けて，学校審議会を設置した．その理由として，第一に，父母団体の影響力があげられる．つまり，設置が遅れた州の父母団体は，学校運営による権限の増大は望んだものの，自らの権限の減少を伴う学校審議会の設置には反対したのである[19]．いわば上記の3州は他州よりも既存の父母団体と学校審議会の権限の妥協点が，父母団体からの学校審議会委員の選出の優遇措

置などで早期に見出されたといえる．第二に，先行した3州は，学校審議会が設置される以前から，学校段階で州教育省からの権限委譲に対応できる組織が，程度の差はあるものの，既に構築されていたことが指摘できる．

学校審議会の委員構成と権限は，各州を比較しても大きな相違点はない．委員は校長，保護者，教師，生徒（中等学校），地元コミュニティのメンバーで構成されるが，これはすべての州で共通している．しかし南オーストラリア州のように，これらの構成員以外に，学校が位置する区域の議会や行政機関が指名した人物が委員として含まれている場合もある．学校審議会の権限は，① 学校内の教育計画の決定，② 学校の予算案の作成と監査，③ 教育課程に対する助言，④ 地元コミュニティの学校教育への関与についての計画の作成が共通してあげられる．校長の選考に関しては，西オーストラリア州の一部の学校を除いて学校審議会の助言もしくは決定が認められている[20]．さらにビクトリア州，南オーストラリア州，北部準州では予算案の作成や監査だけでなく，財務運用にも学校審議会の関与が可能である．ここから大部分の州における学校審議会の性格が，校長の諮問機関としてではなく，学校の意思決定機関として位置づけられていることがわかる．学校審議会委員の任期は，州・直轄区によって異なるが2年程度である．

1970～80年代にかけて労働党政権の影響もあり，各州政府は社会民主主義を背景とした「教育の機会均等」を土台にしながら，「社会的公正（social equity）」の達成を目標として学校審議会の設置をめざしていた．つまり生徒，保護者および地元コミュニティの多様な教育ニーズに対応するため，州教育省から学校段階に「権限委譲」がなされ，それに伴い学校審議会の設置が推進されたのである．

(2) 学校の裁量拡大とパートナーシップ

1980年代後半以降，① インフレによる財政支出の緊縮から公共機関の効率性が必要とされたこと，② 天然資源の価格低下により大打撃を受けた産業界

が，現代的産業への移行に対応する優れた教育成果への要求を背景として，学校教育に「効果性」「効率性」「卓越性」が一層求められることとなった．その流れの中で，学校審議会が定着し，学校裁量が拡大されていった．つまり，学校教育が保護者や地元コミュニティに対して，生徒の教育成果に関する責任を効率的，効果的に担うことが可能なシステムが学校に求められてきたのである．

第2章で詳述されるが，1990年代以降，自律的学校経営（Self-Managing School）の導入によって学校の裁量が拡大されてきた．教育課程や人事，財務など幅広い範囲にわたって，各学校に権限がより一層委譲された．1970～80年代には社会民主主義的な側面に後押しされ，保護者や地域住民が「参加」するプロセスが重視され，その後の教育成果には比較的寛容であった．しかし，90年代以降にはその状況が変化してきた．つまり，学校への大幅な権限委譲と同時に，教育成果に対するアカウンタビリティも学校に要求されたのである．学校裁量が拡大されると，一方で学校間の差が広がってくる．成功校と呼ばれる栄誉を称えられる学校もあれば，失敗校の烙印を押される学校も出現する．そこで，学校裁量を拡大した上で，全体的な生徒の学力水準を向上させるための方策として取り組まれている「パートナーシップ」の推進システムも紹介したい．

ビクトリア州では2002年から，さまざまな教育資源を共有するシステムの構築を目的として，学校間ネットワークを活性化するための取組みが実施されている[21]．具体的には，専門的な科目を開講する際，学校群（school cluster）がそれらの知識・技能を有する教員，それに必要な施設設備などを含めたプログラム全体を共有するための施策である．また，教員研修，カリキュラムや評価基準などを盛り込んだ教育目標に学校群全体が合意し，責任を共有することが重要であるとされた．これらの協働的な教育活動が実現することによって，学校間ネットワークは，より広範な教育機会を提供でき，成果の向上も達成できると想定されている．とくに職業教育・訓練に関連する科目は施設設備を必要とするものも多い．たとえば，メルボルン近郊のラトローブ・バレー（La Trobe

Valley) 学群では，近隣の中等学校などと連携して数種類の科目を提供している．ここでは，各学校が職業教育・訓練の科目を水曜日に固定するなど，他の学校での開講科目の履修を希望する生徒が，その中等学校へ通学しやすくなるように配慮されている．

また 2003 年には，同州の労働党政権は『公立学校のための青写真』(Blueprint for Government Schools)[22] を発表した．タイトルどおり，この政策はビクトリア州の「公立学校」のみを対象にした包括的な改革案である．ここでは，改革の基本理念として，① 多様な生徒の教育ニーズに対する認識と対応，② 教員の授業力の向上，③ 継続的な学校改善が提示されている[23]．これらの理念を実現するためには，学校長のリーダーシップと同時に，公立学校システム全体のパートナーシップが必要となるとの見解を示している．

そこでのプログラムの一つが，リーディング・スクール・ファンド (Leading School Fund) である．これは，さまざまな分野における特色ある教育実践を行っている中等学校への補助金を提供するプログラムである．個々の学校もしくは学校群が，生徒の学習成果の向上を目的として「先導的」(leading) な役割を担うための取組みに提供される．教育訓練大臣は，「この計画は，すでに多くの学校で行われている優れた業績をもとにして，教えることへの新しいアプローチを探求し，それを共有するユニークな機会を学校に提供する」と述べている[24]．補助金を得るためには，他の申請者と競合して，特色あるテーマをもった計画案を申請する必要がある．申請内容には，「学習方法・教育方法」「評価」「カリキュラム」「学校環境」「コミュニティとのパートナーシップ」を含むことが望まれている．この補助金により，具体的には，支援対象である中等学校全体に 450 名の教員の追加配置，新しい特別施設の整備がなされている．それらの教員の多くは，芸術，音楽，科学，技術，言語，スポーツなどの専門知識・技能を有した者である．施設設備に関しても同様に，専門的な教育の提供を可能にする申請を認める方向にある．このような取組みが，結果として学校全体の発展と向上，学校間連携の促進を導き出すと考えられている．政策文

書には,「すべての者への卓越性」(Excellence for All) がスローガンに掲げられており, この計画で補助金を獲得した学校は, 他の学校との連携において文字どおり先導的な役割を果たすことが望まれている. そのためここでは, 特定の学校に対する補助金というよりもむしろ, 特定の学校における資源を, いかに他の学校との間で「共有」するかに重きがおかれている. つまり, 各学校が互いに支援しあい, 学びあいながら, 学校システム全体を強化することが狙いとされているのである. また, 各学校がリーディング・スクール・ファンドを申請する際, 州教育省の職員と協議する必要性が求められている. これは教育省職員の多くが, 教育現場を熟知する教員経験者だからこそ可能な点であろう. パートナーシップは, 各学校間だけではなく, 学校と州教育省間にも築かれている. これらの取組みは, それぞれの学校が申請することによって, 補助金を獲得する「チャンス」を生む. つまり, 申請するか否かは, 学校裁量に委ねられているのである.

(3) 教育課程政策

　オーストラリアにおいては, 初等中等教育は州教育省の管轄である. これは, 教育課程も例外ではない. しかし, 各州の教育大臣の合意のもと, 1980年代後半にはナショナル・カリキュラムが, また1990年代後半には, リテラシーとニューメラシーのベンチマークが策定された. これらは, 日本の学習指導要領とは異なり, 連邦および州政府が策定している学習分野のガイドラインはあくまで目安である. そのため学校裁量によって, 自らの教育環境に合致した, 独自のカリキュラム編成が可能となっている. また, 教科書検定制度は存在しない. 教科書は学校または教員の裁量によって選定される. しかしながら, 教育の質を保証するために, さまざまなスタンダードは州レベルでも設定されている.

　ナショナル・カリキュラムでは, 八つの「主要学習領域」として, 英語 (English), 算数・数学 (Mathematics), 理科 (Science), 社会と環境の学習

(Studies of Society and Environment), 技術 (Technology), 芸術 (the Arts), 保健 (Health), 英語以外の言語 (Languages other than English: LOTE) が示された. そして, それにもとづき各教科・科目のステイトメントとプロファイル (Statements and Profiles) が示された. 各州は, このナショナル・カリキュラムをもとに, これら八つの領域をすべての子どもたちに教えることが「奨励」されている.

ビクトリア州では, 現在, 就学前教育から10年生まではビクトリア州必修学習スタンダード (Victorian Essential Learning Standards: VELS) を基盤として, カリキュラムが各学校で編成されている. また州レベルの学力調査として, 学力改善調査 (Achievement Improvement Monitor: AIM) も実施されている. VELSは市民性, コミュニケーション, 情報コミュニケーション技術 (ICT) や思考力などを, 主要学習領域と同様の学習分野とし, それぞれの到達目標としてのスタンダードも設定している. 連邦政府が設定する主要学習領域とは若干異なり「社会と環境の学習」に代わり, 経済・歴史・地理を含むヒューマニティ (Humanity) という分野を導入している. 各学校は, このVELSをもとに, 保護者に対して子どもたちの成績を報告する必要がある[25]. AIMは, 各学校の到達目標としても利用されている.

近年は, 後期中等教育の残留率を向上させるために, 教育資格の多様化に向けてさまざまな政策が策定・実施されている. そこには従来型のアカデミック科目と実践的な職業教育・訓練に関連する科目の双方が含まれている. 一般的に職業教育・訓練には一定の施設設備が必要となるため, 個々の中等学校ですべての科目を提供することは困難である. しかし近年, 各学校で可能な限りの科目を提供するとともに, 近隣のコミュニティや学校間の連携によって, より多様な科目を提供する事例が多く存在する. その多様化の過程は以下の3段階に分けることができる.

① アカデミックな科目の範囲の拡大：ビクトリア州中等教育修了資格 (Victorian Certificate of Education: VCE) (1980年代中頃)

② VCE における職業教育・訓練の科目の導入：VCE VET（Vocational Education and Training）（1990年代初頭）
③ リテラシーやニューメラシーを中心とした基礎技能から構成される資格の設定：ビクトリア州応用学習資格（Victorian Certificate for Applied Learning: VCAL）（2000年～）

　基礎技能を重視した中等教育資格（VCAL）というコンセプトは，ビクトリア州で他州に先駆けて導入された．とはいえ，今日でも，大学進学希望者はアカデミックな科目を中心に学習している．VCE の成績は点数調整・換算を経て，高等教育（大学等）入学者選抜の判定資料として使用されているのである．

　VCE は，ビクトリア州における中等教育修了資格であり，オーストラリアの主要学習領域から構成されている．現在は，その8分野の下に，70以上の科目が設定されている．VCE は，11・12年生で取得することが一般的であり，生徒は修了後の進学先，就職先に沿った科目を履修する．VCE の成績が優秀な生徒に対しては，州内の大学と連携し，特定の VCE 科目の上級コースを提供している．このエクステンション・コースを受講する生徒は，大学側が設定するガイドラインによって，各学校で選抜される．毎年約2％程度の VCE 受講者がこの資格を得ている．ここでの成果は，高等教育に進学する際の得点に加算されることになっている．

　VCE では，職業教育・訓練の科目も提供している．1990年代初頭には，後期中等教育への生徒側からの教育ニーズのみならず，経済・産業界からのニーズも念頭に入れつつ，VCE VET が導入された．現在，VCE VET は，中等学校が独自に提供するだけではなく，技術継続教育カレッジ（Technical and Further Education: TAFE）等の教育・訓練機関と連携しつつ提供されている．2003年には36種類の VCE VET 科目とともに31種類のパートタイムの訓練生（apprenticeship）制度が提供されている[26]．前者は教育・訓練機関における授業形式の科目であり，後者は職場経験や実績を単位に換算するものである．その中でも人気科目は，「マルチメディア」「自動車」「ホスピタリティ（観光）」

「スポーツとレクレーション」「IT」があげられている．これらの人気科目は，ビクトリア州に限定されず，オーストラリア全体の傾向である[27]．しかし，現状としては，教育成果が低い生徒がVCE VETを履修する傾向がある[28]．また，教育成果が低い生徒にとっても，アカデミックな科目は必修として設定され，これらを回避することはできない．そのため当初の予想に反して，VCE VETが後期中等教育の修了率を飛躍的に向上させる特効薬とはならなかった．

そのような背景から，VCALは2003年から本格的に実施されている[29]．この資格の目的は生徒自らが，進路の選択肢を拡げる技能，知識，態度を習得することにある[30]．つまり，VCEやVCE VETが進学や就職という直接的な目的を有する一方で，VCALはそれらの進路を決定する基礎技能の習得に焦点をあてているのである．VCEが2年間で修了可能である一方で，VCALは1年間で修了が可能である[31]．VCALは，「リテラシーとニューメラシー」「仕事に関連する技能」「産業に関連する技能」「個人の成長」の4分野で構成されている．各分野は，初級・中級・上級と三つのレベルで設定されている[32]．上記の4分野では，①実用的なリテラシー・ニューメラシー技能，②職場での応用可能な技能・態度，③「市民」としての社会参加を可能とする技能・態度を習得することを目的としている．具体的には，キャリアプランの設計からハンバーガーショップでのアルバイトまで，広範な授業，実習が計画されている．VCALは高等教育への進学には対応していない．つまり，VCAL修了後の進路としては，よりレベルの高いVCALの履修，本格的な職業教育・訓練や継続教育コースの履修とそれに伴う職業資格の取得が想定される[33]．また，就職や職場の訓練生になることも奨励されている．2002年の調査によると，VCAL取得後，VCEコースの履修を希望する生徒も数多く見られた[34]．そのため，VCALで取得した単位をVCEでどのように認定し，高等教育機関への進学に道を開くかが今後の課題であろう．

以上のように，連邦政府では教育課程の大枠が決定され，それに伴い各州が具体的な教育課程の枠組みを決定している．それらの枠組みに伴い，統一的な

教育基準が設定され，明確な教育成果が求められている．その一方で，とくに中等教育で提供される科目が多様化し，各学校は自らの裁量で教育課程を決定する必要がある．中には，生徒の技能習得だけではなく，「態度」の育成を目的とした科目もある．つまり，統一化と多様化の流れに対して，各学校では同時に対応しなければならないのである．

第3節　多民族共生のための教育改革

(1)　多文化教育

　1970年代後半からオーストラリア連邦政府は，それまでの白豪主義に代わり，多文化主義 (multiculturalism) を採用し，それに伴いさまざまな政策を策定・実施してきた．多文化主義の下では多様な文化が尊重される．しかし同時に，国家という枠組みを守るため，公的な場では英語の使用が重視され，また民主主義という政治理念に対する理解も求められている．オーストラリアでは，このように多文化主義が国家政策として採用されているため，その時々の政府によって，政策の路線・内容そして解釈が変更されている．事実，同国における多文化主義政策の歴史を概観すると，以下のような変化が認められる．1970年代後半には，多文化主義を基盤としたプログラムやサービスは「移民」を対象としてきた．1978年の「ガルバリー報告」では，移民がオーストラリアに定住する際の公正 (equity) と文化維持 (cultural maintenance) の問題に焦点が当てられていた．とくに非英語母語話者が，公共機関へのアクセスなどで不利益を被らないよう配慮するサービスが重視された．

　しかし1980年代に入ると，それまで移民を主な対象としていた多文化主義の「守備範囲」が拡大し，すべてのオーストラリア人が対象となっていった．1982年には『すべてのオーストラリア人のための多文化主義』を通して，「エスニック問題」としての多文化主義は終焉を迎えたことが公的に宣言されたの

である.近年のハワード保守連合政権(1996年～現在)の経済至上主義的な政策の下では,国内の文化的多様性をオーストラリアの重要な経済的資源として活用することが重要視されている.つまり,それまで文化的・政治的問題としてされてきた多文化主義が,経済的観点をも含むようになってきたのである.

ハワード首相は就任以来,好んで「統合」(integration)や「多様性の中の統一性」(unity in diversity)という用語を利用している.しかし,ハワード首相を待たずともオーストラリアの多文化主義は,文化的な多様性の尊重と同時に,1970年代後半以来,一貫して「社会的団結」(social cohesion)を追求してきたのが特徴である[36].これは国語としての英語,民主主義の受け入れ,他文化の尊重を前提条件とした,多文化主義を一貫して採用していることからも垣間見られよう.つまり,国家という枠組みにおいて文化的な「孤立」は許容しないとの姿勢を一貫して示しているのである.

このように,オーストラリアの多文化主義は,歴史的に,① 移民のみを対象としたものからオーストラリア人全体を包括するという対象範囲の拡大,② 移民の社会参加を保証するものから国内の多様性の経済的活用という視野の拡大という特色を有している.それと同時に,国家としての団結の維持が志向され,ナショナル・アイデンティティは常に保持されてきた.つまり,オーストラリア型の多文化主義は,「統一性」と「多様性」という二つの理念が共生した状態で成り立ってきたのである[37].

では次に,多文化主義を基盤とした,学校教育における教育活動の実施状況を概観したい.オーストラリアにおける多文化教育の歴史は,連邦政府主導によって始まる.ここでの多文化教育プログラムは,オーストラリアに影響を与えているさまざまな文化や国に関連する知識をすべての子どもたちが習得するという「文化」重視のプログラムから,英語を母語とする子どもたちが英語以外の言語を習得したり,英語を母語としない生徒が英語をより学ぶ機会を提供したりするなど,「言語」を重視したプログラムまで多様であった.しかし,連邦主導の多文化教育プログラムは1980年代中頃には打ち切られ,その後は,

表1—4 『ビクトリア州の学校のための多文化政策』

① 英語能力
② 英語以外の言語(一つもしくは複数)
③ 自文化・他文化に対する深い知識と認識
④ オーストラリアの過去および現在の多文化的特質に関する理解と「国家」の形成における諸文化の相互依存関係の理解
⑤ 異文化状況に身をおくとき,心地よく,有益に相互作用するための技能と知識
⑥ 地球規模の共同体であることの現実の認識と貿易・財政・労働・政治・コミュニケーションの領域における国家間の相互依存関係:国際理解と国際協力は不可欠であることの認識

注)筆者が一部を抜粋した.
出典)Department of Education MACLOTE and ESL, *Multicultural Policy for Victorian Schools,* 1997.

州主導のプログラムへと移行された.これは,オーストラリアが直面した経済状況の悪化に加え,連邦政府が必ずしも多文化教育を重視してなかったことなどの原因が指摘されている[38].もちろん,そのような状況も否めないが,その後の州政府主導の多文化教育の実施には一定の基盤整備がなされた時期ともいえよう.

次に多文化教育の現状をビクトリア州の事例を参考に提示したい[39].現行の政策における目的は,「言語教育の提供」「文化理解の推進」「コミュニケーション技能の習得」に集約できよう(表1—4).これらは,連邦政府によって多文化教育が導入・推進された当初から継続している領域でもある.これらを実現するために,州教育省は,多文化的なパースペクティブ(視点)をもった学習教材の開発に取り組んでいる.そして,このような教育活動を通して,「人種差別や偏見による社会参加の妨害を防ぐこと」「すべての生徒が自らの才能を開花させること」「多文化社会への参加を実現すること」を可能にするとしている.

言語教育ではとくに,非英語母語話者に対しては第二言語としての英語(English as a Second Language: ESL)教育や週末にのみ開講するエスニック・スク

表1―5　ビクトリア州におけるエスニック・スクールの状況（言語別学校数）

アルバニア語	1校	ハンガリー語	2校	セルビア語	3校
アラビア語	20校	イタリア語	2校	シンハラ語	6校
アルメニア語	1校	日本語	1校	スロバキア語	1校
アッシリア語	2校	韓国語	1校	スロベニア語	1校
ベンガル語	2校	ラトビア語	1校	ソマリア語	6校
カンボジア語	2校	リトアニア語	1校	スペイン語	2校
中国語	31校	ラオス語	1校	スウェーデン語	1校
クロアチア語	3校	マケドニア語	1校	タミル語	3校
ディンカ語	2校	オロモ語	1校	タイ語	1校
フィリピン語	1校	ペルシア語	1校	ティグリニャ語	1校
ドイツ語	2校	ポーランド語	2校	トルコ語	7校
ギリシア語	44校	ポルトガル語	2校	ウクライナ語	1校
ハラーリ語	1校	パンジャビ語	1校	ベトナム語	17校
ヘブライ語	6校	ルーマニア語	3校		
ヒンディ語	1校	ロシア語	5校		

出典）ビクトリア州エスニック・スクール協会（Ethnic Schools Association of Victoria）ホームページ，http://www.esav.org.au/，2007年1月27日アクセス済み．

ールにビクトリア州は力を入れている．このエスニック・スクールは他文化・自文化を理解する上で重要な役割を担っているのもオーストラリアの多文化教育の特色として指摘できる[40]．とくにビクトリア州におけるエスニック・スクールでは，43言語にわたる教育が提供されている．これらの学校は，母語維持のみが目的ではなく，「一般人」にも門戸は開かれている．エスニック・スクールの中でも，同州ではギリシア語や中国語の学校が多いようである（表1―5）．また近年の傾向として，アフリカ大陸の言語（ディンカ語，ハラーリ語，オロモ語，ソマリア語，ティグリニャ語）を基にしたエスニック・スクール数の増加が指摘できる．

(2) 市民性教育

　市民性（civic and citizenship）教育の動向についても言及する必要がある[41]．近年では，リテラシーなどの基礎学力の全国調査の一環として，市民性教育に関する調査も実施されるなど，連邦政府が初等中等教育に対する影響力を及ぼしている分野の一つである．市民性教育は，キーティング労働党政権下の全国的な教育目標を提示した「ホバート宣言」で「活動的で知識をもった市民」の育成としてはじめて言及された．また，それをハワード保守連合政権が引き継ぐ形で，「アデレード宣言」にも述べられている．そこには，「オーストラリアの政府のシステムや市民生活を理解し，批評する，活動的で知識をもった市民」となることを目的としている（表1−1）．

　1998年に連邦政府は，市民性教育の推進を図るべく「デモクラシーの発見」（Discovering Democracy）プログラムを実施し，教材等も開発した[42]．対象は小学校（中学年・高学年）・中等学校（低学年・中学年）である．それぞれの学年にあわせたテーマ「誰が統治するのか？」「法と権利」「国家としてのオーストラリア」「市民と生活」から構成されている．この教材は，歴史的・政治的・法的な知識として「デモクラシー」を習得することになっている．これらは，「社会と環境の学習」の領域としてだけではなく，カリキュラム全体で必要に応じて使用されているとの報告がある[43]．

　しかし，多文化主義国家オーストラリアにおいて，「西洋的な歴史観・価値観」に偏っている教材に関する是非については今後の検討が必要であると指摘する研究もある[44]．むしろ，デモクラシーの「過去」に目を向けるのではなく，多文化主義国家オーストラリアにおける新たな要素を加えたデモクラシーを構築していくプロセスとしての市民性教育の議論がなされている．2004年12月には，市民性教育の総合的評価を目的として，6年生と10年生を対象とした学力調査を実施した．ここでは，「公的な機関やプロセスに関する知識とその理解」「社会参加に対する技能」に関して調査された．そして，当初，専門家が予想していたよりも，結果が下回っており，とくに「共通善」（common good)と「伝統的な知識」(iconic knowledge)に関しての理解が困難であったと指摘されている.[45]

　市民性教育は，多文化教育と密接に関係している．なぜなら，多文化主義の前提の一つである「民主的資質」を涵養することを目的としているのが，市民性教育だからである．「多様性の尊重」と「社会規範」をそれぞれ伝えていくのが，多文化教育と市民性教育である．今後，両者間の共存もしくは「せめぎあい」が継続していくであろう．次に，多文化教育，市民性教育と関連性をもちながらも，一線を画している先住民教育について述べたい．

(3) 先住民教育

　一般に「オーストラリア先住民」というと，多くの人びとが「アボリジナル」(Aboriginal)の名称を思い浮かべるであろう．事実，1990年以前は「オーストラリア先住民＝アボリジナル」という認識がオーストラリアの連邦・州政府にもあった．しかし，同国には大別して「アボリジナル」と「トレス海峡島嶼民」(Torres Strait Islander)と呼ばれる先住民が存在する．前者はオーストラリア「本土」に，また後者はクイーンズランド州北部とパプアニューギニアの間に位置するトレス海峡島嶼地域に主に居住している．

　オーストラリア全人口に占めるオーストラリア先住民の割合は2.3%である．その中で，先住民人口に占めるアボリジナルの割合が89.3%，トレス海峡島嶼民の割合が6.4%となっている.[46] また，アボリジナルとトレス海峡島嶼民の両方の血を引いていると認識している先住民も一定程度存在する．先住民人口が最も多い州は，ニューサウスウェールズ州，クイーンズランド州である．両州には，シドニー，ブリスベンに居住する「都市型」の先住民が多く存在する．その一方で，先住民人口の割合が最も高いのは北部準州である．同準州の中心都市であるダーウィンは，規模的に他の州都と比較して小さい．しかし同準州には，アーネムランドなど先住民の居住地が多く存在する．そのため，北部準州の特徴として「遠隔地域型」の先住民が多く居住していることがあげられよ

う．このような背景は，同準州において先住民・非先住民間の教育格差が大きい要因の一つを示しているであろう．

　先住民への全国的な教育支援は1970年代から本格化している．1967年には，国民投票が行われ，先住民がはじめて国勢調査の対象となり，先住民に関連する事柄が州政府から連邦政府に移行された．つまり，1960年代後半に実質的に先住民がオーストラリアにおける市民権を獲得するとともに，それ以前に州ごとに不均衡があった先住民政策が連邦政府の主導により，均衡化することになったのである．

　その流れから1969年には，先住民の教育権の保障として，後期中等教育・高等教育への就学を促進・保障するための奨学金の提供などの教育支援が開始された．この教育支援政策を契機として，学校教育に関わるさまざまな決定事項に先住民自らが参加する機会が70年代，80年代を通して不十分ながらも整備されることとなる．1980年代後半からは，トレス海峡のマリー島民であるエディ・マボ（Eddie Mabo）による土地権原に関わる訴訟により，先住民と植民者の関わりに脚光が当てられることになる．これにより先住民，とくにトレス海峡島嶼民の自治権獲得への動きが活性化した．先住民の土地権原は，連邦最高裁判所により1990年に認められた．[47] このような先住民の自治への動きは，教育界とも無縁ではなかった．1997年には，「盗まれた世代」（stolen generation）に関する報告書が提出された．これらは，1900年代から1970年代まで，先住民の子どもたちを両親から合法的に，しかし強制的に隔離し，西洋的な価値観を身に付けるために「教育・訓練施設」に収容された経緯に関する記録であり，いわば同化政策時代の遺産である．このため，自らの出自に関する記憶をもたない子どもたちが，現在，成人し，「アイデンティティ」の拠り所を失うケースが数多く存在することが明らかになった．[48]

　以下では，クイーンズランド州を事例として，近年の先住民教育の状況を紹介したい．同州教育省は2000年に，先住民を対象とした教育政策として「成功のためのパートナーたち」（Partners for Success）を発表した．[49] ここでは，先

住民の学校教育および雇用成果の改善が目的とされている．具体的目標には，「基礎学力」「出席率」「中等教育修了率」の向上，教育機関における先住民の「雇用促進」が掲げられた．それらの目標を達成するプロセスで，「クイーンズランド州教育省と先住民コミュニティ間でのチャーターの作成」「先住民コミュニティと学校間のパートナーシップの促進」が推奨されている．これらの背景には同州の先住民には，アボリジナルとトレス海峡島嶼民がおり，教育政策とその実施過程において先住民の「多様性」への対応が求められていた．多様性への対応には，個々の言語・文化背景を重視した英語教育や地域特性（都市部か遠隔地域かなど）を反映した教育活動への要請も含まれている．

　クイーンズランド州で，教育省と先住民コミュニティの間でチャーターが求められた背景として，学校とコミュニティが一体となって教育活動を推進していくべきという同州の意識の変化があげられる．クイーンズランド州のチャーターは，本書で研究対象としているビクトリア州のチャーターとはフォーマットや仕組みが異なるが，「同意事項」という点では同じである．これまで連邦・州教育省は，先住民コミュニティに対して地域の実態を考慮せず，画一的な支援政策を提供する傾向にあった．しかしそれにより教育成果が停滞し，効率的な教育が提供できないとの反省も生まれた．つまり，先住民コミュニティとの連携はコミュニティの教育要求を政策・プログラムに反映させると同時に，教育成果へのアカウンタビリティを考慮した結果，重視されたのである．そのため本政策では，教育成果が向上しない原因を共通に認識し，排除しなければならないとの州教育省の決意が表明されている．具体的に，トレス海峡島嶼地域における唯一の中等学校である木曜島中等学校のチャーターには，「教育成果の向上の具体的な基準」「学校生活への満足度」「卒業後の就職状況」「教育ニーズを反映させるための具体的方策」「学校の安全性」「教職員の専門性の向上」などの合意目標が設定されている．[50]

　以上のように先住民教育を概観すると，第一に，先住民の多様性にどのように対処すべきなのかという点があげられる．たとえば，北部準州の遠隔地域で

「伝統的」な暮らしを営んでいる先住民とシドニーに居住している先住民の教育ニーズは明らかに異なるだろう．しかし，教育支援に関わる財源を確保するためには，そのような「多様性」に対する配慮のみではなく，先住民としての「統一性」も必要とされる．そのために，個人→コミュニティ→州→連邦というそれぞれの段階で先住民の教育ニーズを反映するシステムの構築が今後一層求められよう．第二に，先住民の教育自治の実現が学校教育に何をもたらしているのか，またそれに伴って先住民が学校教育にどのような要求をもっているのかを考える必要もある．筆者がトレス海峡島嶼地域で保護者や教育関係者にインタビューした際，学校教育に求めることとして，① 英語教育の改善，② 雇用の安定，③ 子どもの安全という回答が返ってきた．そしてこれはオーストラリアの教育関係者が，子どもたちの言語的・文化的差異にかかわらず抱いているある程度「普遍的な」教育に対する願いでもある．このような事実を把握しつつ，社会的に公正な学校教育のあり方を考えていく必要がある．第三に，連邦および州政府は，先住民と非先住民間の教育格差および差異をどのように認識しているのかも検討する必要がある．これは，学校教育における社会的公正をどのように捉えているのかとも関連してくる．オーストラリアでは，連邦および州政府レベルでは，格差の是正に視点が向けられているものの，現場に近い教育組織では，差異を尊重する努力も窺える．この「格差」と「差異」の関係の捉え直しにこそ，今後，学校教育における社会的公正を考える上での，新たな可能性が見出せよう．

第4節　オーストラリアの学校教育の卓越性と課題

　これまでオーストラリアの学校教育を，さまざまな視点から見てきた．そこで，最後に同国における近年の学校教育の卓越性と課題を述べたい．ここから，

わが国の教育改革や教育実践に何らかの示唆を導き出せればと考えている．

まずは，卓越性であるが，学校周辺のコミュニティの意向を反映できる土壌として，学校裁量が一定程度保障されている点である．多様な教育環境のなかで，学校が教育活動を実践しなければならないのは，オーストラリアだけではない．しかし，とくに同国では，言語面だけではなく，社会経済的背景に伴う教育成果の格差が見受けられる．その点ではこれらの教育格差を是正するために，地元コミュニティや生徒の実態に合った学校経営が可能であり，かつ教育成果をコミュニティに説明するシステムが構築されている．また，個々の学校だけではなく，学校システム全体の質が保証されるよう，各学校間のパートナーシップを重視する政策も実施されている点が卓越性として評価できよう．

一方で学校の裁量拡大には，学校が提供する教育の質の保証の面からもアカウンタビリティが必要となってくる．教育成果を報告するためには，連邦および州レベルでの教育基準が必要となってくる．明確な基準を設定することは，結果的にさまざまな側面での「格差」を顕在化させる．文化や社会経済的背景など，地域の多様性に配慮した教育活動や学校経営が推進されている反面，そのゴールは統一的である．つまり，統一的な目標（政府が設定する教育成果）を達成するために，多様なプロセスを認めるという政策が採られているのである．その目標は，基礎的な学力水準や後期中等教育への残留率の向上である．その数値的目標には，柔軟性は認められない．最終的な目標にも一定の柔軟性を認めつつ，多様な教育ニーズに対応していく方策を今後模索していくことが課題としてあげられよう．

しかし，それでもなお，日本と比較すると，オーストラリアの学校教育の先駆性が明らかになってくる．子どもの自尊心や個性を大切にするオーストラリアの教育観から，日本が学ぶべきことは多い．つまり，「効率的かつ効果的な学校」や「イノベーション」（革新性）という鍵概念に対して，政策と実践の両面から何が「効果・効率」的なのか，「革新」的なのかを，真摯に模索しているのがオーストラリアの学校教育の何よりの卓越性といえるであろう．

《注》
1）本章では，各州・直轄区を各州と省略する．
2）ABSホームページ http://www.abs.gov.au/ （2007年2月16日アクセス済み）
3）ABS, *Census of Population and Housing: Selected Social and Housing Characteristics Australia 2001*, 2002, p. 94.
4）Department of the Prime Minister and Cabinet: Office of Multicultural Affairs, *National Agenda for a Multicultural Australia: …Sharing our future*, 1989.
5）Australian Bureau of Statistics (ABS), *Schools*, 2004, (Table 12) なお，本書での主な事例研究の対象地域となっているビクトリア州は83.0％と他州に比べ，後期中等教育への残留率の割合は高くなっている．さらに男子学生は72.3％であるが，女子学生は82.1％と性別による残留率の格差も顕著である．このため，連邦政府は男子の教育成果を向上させるための支援政策も策定，実施している．
6）残留率とは，10年生の修了者が義務教育後の11・12年生に「残留」する割合のことを意味する．修了率は12年生を修了する生徒の割合である．
7）本章では，連邦政府の教育科学訓練省（DEST）を連邦教育省と略す．また，州政府の教育担当省も州教育省と統一して表記する．
8）1994年に設置された．前身はオーストラリア教育審議会（Australian Education Council: AEC）である．メンバーには，ニュージーランド，オブザーバーとして，パプアニューギニア，ノーフォーク島の各教育担当大臣が加わる規定となっている．
9）http://cms.curriculum.edu.au/anr2004/ （2007年1月21日アクセス済み）
2004年には，公立学校への予算の91％が州，9％が連邦，私立学校は71％が連邦，29％が州の分担となっている．また，この学校への連邦政府教育予算の85％は一般経常補助金であるが，8％は特定の目的をもつ計画，5％は学校のインフラ整備に，2％は先住民教育に当てられている．なお，先住民教育への補助金の割合は近年減少し続けている．
10）Department of Education, Science and Training (DEST), *National School Chaplaincy Programme: Guideline*, 2007.
11）以下の記述は，ACER, *PISA in Brief from Australia's perspectives*, 2004.
12）MCEETYA, *The Adelaide Declaration on National Goals for Schooling in the Twenty-First Century*, 1999.
13）ニューメラシーとは，数的技能（number sense），測定・情報処理技能（measurement and data sense，空間技能（spatial sense）を含むものとしている．（Wilson, Bruce ed., *Numeracy Benchmarks Year 3, 5 & 7*, Curriculum Corporation, 2000.）

14) 2008年度より，ベンチマーク調査は，全国統一テストを通して実施される予定である．
15) 筆者が2002年9月，トレス海峡島嶼地域のバドゥ島の小学校を訪問した際，リテラシーに関する州統一テストを受験した10歳の少女のエピソードを，教員へのインタビューを通して知ることができた．その少女が，テスト後に書いたクイーンズランド州教育省への手紙である．文中に出てくるカラカワヤ語（Kara Kawa Ya）とは，現地で使用されている言語である．
16) クレオールとは，現地語と英語の混合言語である．
17) Curriculum Corporation, Literacy Benchmarks Year 3, 5 & 7: Writing, Spelling and reading, 2000.
18) Interim Committee for the Australian School Commission, *Schools in Australia*, AGPS, 1973, pp. 11-14.
19) Gamage, D. T., "A Review of Community Participation in School Governance: An Emerging Culture in Australian Education", *British Journal of Educational Studies*, Vol. XXXXI, No. 2, 1993, p. 138.
20) Department of Education (Queensland), *Discussion Paper on School Councils in Queensland State Schools*, 1995, p. 9.
21) Department of Education & Training, *A Framework for School Network*, 2002.
22) Department of Education & Training, *Blueprint for Government Schools: Future Directions for Education in the Victorian Government School System*, 2003.
23) これらをもとにして，幾つかの改革案が出されている．そのうちの一つが学校改善に伴う学校組織マネジメントシステムの「改良」である．この政策文書に伴い，2006年には新たな学校組織マネジメントのサイクルが政府により提示された．ここは4年間のサイクルで，① 自己評価，② 外部評価，③ 学校戦略計画（チャーターに当たる：第2章）を実施することを提言している．その上で毎年，① 年間活動計画，② コミュニティへの年次報告，③ 学校コンプライアンス・チェックをしなければならない．(Department of Education and Training, *Accountability and improvement Framework for Victorian Government Schools 2007*, 2006.)
24) Department of Education & Training, *Leading Schools Fund*, 2003, p. 1.
25) VCAA, *Victorian Essential Learning Standards: Overview*, 2005.
26) Department of Education and Training, *Where to Now?: Guide to the VCE, VCAL and Apprenticeships and Traineeships for 2003*, 2002. pp. 9-10.
27) MCEETYA, *National Data on Participation in VET in Schools Programs & School-based New Apprenticeships for the 2002 School Year*, 2003.

28) Richard Teese and John Polesel, *Undemocratic Schooling: Equity and Quality in Mass Secondary Education in Australia*, Melbourne University Press, 2003.
29) この資格は VCE とは異なり Victorian Qualification Authority (VQA) により運営されている．VCE は Victorian Curriculum and Assessment Authority (VCAA) の管轄である．
30) Victorian Qualifications Authority, *Victorian Certificate of Applied Learning: Course Accreditation Document*, 2002.
31) 目安として学校内での授業時間は 1,000 時間と設定されている．
32) 初級は準備的な学習が中心に構成され，中級では自ら学ぶことができて，自信をもち，移行可能な高度な技能の習得を目的とし，上級では対人関係の技能や自律した行動や意思決定やリーダーシップを必要とする仕事を成し遂げる技能の習得が目標とされている．
33) VCAL の初級では Certificate Ⅰ・Ⅱ 以上，中級では Certificate Ⅱ・Ⅲ 以上，上級では Certificate Ⅱ・Ⅲ・Ⅳ 以上の受講が想定されている．
34) John Henry et al., *Evaluation of VCAL Trial 2002 (Final Report)*, 2003, pp. 157-159.
35) Australian Council of Population and Ethnic Affairs, *Multiculturalism for All Australians: Our Developing Nationhood*, AGPS, 1982.
36) Australian Ethnic Affairs Council, *Australia as a Multicultural Society*, AGPS, 1977.
37) 青木麻衣子『オーストラリアの言語教育政策に関する研究——多文化主義が内包する「多様性」と「統一性」をめぐって——』（博士学位申請論文：北海道大学），2006 年．
38) 見世千賀子「オーストラリアにおける多文化教育の展開—公教育を中心に」『多文化教育に関する総合的比較研究—公教育におけるエスニシティへの対応を中心に』（科学研究費補助金：報告書，代表者：江原武一），1998 年．
39) Department of Education MACLOTE and ESL, *Multicultural Policy for Victorian Schools*, 1997. また，見世千賀子「オーストラリアにおける多文化教育と市民性教育の動向と課題」オセアニア教育学会『オセアニア教育研究』第 11 号，2005 年にはより詳細な論稿が掲載されている．
40) 青木麻衣子「オーストラリアにおけるエスニック・スクール—「エスニック」と「ナショナル」の対立と共存—」日本比較教育学会『比較教育学研究』第 30 号，2004 年を参照のこと．
41) 詳しい市民性教育の内容については，飯笹佐代子「多文化国家オーストラリアのシティズンシップ教育—「デモクラシーの発見」プログラムの事例から—」オーストラリア学会『オーストラリア研究』第 17 号，2005 年を参照のこと．
42) 連邦政府教育省のホームページには，市民性教育に関する情報が多く掲載され

ている．興味のある読者は，http://www.civicsandcitizenship.edu.au/cce/ を参照のこと．
43) Erebus Consulting Partners, *Evaluation of Discovering Democracy Programme 2000-2003*, 2003.
44) 飯笹佐代子，前掲論文，63-64 頁．
45) MCEETYA, *National Assessment Program-Civics and Citizenship Year 6 & 10 Report*, 2006.
46) 2001 年の国勢調査によれば，初等・中等学校に在籍する全生徒数に占める先住民生徒の割合は，先住民全体割合より若干高い．http://www.abs.gov.au/websitedbs/d3310116.nsf/cd7fca67e05fa605ca256e6a00171f24/a4cc763c7461ff73ca256ef90029e757!OpenDocument（2006 年 2 月 27 日：アクセス済み）
47) このトレス海峡島嶼民の自治への関心がオーストラリア先住民を「アボリジニ」と総称することから，「アボリジナルおよびトレス海峡島嶼民」と政策文書においても記載される流れを加速したといえよう．
48) 2003 年には映画「Rabbit Proof Fence」（邦題：裸足の 1500 マイル）が公開され，この事実に対するオーストラリア国内外での関心の高さが窺えた．なお，この件に関する連邦政府による正式な謝罪は，未だなされていない．
49) Education Queensland & Queensland Government, *Partners for Success—Strategy for the Continuous Improvement of Education and Employment Outcomes for Aboriginal and Torres Strait Islander Peoples in Education Queensland*, 2000.
50) Thursday Island High School & Education Queensland, *Partnership Agreements between Thursday Island High School and Local school community*, 2003. また木曜島中等学校は，2004 年度にオーストラリアの唯一の全国紙である *The Australian* が選出する最も優れた教育実績を残した学校に選ばれた．

第2章

オーストラリアの学校変革プラン・チャーター

第1節 ビクトリア州の自律的学校経営

(1) 自律的学校経営の概念

　学校変革プラン・チャーターは，自律的学校経営のための学校経営計画である．オーストラリア・ビクトリア州では，1993年に自律的学校経営（Self-Managing School）の導入が決定された．コールドウエル（Caldwell）とスピンクス（Spinks）は自律的学校経営の意味を次のように説明している．「自律的学校経営には，リソースの配分に関して決定を行う権限と責任を，大幅かつ一貫して学校レベルに与えている．ここで，リソースとは，幅広く，教育課程，人事，財務，設備に関する事柄を含んでいる．ただし，自律的学校経営は，中央が設定した目標，重点，アカウンタビリティの枠組を伴う教育システムの中に位置づいている[1)]」．

　自律的学校経営は，公立学校経営である以上，教育行政から完全に独立しているわけではない．公教育の民営化を意図したものでもない．それゆえ自律的学校経営も，教育政策と法規を無視できない．にもかかわらず，自律的学校経営は，従来の学校経営と比較して，とくに教育課程編成（教科設定と授業時数配

分を含む），人事，財務に関して大幅に権限を拡大しており，学校が創意・工夫する余地を格段に拡大している．そこで，筆者は，自律的学校経営を「教育課程編成，人事運営，財務運営等に関する権限が大幅に委譲された学校経営」と定義する．本書の主題の学校変革プラン・チャーターは，自律的学校経営における3年間の学校経営計画である．学校の裁量が大幅に拡大しているからこそ，具体的な計画，つまりチャーターの策定が各学校に義務づけられている．

オーストラリア・ビクトリア州は，自律的学校経営の導入に関して，オーストラリア国内で先駆的である．国際的に見ても，ビクトリア州の学校への権限委譲の程度は，イギリス（イングランドとウエールズ）の学校のローカルマネジメント（Local Management of Schools）に匹敵している．オーストラリアやイギリスと比較すれば，日本における学校の権限拡大のスケールがいかに小さいかが分かるだろう．以下では，まず，オーストラリアの自律的学校経営の歴史的背景について述べる．次に，6州2直轄区の学校経営を比較し，ビクトリア州の自律的学校経営の位置について論じる．

(2) 自律的学校経営の歴史的背景

オーストラリアの自律的学校経営は，それなりの歴史的背景の下で導入された．オーストラリアの教育行政は1901年の連邦結成以降，各州を単位とした中央集権制であった．こうした状況を変えたのが，1972年に発足したウイットラム（Whitlam）労働党政権であった．同政権は1973年に報告書『オーストラリアの学校』（Schools in Australia）を発表し，大きな影響を及ぼした．この報告書は，教育機会の均等，意思決定への参加と権限委譲，教育の革新と多様化を提案した．[2]

その後，1975年に連邦政府がカリキュラム開発センターを設置し，教育課程編成に関する学校裁量の拡大を推進した．[3] いわゆる学校に基礎を置いたカリキュラム開発（School Based Curriculum Development）の推進である．こうした施策を受けて，1980年代まで各州・直轄区政府は，制度上の違いはあるが，概

して，学校の教育課程編成の裁量を拡大してきた．

ところが，1980年後半から，経済不況が深刻となり，優秀な労働力の育成や学力向上が期待されるようになった．[4] この頃，社会の変化も政策的に無視できなくなった．すなわち，とくに都市部では多民族社会の様相が顕著になり，学校が子ども，保護者，地域のニーズにきめ細かく対応する必要性が強くなった．

その結果，第一に，学校の質や成果を向上するために，アカウンタビリティが要請されるようになった．第二に，学校の教育課程裁量を認めるだけではなく，人事，財務の裁量も拡大して，ニーズに対応した柔軟な学校経営を可能とすることが求められた．第三に，学校審議会の設置または権限強化が必要とされた．その理由は，学校経営に保護者や地域のニーズを反映すること，保護者や地域住民の参加を通してアカウンタビリティを担保することである．なお，学校審議会はイギリスの学校理事会に類似した組織である．

これらの背景の下，1990年代に入って，オーストラリアの教育行政はニューパブリックマネジメントの考え方を取り入れるようになった．教育改革の理念には公正と効率が位置づけられ，両者のバランスが問われるようになった．そして，教育改革の鍵的概念は学校に基礎を置いたカリキュラム開発から自律的学校経営へと変化した．これらの結果，学校審議会，学校への権限委譲，アカウンタビリティが教育改革の主要なテーマになっていった．

(3) オーストラリア学校経営改革におけるビクトリア州の位置

オーストラリアには六つの州と二つの直轄区がある．前述のように，1990年代以降，学校審議会，学校への権限委譲，アカウンタビリティの在り方が全国的に問われていった．以下では，学校審議会，学校への権限委譲，アカウンタビリティという観点から，6州2直轄区間の比較を行う．そして，ビクトリア州の自律的学校経営の位置について説明する．

第一に，学校審議会について述べる．南オーストラリア州，首都直轄区，ビ

クトリア州，西オーストラリア州，北部準州では，学校審議会の設置が公立学校に義務づけられている[5]．一方，ニューサウスウエールズ州，クイーンズランド州，タスマニア州では，学校審議会の設置は各学校の任意になっている[6]．ビクトリア州の学校審議会は1910年以来の長い歴史をもっているが，設置当初の権限は大きくなかった[7]．1975年に，学校審議会は学校経営方針について校長に助言を与えられるようになった．1984年に，学校審議会の権限が強化され，学校経営方針の議決権をもつようになった[8]．

第二に，学校への権限委譲について述べる．すべての州・直轄区で教育課程政策が策定されている．これは教育内容と到達水準に関するガイドラインであり，各学校は教育課程編成の裁量をもっている．とくに，ビクトリア州，南オーストラリア州，タスマニア州，首都直轄区の学校は教育課程編成の裁量が大きい[9]．校長人事については，タスマニア州以外のすべての州・直轄区で学校審議会の関与が認められている．教員の人事に関しては，ビクトリア州とクイーンズランド州で学校に権限が委譲されている．学校予算の裁量拡大はビクトリア州で最も進められている．ビクトリア州では州政府初等・中等教育予算の約90％が各学校に裁量予算として配分されている[10]．

第三に，学校組織マネジメントシステムについて述べる．実際には，オーストラリアでは，アカウンタビリティフレームワーク (Accountability Framework) と呼ばれるが，本書では読者に分かりやすくするために学校組織マネジメントシステムと呼ぶ．ビクトリア州ではチャーターが導入された．クイーンズランド州とタスマニア州ではパートナーシップアグリーメントが導入された[11]．これらは複数年度をカバーした中期的な学校経営計画である．学校評価に関しては，自己評価がすべての州・直轄区で実施されている．外部評価（日本の第三者評価に相当）は，ビクトリア州，西オーストラリア州，首都直轄区で実施されている．リーグテーブルは，いずれの州・直轄区でも公開されていない．ベンチマーク (Benchmark) はビクトリア州とクイーンズランド州で導入されている．ベンチマークとは，公立学校の児童・生徒の学力や教員のモラール等に関する

平均値，最高値，最低値を示した基準である．

以上のように，学校経営に関する諸制度を州・直轄区間で比較すると，次の理由からビクトリア州が注目に値する．第一に，学校審議会の歴史が最も古い．第二に，教員人事の権限が学校に委譲されている．第三に，学校予算編成の裁量が最も拡大されている．第四に，学校組織マネジメントシステムとして，チャーター，外部評価，ベンチマークが導入されている．このように，ビクトリア州は，各州・直轄区の中で，学校経営改革に先進的に取り組んでいるため，本書で研究対象に設定した．

第2節　ビクトリア州の教育改革と学校組織マネジメントシステム

(1) ビクトリア州の教育改革

　自律的学校経営導入を基本としたビクトリア州の教育改革は，児童・生徒の潜在的能力を最大にするような質の高い教育を提供することを全体的な目的としている[12]．この目的を実現するために，学校への権限委譲によって学校ごとの教育の多様性を許容しながら，アカウンタビリティも実現しようとしている．政策の要点は次のとおりである[13]．

　① 教育課程政策の策定，② 初等教育段階における学力調査プロジェクトの導入，③ チャーターの導入，④ 3年ごとの学校評価の導入，⑤ 財務権限の学校への委譲，学校包括予算の導入，⑥ 教員人事権限の学校への委譲，教員人事裁量の導入，⑦ 校長の責任明確化と任期制の導入，⑧ 学校審議会における議決権の強化と保護者代表等の重視．

　教育課程政策は，準備学年および1学年から10学年までの到達水準を示した教育課程編成の指針である．学力調査プロジェクト（後に学力改善調査に名称変更）は公立小学校における英語と数学の学力を調査する．チャーターは校長，

学校審議会会長，教育行政代表が同意・署名した3年間の学校経営計画である．3年ごとの学校評価は，1．学校内部での自己評価，2．外部評価者による自己評価結果の分析，3．新しいチャーターに対する勧告という手順で実施される．学校包括予算は行政が予算の使途を定めずに，学校に直接配分される予算である．教員人事裁量は，教員選考，教員昇給決定に関する権限を学校に委ねている．校長は，チャーターの実施，教育課程編成・実施，財務運営，人事運営，学校組織運営に関する責任をもつようになった．つまり，校長は学校経営の責任者に明確に位置づけられた．同時に，校長の任期制も導入され，校長は最長5年間の任期で採用されることになった．学校審議会における協議事項は，チャーター，年度計画，教育課程，人事，財務等に拡大した．また，学校審議会における保護者代表・地域住民代表の役割が一層重視されることになった．

ただし，この教育改革は，中央・地方教育行政組織の再編縮小も意図していた．自律的学校経営の導入によって，教育行政が担っていた権限が学校に委譲され，教育行政組織の縮小が可能になるからである．従来，ビクトリア州の教育行政は「教育省―地方教育事務所―学校援助センター」という三層構造であったが，「教育省―地方教育事務所」という二層構造に再編縮小され，行政業務の効率化と人員の削減が企図された．このような教育改革は「未来の学校」と呼ばれ，その基本枠組みは教育課程，人事，財務，学校組織マネジメントから成立している．

この教育改革を実施するために，教育法（Education Act）と教職法（Teaching Service Act）が州議会において改正され，政策実施の法制上の整備が行われた．自律的学校経営の導入は，学校経営に大きな変化を与えることが予想された．そこで，校長，教頭，教員，事務職員，学校審議会保護者代表に対して研修が実施された．1993年の主な研修のテーマは，「未来の学校」の校長のためのリーダーシップと経営，校長の同僚集団の業務を促進するための研修，学校審議会会長のためのリーダーシップ・プログラム，学校事務職員のための研修と支援である．[14]

ビクトリア州では1995年の州議会選挙でも自由党・国民党が勝利したため，「未来の学校」が継続，実施された．1999年の州議会選挙では労働党が勝利し，政権が交替した．1999年の政権交代に伴い，人事・財務政策等の一部が修正されたが，「未来の学校」の基本枠組みは維持されることとなった[15]．本章では，1993年から1999年の教育行政と学校経営を主な対象とし，広くは2000年代初頭までを対象とする．2006年から学校組織マネジメントシステムは修正されたが，これについては本書では扱わない[16]．

(2) 学校組織マネジメントシステム

1993年，学校組織マネジメントシステムを策定・実施する組織として教育省に学校評価局（Office of Review）が設置された．学校組織マネジメントシステムの概要は次のとおりである[17]．

第一に，学校経営の結果を評価する基準としてベンチマークが策定された．ベンチマークは，児童・生徒の学力，教員のモラール，教員と保護者の意見等に関する平均値，最高値，最低値を示している．アカウンタビリティの基準として，教育課程政策と中等教育修了資格試験も重要であるが，これらに加えてベンチマークが策定された．

第二に，チャーター，学校年次報告，3年ごとの学校評価が導入された．チャーターとは，校長，学校審議会会長，教育行政代表が同意・署名した3年間の学校経営計画である．学校年次報告とは，チャーター実施1年目と2年目の校内自己評価である．3年ごとの学校評価とは，チャーター実施3年目に行う自己評価と外部評価である．3年ごとの学校評価は，チャーターを実施した3年間の経営結果に対する評価であり，新しいチャーター作成のための勧告を提示する．つまり，「チャーター→学校年次報告（1年目）→学校年次報告（2年目）→3年ごとの学校評価（3年目）」という経営サイクルが各学校で展開される．

このように，学校組織マネジメントシステムは，校長，保護者代表，教育行

政代表の同意・署名という契約的行為によって有効になるチャーターを導入するとともに，ベンチマークという基準を設定し，学校評価の実施も学校に義務づけている．

第3節　ベンチマーク

ベンチマークとは，企業や行政機関において「自らの機関の業績指標を適当な外部基準値と比較するという概念である．このような基準値は，専門的な基準値であったり州レベルや国民レベルの統計値であったり，適切なカウンターパートの業績目標や実績値であったりする」[18]．1990年代中葉以降，オーストラリアの教育行政と学校経営でもベンチマークという概念が使用されるようになった．ベンチマークとは，児童・生徒の学力，教員のモラール等に関して，各学校の実績にもとづいて算出した平均値，最高値，最低値であり，学校経営の評価基準として使用される[19]．

たしかに，教育課程政策はアカウンタビリティの基準を示している．そして，学校は教育課程政策の基準と児童・生徒の学力水準を比較して，学力が妥当かどうかを判断できる．しかし，教育課程政策は行政が期待する学力を示した基準であるため，次の三つの限界がある．第一に，学力以外の点，すなわち教員のモラール等の基準を提供していない．第二に，児童・生徒が実際に習得した学力データにもとづく基準ではない．第三に，学校において児童・生徒の経済的・言語的背景が学力に与える影響を考慮していない．ベンチマークはこれらの限界をのりこえようとして開発された．

ビクトリア州では教育省学校評価局が毎年，ベンチマークを作成，刊行している．「ベンチマークは経営結果の基準であり，州内の全公立学校から収集したデータにもとづいている．それは全州あるいは特定の学校群が達成した複数の水準を集約している」[20]．その目的は，各学校が多面的に経営結果を検討し，

第2章 オーストラリアの学校変革プラン・チャーター

評価するための基準を提供することである．ベンチマークの基準は数値目標を意味する．

ベンチマークの特徴として次の点があげられる．第一に，ベンチマークは，学力だけでなく，学校の組織運営にも着目して，複数の基準を示している．すなわち，『教育課程政策，準備学年─10学年ベンチマーク』(Year Prep-10 Curriculum and Standards Framework Benchmarks)，『中等教育修了資格試験ベンチマーク』(Victorian Certificate of Education Benchmarks)，『11学年・12学年残留率ベンチマーク』(Retention Years 11-12 Benchmarks)，『学校経営ベンチマーク』(School Management Benchmarks) が策定されている．[21]

『教育課程政策，準備学年─10学年ベンチマーク』と『中等教育修了資格試験ベンチマーク』は，英語と算数・数学の学力の基準を示している．『11学年・12学年残留率ベンチマーク』は，中等学校（7学年）に進学した生徒数を母数として，11学年ないし12学年に進級した生徒の割合の基準を示している．『学校経営ベンチマーク』は，教育課程における授業時数配分，中等学校卒業生進路，生徒の出席率・安全，職場環境，教員のモラール，リーダーシップ，教員の欠勤，校内研修の基準を示している．

第二に，ベンチマークは学校の実態把握にもとづいて，州全体の学校経営の結果の平均値，最高値，最低値を算出し，基準としている．実態把握の手順は次のとおりである．学校はチャーター実施の1年目と2年目に自己評価を行い，学校年次報告を刊行するが，教育省学校評価局はこれを収集する．そして，全公立学校の学校年次報告のデータをもとに，州全体の平均値，最高値，最低値を算出している．これを州全体ベンチマーク（Statewide Benchmarks）という．たとえば，『教育課程政策，準備学年─10学年ベンチマーク』の場合，教育課程政策を基準として，学力データをもとに，州全体の平均値，最高値，最低値を示している．ただしベンチマークは各学校の学力データを示していない．これはベンチマークにもとづく学校ランキングの形成を避けるためである．

第三に，『教育課程政策，準備学年─10学年ベンチマーク』『中等教育修了

表2—1 学校群ベンチマークの類型

学校群	学校数 小学校	学校数 中等学校	英語以外の言語を家庭で使用している児童・生徒が全校に占める割合	教育助成金を受給している保護者を持つ児童・生徒が全校に占める割合
1	266	24	4％以下	28％以下
2	159	25	4％より多く，22％以下	28％以下
3	38	7	22％より多い	28％以下
4	386	89	4％以下	28％より多く，43％以下
5	114	35	4％より多く，22％以下	28％より多く，43％以下
6	65	21	22％より多い	28％より多く，43％以下
7	408	52	4％以下	43％より多い
8	48	8	4％より多く，22％以下	43％より多い
9	167	38	22％より多い	43％より多い

出典）Department of Education, *Year Prep-10 Curriculum and Standards Framework, Benchmarks 96*, 1997, p.58. Department of Education, *Victorian Certificate of Education, Benchmarks 96*, 1997, p.34.

資格試験ベンチマーク』『学校経営ベンチマーク』（中等学校卒業生進路の項目のみ）は，州全体ベンチマークだけでなく，児童・生徒の経済的・言語的背景を考慮したベンチマークも策定している．すなわち，表2—1に示したように，児童・生徒の経済的・言語的背景が類似している学校を一つのグループにまとめて，九つの学校群を形成している．

　経済的背景は，教育助成金を受給している保護者をもつ児童・生徒が，全校児童・生徒に占める割合をもとにしている．教育助成金は収入が低い家庭に対して教育省が交付している．一方，言語的背景は，英語以外の言語を家庭で使用している児童・生徒が，全校児童・生徒に占める割合をもとにしている．つまり，経済的・言語的に不利な状況にある児童・生徒の割合をもとに学校群を形成し，学校群ごとに学力等の平均値，最高値，最低値等を算出し，基準としている．これを学校群ベンチーク（'Like' School Benchmarks）という．例として表2—2に中等教育修了資格試験の英語の学校群ベンチマークの一部を示した．

　このうち，学校群ベンチークが注目に値する．というのも州全体ベンチマー

表2−2 中等教育修了資格試験ベンチマーク，英語，相対評価の各学校群の成績

州全体／学校群	最高点	平均点	最低点
州全体	50	28.3	4
学校群1	50	29.7	9
学校群2	50	29.8	6
学校群3	50	34.4	13
学校群4	50	28.4	5
学校群5	50	27.3	7
学校群6	47	27.3	4
学校群7	49	27.7	4
学校群8	43	23.9	6
学校群9	50	26.3	6

注）相対評価の点は偏差値である．平均30，標準偏差7に標準化した標準得点を使用している．最高偏差値50．

出典）Department of Education, *Victorian Certificate of Education, Benchmarks 96*, 1997, pp. 14-16.

クだけでは，平均値に到達しなかった学校，つまり半数の学校の経営結果が不十分にみなされてしまうからである．平均値に到達しなかった学校の多くは，経済的・言語的に不利な状況にある児童・生徒の割合が高い学校である．このような児童・生徒を多く抱える学校の経営結果を公平に評価するためには，学校群ベンチマークが適切である．仮に学校群ベンチマークの平均値と比較して，ある学校の学力が低い場合，学校の組織体制や教育内容・方法の質に問題があるのではないか．このように学校経営改善の方途を広げようとしたのが，学校群ベンチマークである．

第4節　チャーター

(1) チャーターの定義と構成

　チャーターとは，校長，学校審議会会長，教育行政代表が同意・署名した3年間の学校経営計画である[22]．チャーターは，公式文書であり，明瞭な表現で執筆される必要がある[23]．チャーターは，学校プロファイル（School Profile），学校目標（School Goals），重点領域（School Priorities），実践方針（Codes of Practices），児童・生徒のルール（Student Code of Conduct），アカウンタビリティ計画（Accountability Arrangements）から構成されている．チャーターの構成を図示すると，図2―1のようになる．

　学校プロファイルでは，最初に，学校が追求する価値（文化，信念，エートス，期待）が示される．次に，学校種別・規模・地域が説明される．そして，教育課程の概要（教育課程と設備の特徴，学力の改善計画等を含めてもよい）が示され，最後に学校の将来展望が描かれる．

　学校目標は，学校プロファイルと整合性をもって作成され，実践の方向と水準，および期待される成果を示す．学校目標は，教育課程，教育環境，スタッフマネジメント，財務・設備運営の各目標から構成される．各目標には改善分野（Improvement Areas）も付記される．改善分野には目標の具体像が説明されている．このうち教育課程目標は，授業と学習に大きな影響を与えるため，最も重視されている．教育環境，スタッフマネジメント，財務・設備運営の各目標は，教育課程目標と整合性をとる必要がある．

　教育課程目標は，児童・生徒の学力向上の目標，編成する教育課程のイメージ等を示す（表2―3）．教育環境目標は，児童・生徒の安全，児童・生徒の学校空間への信頼等の目標を示す．スタッフマネジメント目標は，教職員のメンタルヘルス，意欲・勤務状況に関する目標を示す．財務・設備運営目標は，予算編成の方針，重点配分，設備の改善に関する目標を示す．

図2—1　チャーターの構成

1. 学校プロファイル
    - 学校の価値
    - 学校の種別・規模・地域
    - 学校の教育課程の概要
    - 学校の将来展望
2. 学校目標
   (1) 教育課程目標
    - 目標
    - 改善分野
    - 目標達成度の測定
    - 基準

   (2) 教育環境目標
    - 目標
    - 改善分野
    - 目標達成度の測定
    - 基準

   (3) スタッフマネジメント目標
    - 目標
    - 改善分野
    - 目標達成度の測定
    - 基準

   (4) 財務・設備運営目標
    - 目標
    - 改善分野
    - 目標達成度の測定
    - 基準
3. 重点領域
    - 関連する学校目標
    - 現状分析と重点領域の必要性
    - 重点領域（重点領域，めざす成果，目標達成度の測定）
    - 初年度実施戦略
      （データ収集・分析，プログラム開発，研修，予算，運営）
4. 実践方針
    - 学校審議会実践方針
    - 校長・教頭実践方針
    - 教員実践方針
    - 保護者・地域住民実践方針
5. 児童・生徒のルール
6. アカウンタビリティ計画（学校評価の領域，データ，実施者，頻度，結果報告対象者）

注）教育課程目標は，授業と学習に大きな影響を与えるため，最も重視されている．
出典）Department of Education, *Developing a School Charter*, 1997, pp. 10-12.

表2—3 チャーターにおける教育課程目標

目標：全学年で8つの主要学習領域を網羅した教育課程を編成・実施する．全主要学習領域で児童は積極的に学習を援助され，学力を改善する．
改善分野：教育課程政策と整合性をもって教育課程を編成・実施する．英語の学力を改善するために効果的な授業計画を評価・実施する．算数の学力を改善するために効果的な授業計画を評価・実施する．

出典）E Primary School, *School Charter 1997-1999*, 1997, p.5.

表2—4 チャーターにおける重点領域，英語

関連する学校目標：全児童が識字の学習を積極的に支援され，学力を改善する．
現状分析と重点領域の必要性：学校自己評価によると，多くの児童は教育課程政策が期待する学力レベルに到達していない．低学力の原因と児童を特定する必要がある．
重点領域：全学年共通の理念，実践，教育課程を策定する．低学力の児童を特定し援助するために，識字計画をさらに開発する．
めざす成果：識字政策「生活の鍵」(Keys to Life) にもとづいて，学校全体で識字学習を推進し，教育課程実施を改善する．児童の到達レベルを向上するために，低学力の児童を特定し，彼らが識字の到達レベルを向上するように援助する．
目標達成度の測定：教育課程政策のレベルに即した評価を行う．識字政策「生活の鍵」を活用して教員が児童の識字を定期的に評価する．児童が自分の学力レベルを自己評価する．
実施戦略（略—項目のみ）：教育計画（1年計画）の策定．児童の学力データ収集と分析．詳細な教育計画の開発．教員研修．予算支援措置．教育計画運営の責任の所在の明確化．

出典）E Primary School, *School Charter 1997-1999*, 1997, p.7.

　各目標に対応して，目標達成度の測定および基準も記載される．目標達成度の測定は，各学校の具体的方法（School Specific）と州共通の方法（Common Statewide）に分けて，目標達成度を測定するための指標を簡潔に示している．州共通の指標として，たとえば，中等教育修了資格試験の成績があげられる．一方，基準は，目標達成度の評価基準である．ベンチマークや教育課程政策の到達水準が基準として使用されている．

　重点領域は，チャーターが有効な3年間に学校全体で継続して取り組む領域である．これは日本の学校の校内研究主題に相当する．学校は，児童・生徒と

表2―5　アカウンタビリティ計画，領域：学校経営，教育課程

領域	データ	データ分析・報告責任者	報告回数	報告対象者
学校経営（チャーター・学校年次報告）	学校年次報告に記載するデータ項目	校長・教頭・学校審議会	年に1回	学校審議会 保護者・地域社会 教育省
教育課程の実施	時間割	教頭・教務委員会	学期に1回	校長・学校審議会
	学期計画	主任	学期に1回	校長
	授業計画	教員	週に1回	主任
	成績評価・報告	教頭・主任・教員	月に1回	児童・保護者・主任・学校審議会
教育課程実施の成果	児童の成績・児童の意見	主任・教員	年に2回	児童・保護者
	保護者の意識調査	校長・教頭，教務委員会	年に1回	校長・学校審議会

出典）E Primary School, *School Charter 1997-1999*, 1997, p. 18.

　保護者の教育ニーズと教育政策の両方を考慮して，重点領域を設定する．たとえば，公立E小学校では，読解力の向上が掲げられている（表2―4）．各学年の数値目標を設定する学校もある．重点領域の構成は，関連する学校目標，現状分析と重点領域の必要性，重点領域，実施戦略である．さらに，学校の判断で，学校目標のうち一つかそれ以上を特定改善目標（Improvement Focuses）として設定できる．特定改善目標は3年間継続するのではなく，学校に対する要請，環境の変化に対応して柔軟に変更できる．

　実践方針は，学校目標，重点領域を達成するために，学校に関与する人びとの実践の方向性を定めている．これは，校長・教頭実践方針，教員実践方針，学校審議会実践方針，保護者・地域住民実践方針から構成されている．一方，児童・生徒のルールは，生活指導を進めるための児童・生徒の行動基準である．アカウンタビリティ計画は，学校経営の領域ごとに，収集するデータの種類，データ分析と報告の責任者，その回数，報告対象者を一覧表にまとめている（表2―5）．

つまり，チャーターにおいて，学校プロファイル，学校目標，重点領域，実践方針，児童・生徒のルール，アカウンタビリティ計画は，相互に整合性をもっている．重点領域は，初年度実施戦略も明記しており，学校経営の指針となっている．2年目以降の実施戦略は，当該年度当初までに適宜設定される．

(2) チャーターの作成過程

　チャーターの作成過程は学校によって多様だが，典型的な手順は次のとおりである[24]．まず学校は，校長，学校審議会会長・保護者代表，教員，保護者が参加する会議を開催し，新しいチャーターの学校目標，重点領域，特定改善目標，実践方針，児童・生徒のルールに対する意見を集約する．次にこの意見を考慮して，複数の教員と学校審議会保護者代表によって構成されるチャーター作成委員会（Charter Writing Group）が，チャーターの原案（約20頁）を作成する．この際，前年度に行われた3年ごとの学校評価の勧告を反映しなければならない．チャーター作成委員会は，原案について校長と協議し必要があれば修正する．

　次に，校長はチャーターの原案を地方教育事務所に送付する[25]．地方教育事務所のアカウンタビリティ主事と地方校長コンサルタントは，チャーター原案の書式が教育省の指針に一致しているか[26]，3年ごとの学校評価の勧告が反映されているかを確認する．そして，地方校長コンサルタントは修正すべき点を電子メール等で指摘する．チャーターに大きな問題点がある場合，地方校長コンサルタントは学校を訪問して，校長とチャーター作成委員会に原案の修正を指導する．

　チャーター作成委員会は必要に応じてチャーターの原案を修正する．その後，学校審議会がチャーターの原案を審議・決定する．チャーターは，校長，学校審議会会長，地方教育事務所長に署名されて有効となる．地方教育事務所長は，教育省事務次官を代理し，教育行政代表として署名する．ただし，地方教育事務所長は，チャーターに3年ごとの学校評価の勧告が反映されていない場合，

第2章　オーストラリアの学校変革プラン・チャーター　85

表2－6　チャーター作成に対する関与

(単位：%)

チャーター作成に関与した人物	0	1	2	3	4	5	平均値
校長	0	1	1	2	9	87	4.8
学校審議会会長	2	1	7	25	32	32	3.8
学校審議会構成員	2	2	2	36	36	23	3.7
学校審議会構成員以外の保護者	6	7	22	38	21	6	2.8
教員	1	1	1	12	45	41	4.2
職員	11	14	19	28	20	8	2.5
児童・生徒	42	22	21	12	2	1	1.1
地域住民	37	22	23	15	3	1	1.3
地方教育行政職員（地区レベル）	36	22	18	13	9	2	1.5
地方教育行政職員（地方レベル）	39	22	20	12	6	1	1.3
中央教育行政職員	30	17	17	20	11	5	1.8

注）関与の程度を0；まったく無い，1（最小）～5（最大）から選択して回答する．
出典）Victorian Primary Principals Association, Victorian Association of State Secondary Principals, Directorate of School Education, The University of Melbourne, *A Cooerative Research Project, Leading Victoria's Schools of the Future, The First Report, Base-Line Survey of Principals in 1993*, 1993, p.17.

あるいはチャーターが教育政策に対応していないと判断した場合に，チャーターの署名を拒否できる．なお，署名されたチャーターは教育省学校評価局と地方教育事務所長に提出される．提出されたチャーターは教育政策立案・地方教育行政運営の基礎資料となる．

　チャーターが有効となった後，チャーターにもとづいて教育課程が編成される．校務分掌の決定と教員配置，研修計画の策定，予算編成も行われる．各分掌では個別の計画も策定される．学校はチャーターを修正できるが，大幅に修正する時は地方教育事務所長と協議する必要がある．

　チャーターが有効となるまで，学校は地方教育事務所と連絡する必要がある．とはいえ，表2－6から明らかなように，チャーターの作成には校長，教員，学校審議会会長が深く関与している．表2－6は，学校構成員・地域住民・教育行政職員がチャーターの作成にどの程度関与したかを，0（まったく無い），

1（最小）から5（最大）までの6段階で校長が回答した結果である．この調査は1993年に小学校校長会，中等学校校長会，教育省，メルボルン大学が共同で実施した質問紙調査である．325校の校長を対象に質問紙を送付し，225の回答を得て回収率は69.2%だった[27]．チャーターの作成には校長，教員，学校審議会会長の関与は不可欠だが，とくに校長の役割が大きくリーダーシップの発揮が期待される．

第5節　学校評価

(1) 学校年次報告

　ビクトリア州では，学校年次報告という自己評価が毎年実施される．学校年次報告とは，チャーターの学校目標と重点領域に関する1年間の達成度を示した校内自己評価の報告書である[28]．その目的は，各学校が学校経営の結果を分析することによって，チャーターの学校目標と重点領域の達成度を学校審議会と教育省に毎年報告することである．また，3年ごとの学校評価の実施と新しいチャーターの作成に有用なデータを記録することも目的である[29]．学校年次報告の評価領域は，チャーターの教育課程，教育環境，スタッフマネジメント，財務運営の各目標と重点領域である．これらのうち，教育課程目標の評価が最も重視されている．

　教育課程目標の評価項目は次のとおりである．小学校の場合，準備学年から6学年の児童の英語と算数の学力（各学年の何人の児童の成績が，英語と算数の教育課程政策の各テーマのどのレベルに到達しているか），教育課程における授業時数配分，教育課程実施に対する保護者の意見，児童の成績通知に対する保護者の意見である．一方，中等学校の場合，7学年から10学年の生徒の英語と数学の学力（各学年の何人の生徒の成績が，英語と数学の教育課程政策の各テーマのどのレベルに到達しているか），中等教育修了資格試験における生徒の英語と数学の成績，職業教

育コース在籍生徒数・修了生徒数,中等学校卒業生等の進路,12学年残留率,教育課程の授業時数,教育課程実施に対する保護者の意見,生徒の成績通知に対する保護者の意見である.

　教育環境の評価項目は,児童・生徒の出席状況,教育環境に対する保護者の意見,学校における児童・生徒の事故の種類と回数,在籍児童・生徒数である.スタッフマネジメントの評価項目は,研修に対する教員の意見,モラール・リーダーシップ・目標共有・人間関係に対する教員の意見,教員の欠勤理由と日数である.財務運営の評価の項目は示されていない.重点領域の評価項目も示されていない.学校年次報告は,評価領域・項目に関して,データを分析し,今後の学校経営の勧告を示している.

(2)　3年ごとの学校評価

　3年ごとの学校評価とは,チャーターの目標と教育政策の両方を視野に入れて,3年ごとに学校経営の結果を体系的に評価することである[30].これは学校自己評価 (School Self-Assessment) と外部評価 (Independent Verification) から構成されている.その目的は,新しいチャーター作成の勧告を作成し,学校経営の改善策を提示することである[31].評価の主要な領域は,チャーターの学校目標と重点領域の達成度,児童・生徒の学力,学校経営の結果に対する保護者の意見,職場環境に対する教員の意見,教育課程政策とベンチマークに対する学校の達成度と今後の行動計画である.以下では学校自己評価と外部評価について順に検討する.

　学校自己評価とは,各学校が,チャーターの学校目標と重点領域に関して,3年間の達成度を評価することである.その目的は,学校経営の成果と課題を明確にすること,学校年次報告の分析を通して経営成果の変遷を明らかにすること,新しいチャーター作成の勧告を作成することである.

　学校自己評価の評価領域は,チャーターにおける教育課程,教育環境,スタッフマネジメント,財務運営の各目標と重点領域である.中でも,教育課程目

標の評価が最も重視されている．各評価領域には複数の評価項目が設けられている．学校自己評価の評価領域・項目は，学校年次報告とほぼ共通である．

外部評価とは，学校から独立した外部評価者が，学校自己評価の妥当性を検証する（verify）ことである[32]．その目的は，学校がチャーターの目標と重点領域を達成できたかどうかを検討し，新しいチャーター作成のための勧告を示すことである．外部評価では，学校外部の評価者が学校自己評価報告書を分析し，必要に応じて修正することによって，評価の質を高めようとしている．

外部評価の領域は，学校自己評価報告書に記載された内容である．すなわち，チャーターの教育課程，教育環境，スタッフマネジメントの各目標と重点領域の評価結果と勧告が，外部評価の対象となる．ただし財務運営の評価は会計検査官が担当するので，外部評価の領域に入っていない．外部評価者は，チャーターと学校年次報告等のデータも検討した上で，学校自己評価報告書を分析・評価する．

外部評価の結果は外部評価報告書（Verification Report）に示される．外部評価報告書には，まず学校の状況と外部評価の方法が記載される．学校の状況に関しては，地域社会の概要，地理的位置，在籍児童・生徒数の変遷等が説明される．次に，児童・生徒の学力，教育課程，学校環境，スタッフマネジメント，重点領域について，到達点，問題点，現状の総括，勧告が示される．最後に，新しい学校目標の勧告，重点領域の勧告，その他の問題点を述べて結語とする．

外部評価に関する実務は外部評価者（School Reviewer）が担う．外部評価者は学校から独立した存在である．外部評価者は，適切な評価を行うために，専門性と中立性が求められる．教育省学校評価局は，外部評価者の専門性と中立性を確保するために，外部評価の全体的な活動を所轄している．

教育省学校評価局は個々の外部評価者と直接に契約するのではない．教育省学校評価局と契約した外部評価契約者（Contractor）が，外部評価者を選考・契約している．つまり「教育省学校評価局—外部評価契約者—外部評価者」という三層構造になっている．

具体的には，教育省学校評価局は10人の外部評価契約者と契約を結び，外部評価の運営を委託している．外部評価契約者の内訳は，大学教員（4人），教育経営コンサルタント会社代表（4人），経営コンサルタント会社代表（2人）である．教育省学校評価局は外部評価契約者に担当地域を割り当てる[33]．外部評価契約者の業務は，外部評価者の選考と契約，外部評価実施組織の編制と運営，教育省学校評価局に対する報告である．

外部評価の結果は，外部評価会議において学校に報告される．外部評価会議には，外部評価者と校長，教頭，教務主任，学校審議会会長が参加する．この会議で，外部評価結果に関して意見を交換し，評価結果の同意をとる．外部評価結果は，次年度以降の新しいチャーターの内容に必ず反映されることになっている．なお，外部評価者は1回の学校評価につき約2,100ドルの給与を支給され，その職業的地位と報酬が担保されている．

第6節　学校ランキングの規制

ビクトリア州では1980年代中葉に，保護者が公立学校を選択できるようになった[34]．学校選択制は次のとおりである[35]．まず，教育省は近隣指定校（designated neighbourhood school）に入学する権利を子どもに与える．近隣指定校とは，行政が子どもの入学を指定した学校であり，通常この学校は児童・生徒の住所から最も近くに位置している．保護者が子どもを近隣指定校に入学させたくない場合，教室数等学校の諸条件との兼ね合いで，児童・生徒数が上限に達していない別の学校の中から，保護者が選択することを認める．

ただし，ある学校に希望者全員を入学させると児童・生徒数の上限を越えてしまう場合は，次の1から4の優先順位にしたがって入学する子どもを決定する．1．近隣指定校へ入学を希望する子ども．2．兄・姉が通学する学校に入学を希望する子ども．3．特定の教育課程を理由に入学を希望する子ども．4．

学校から住所までの距離が他の子どもと比較して，より短い子ども．

つまり近隣指定校への入学者をまず全員受け入れ，児童・生徒数の上限に満たない場合，2から4の順に児童・生徒を入学させる．3の段階で，入学する児童・生徒を選抜する必要がある時は，学校は面接や成績表にもとづいて選抜する．基本的に，ペーパーテストによる学力選抜入学試験の実施は認められていない．こうして「近隣指定校に子どもを入学させたい保護者の権利を守るとともに，保護者に学校選択の最大の自由を認めている[36]」．なお，学力がとくに優れた子どもに対して，ハイレベルな中等教育を実施するために，公立学力選抜中等学校が2校存在している．州の公立中等学校は全部で281校であるから，これらの学力選抜中等学校は例外といえよう．

学校は，情報を入手したい保護者に対して，学校案内，チャーター，学校年次報告，学校自己評価報告書，外部評価報告書を提供する．これらの文書は，学校選択の判断材料になる．保護者が希望すれば授業を見学できる．ただし，ビクトリア州の学校関係者は，主要教科の学力や大学進学実績を一元的尺度として学校ランキングが形成され，それにもとづいて保護者が学校を選択することを警戒している．

ビクトリア州公立中等学校校長会，カトリック中等学校校長会，独立学校校長会は，学校間競争の否定的側面を次のように分析している[37]．主要教科の学力や大学進学実績を尺度として，学校間で児童・生徒獲得競争が起こると，点数化可能な主要教科の学力に高い価値が与えられ，社会正義，市民性の育成等の広範な学校教育の目的と成果を軽視してしまう．社会的，経済的，文化的，身体的に不利な状況にある児童・生徒の育成に対する学校の努力を視野に入れなくなる．成績の低い児童・生徒，勉強に興味をもたない児童・生徒の学習を学校がどれだけ助けたかを視野に入れなくなる．学力下位校を固定化する可能性がある．

教育行政も市場原理による公立学校改革を懸念している[38]．ビクトリア州のヘイウオード教育大臣は，イギリスのようにリーグテーブルを導入しなかった．

第2章　オーストラリアの学校変革プラン・チャーター　91

これはヘイウオードが，イギリスのサッチャー教育改革の行き過ぎを看取したためである．[39] そして，教育省は，主要教科の学力や大学進学実績を尺度とした学校ランキングを規制するために，次の方針を定めている．

　第一に，学力調査プロジェクトの各学校の結果を公表することを禁止している．学力調査プロジェクトは，小学校3学年と5学年の児童を対象に，英語と算数と他の一領域に関して実施される学力調査である．各学校には自分の学校の学力データが教育課程・評価委員会によって提示される．州内の公立学校の学力調査結果の一覧表は公表されていない．

　第二に，各中等学校の中等教育修了資格試験の結果公表も抑制されている．1995年まで各中等学校の中等教育修了資格試験の結果公表は一切禁止されていた．1996年以降，情報公開を進めるために，公立と私立の両方の各中等学校の中等教育修了資格試験結果のうち，偏差値40以上の生徒割合 (% Study Scores of 40 or more)[40]，調整到達度指標 (Adjusted Achievement Index)[41]，高等教育進学準備指標 (Tertiary Preparation Index)[42] が，毎年12月に新聞を通して公表されるようになった．

　しかし，これらは学校名のアルファベット順に列記されており，順位をつけたリーグテーブルではない．偏差値40以上（偏差値50が最高値）の生徒割合は公表されているものの，各中等学校の大学別進学者数は示されていない．偏差値40以上の生徒を細分した割合，たとえば，偏差値45以上の生徒の割合等も示されていない．[43] 調整到達度指標と高等教育進学準備指標は，各学校の知能テスト結果を基準にして，アンダー・アチーバーないしオーバー・アチーバーの生徒をどの程度輩出しているかを示している．これらは，各学校が生徒の潜在能力をどれだけ引き伸ばしたかを示した「付加価値測定」(value-added measures) であり，学校の学力評価基準を多元化する役割をもっている．[44]

　つまり教育省は，公立小学校の学力調査テスト結果の公表を禁止し，中等教育修了資格試験に関する学校別結果の公表を抑制している．[45] いわゆるリーグテーブルは作成・公表されていない．このような措置によって，教育省は，主要

教科の学力や大学進学実績を一元的尺度とした学校ランキングの形成を回避している．

学力ランキングにもとづいて，学校に対する社会的評価が確立した場合，学校選択だけでなく，学校評価の視点も，主要教科の学力や大学進学実績に関する他校との比較に収斂してしまう．これでは，成績の低い児童・生徒，勉強に興味をもたない児童・生徒に対する教育活動が過小評価されてしまう．こうした状況が続けば，勉強に対する意欲が低い児童・生徒は学校にとって不要な存在とされ，やがて，イギリスのように学校は優秀な児童・生徒だけを入学させようとするだろう．こうした事態を避け，個々の学校の教育活動とその結果をベースとした公平な評価を促すために，教育省は学校ランキングの公表を規制している．

第7節　チャーターの理論

(1) 準契約としてのチャーター

チャーターは，校長，学校審議会会長，教育行政代表の同意・署名という契約的行為をもって3年間有効となる．チャーターが有効になった時点で，学校審議会会長と教育行政代表は，チャーターの実施を学校に委託したことになる．学校は契約的同意を得た以上，チャーターを実施し，保護者と教育行政の納得が得られるような成果を出すことが求められる．

しかし，チャーターが契約的同意を得ているといっても，その実施を校長に対して法的に強制するわけではない．ビクトリア州教育法（Education Act）第15条L (b) は「チャーターは法律上強制しうる権利・資格・義務を発生させない」と述べており，チャーターと民法上の契約概念を区別している．「法律上，契約とは，2者あるいは2者以上の当事者の間の同意である．それは法的に強制力をもつ権利・義務関係を示す．契約は職務を委託する人物と職務を実

行する契約者の間で書かれる[49]」.一方,チャーターは,職務を委託する人物(保護者代表,教育行政代表)と職務を実行する契約者(校長)の間の同意であるが,相互に法的強制力を伴う権利・義務関係はない.このため,チャーターは「準契約(quasi-contracts)[50]」と呼ばれている.

　この背景として,教育活動の不確実性が指摘できる.たとえば,授業では予想できない事態も発生する.教員は,教室における児童・生徒の状況を考慮して,授業の進度を遅らせる場合もある.児童・生徒の学力向上は,家庭環境等も影響するので,不確定な側面もある.たしかに,チャーターの目標を達成するために努力することは大事である.だが,学校の場合,子どもを相手にした実践(授業と学習)が中心であるため,学校経営計画の性質に柔軟性が求められる.したがって,チャーターは企業経営における契約とは異なり,いわゆる準契約に位置づけられている.

　仮に,チャーターが,学校と保護者・教育行政の間に権利・義務関係を発生させる場合は,どのようになるだろうか.チャーターの数値目標は絶対的に扱われるだろう.校長は目標を達成するために,ドリルやテストの反復使用を教員に指示するかもしれない.これでは,教員の柔軟な実践を妨げ,児童・生徒への教育的配慮(たとえば,動機づけと学習)を看過し,学校組織の官僚制化を招いてしまう.ロザリンド・レバシック(Rosalind Levacic)は,「計画は広くも狭くもとらえられる.狭い意味での計画は,予測と組織管理によって目的と手段を緊密にして,成員の行動を制約する.この計画概念では,予想できない事態に対処できないので,計画の実施が失敗する可能性が高い[51]」と述べている.学校経営計画も,狭い意味の計画にもとづくと,実施段階で失敗するだろう.

　吉本二郎は,「われわれが校長を主経営者とする単位学校の組織と経営を学校経営というのは,法律行為としての問題を対象としているのではなく,事実上の教育活動に関する認識と分析の視点に立つものである.学校の法律上の権利と義務は,現行規定の上では設置者が負うべきものとされている.学校経営は教育活動そのものの目的に対する手段であるということが,明瞭に考えられ

なければならないのである．教育の改善と進歩に関する理論と実際が重視されなければならないといえる[52]」と論じている．チャーターは「事実上の教育活動に関する認識と分析の視点に立つもの[53]」である．校長がチャーターに関する法律上の権利・義務関係を負わない所以である．

(2) チャーターとアカウンタビリティ

では，法的強制力のないチャーターは，どのように実施が担保されるのだろうか．学校がチャーター実施の責任を負うようなメカニズムを構築する必要がある．ビクトリア州では，学校評価と校長人事を軸に，チャーターの実施を誘導し，アカウンタビリティを実現しようとしている．この基本枠組みは，次の二つの観点から説明できる．

第一に，学校がチャーターを実施した結果は，3年ごとの学校評価の対象となる．まず，校長・教頭・教員代表と保護者代表は3年間のチャーター実施に対する学校自己評価を行う．次に，教育省と契約関係をもつ外部評価者が学校自己評価の妥当性を検討する．そして校長，教頭，教務主任，学校審議会会長の意見を考慮して，新しいチャーター作成の勧告を作成する．3年ごとの学校評価の勧告は新しいチャーター作成の際，必ず組み込まれなければならない．このように，学校評価を通してチャーター実施の結果を検証し，学校経営の成果と課題を解明している．

第二に，チャーター実施の結果は，校長の任期更新に影響している．校長は最長5年間の任期制である．学校審議会会長は，校長の任期更新に関わって，校長のパフォーマンスに関する意見を地方教育事務所長に述べられる．学校審議会会長が現職者の任期更新に否定的な見解を提出した場合，地方教育事務所長は，状況を分析した上で，現職者の任期更新を認めないこともある．このように，学校審議会と地方教育事務所は，チャーター実施の結果というパフォーマンスを検証し，校長のアカウンタビリティ（結果責任）を問うことができる．

自律的学校経営では規制が大幅に緩和されているため，校長・教頭・教員，

第2章 オーストラリアの学校変革プラン・チャーター　95

つまり教育専門家が裁量をもってチャーターを実施できる．しかし，学校が，保護者や教育行政の期待にかなった成果を収めるのか，疑問が残される．そこで，前述のように，学校経営の結果が検証され，校長のアカウンタビリティを追及する仕組みが設けられている．これが事後の評価（a posteriori evaluation）と呼ばれるものである．チャーターは，事後の評価を成立させる基盤なのである．将来，日本において，校長のアカウンタビリティを問う仕組みを設ける場合は，その前提として，学校に対する規制を大幅に緩和することが不可欠である．

第8節　日本の学校におけるチャーターの使用法

(1)　日本とオーストラリアの学校経営の相違性

　以上のように，オーストラリアの学校経営は日本と大きく異なっている．チャーターは，オーストラリアの自律的学校経営のために制度化されたものである．オーストラリアのチャーターと日本の学校経営計画を比較すると，チャーターは，3年間の学校経営の全領域をカバーしているため，内容的・分量的に日本の学校経営計画を凌駕している．

　日本でもコミュニティ・スクール，学校裁量予算，教員公募制，学校の第三者評価といった新しい制度が導入または試行されている．だが，日本とオーストラリアの学校経営は異なっている．オーストラリアの特徴として，自律的学校経営の概念が明確であること，授業時数決定の裁量が学校にあること，人事・予算上の学校裁量が大きいこと，チャーターが準契約であること，学校審議会が長い歴史をもっていること，ベンチマークを含めた学校評価システムが整備されていることがあげられる．日本とオーストラリアの学校経営と比較すると，やはり日本は上意下達の地教行法体制を維持しつつ，部分的改良を試み

ているに過ぎないことが分かるだろう．

　オーストラリア・ビクトリア州の公立学校の校長と話していると，「校長は地方教育行政よりも上位に位置します．校長の方が教育行政職員よりも，ずっとやりがいのある誇れる仕事です」という発言が出る．地方教育行政で指導的立場にある地方校長コンサルタント（Regional Principal Consultant）と話していても，「私たちより校長の方が上位に位置します．それが自律的学校経営の仕組みです」と言われる[55]．そもそも，校長と地方教育行政の関係が日本とまったく異なるのである．オーストラリアの教育について説明する際，「オーストラリアの教育と日本の教育は，それぞれテーブルの端と端に位置している．それぐらい違う」と言うことがある．そのように言わないと，日本人がオーストラリアの教育を理解することは難しいからである．

　日本とオーストラリアの学校経営の違いを考えると，「明日から日本の学校でも，学校経営計画をやめて，チャーターを使い始めましょう」と言うのは適切ではない．制度と文化が異なる両国間で，システムを単純に移入することは避けなければならない．にもかかわらず，本書がチャーターを学校変革プランと呼び，チャーターを紹介する理由は，日本のスクールリーダーに学校変革のための「考えるヒント」を提示したいからである．以下では，日本の学校におけるチャーターの使用方法を考えてみたい．

(2) チャーターの使用法① ―教育理念の明確化―

　チャーターは，学校の教育理念を明確にする手がかりとして使用できる．学校プロファイルは，学校の価値という項目がある．ここでは，学校が追求する価値（文化，信念，エートス，期待）を示す必要がある．学校が追及する価値を明らかにするためには，次の①から⑤の方法があり得る．①価値そのものが何かを考える．②価値の下位概念である文化，信念，エートス，期待との関係で価値が何かを考える．③学校プロファイル内の他の項目，すなわち学校の種別・規模・地域，学校の教育課程の概要，学校の将来展望との関係で価値

が何かを考える．④学校プロファイル以外の他の項目，すなわち学校目標，重点領域，実践方針，児童・生徒のルール，アカウンタビリティ計画との関係で価値が何かを考える．⑤チャーターには掲載されていないさまざまな状況，すなわち学校経営学，教育方法学，教育政策，社会情勢等との関係で価値が何かを考える．

　スクールリーダーには自分の勤務校の教育理念を真剣に考えてほしいと思う．同僚や部下と討議し，学校の内側からめざす方向性をつくりあげてほしい．学校の方向性を明確にするために，特色ある学校づくりが政策的に提唱されてきた．だが，実際には，日本の学校では，校訓や学校教育目標は長い間，変わっていないことが多い．校訓や目標（教育理念）の設定が前例主義になっているのである．「それは伝統を大事にするためだ」と学校関係者は言う．だが，前例主義の目標設定では，学校は社会と子どもの変化に対応できないし，教師の努力を一定の方向に束ねることもできない．これでは，具体的な目標（下位目標）を設定するという発想は生まれない．

　「校訓は石碑に刻まれているから変えられない」という意見が出されることがある．何らかの理由で校訓や目標を変えられないとしても，より良い学校をつくるために，校訓や目標を解釈し，文章で発展的に説明することはできるだろう．ただし，それができるようになるためには，勤務校とライバル校を比較するような単純な技法を超える必要がある．最先端の学校経営学と教育方法学，およびスクールリーダーのためのリベラルアーツを習得し，学問的裏付けのある教育理念を構築することが必要である．[56]

(3)　チャーターの使用法②―将来展望の検討―

　チャーターの学校プロファイルには，学校の将来展望という項目がある．上述の①から⑤のように，チャーターの記載事項およびそれ以外の情報と関連づけて，学校の将来展望を考える方法がある．さらに，学校の将来展望を明確に考えるためには，バックワード・マッピング（backward mapping）の活用が有

効であろう．バックワード・マッピングの概念は，未来から現在に後戻りして，系統的な到達方法を解明することと説明できる．これは，学校教育の未来を考える方法として，ヘドレー・ベアー（Hedley Beare）によって提案された[57]．以下では，ベアーの考え方を紹介する．

最初に，自分自身または勤務校の未来を予測する[58]．未来は，「起こりそうな未来」「起こる可能性が高い未来」「好ましい未来」に分類される．まず，「起こりそうな未来」が何かを考えて，複数の未来を記述する．そうすると，起こる可能性が高い未来と低い未来の両方を思いつく．「起こりそうな未来」のリストの中から，社会情勢や諸統計等の傾向を勘案して，「起こる可能性が高い未来」をいくつか抽出する．ところが，その中には好ましくない未来も含まれている．たとえば，勤務校の学力が低下する等があげられる．そこで，「起こる可能性が高い未来」のリストの中から，自分または勤務校にとって「好ましい未来」を抽出する．こうして，自分にとって「好ましい未来」を特定できる．

次に必要な作業は，計画の立案である[59]．ここで，計画は「好ましい未来」に到達するために考え抜かれた行動予定表を意味する．計画の立案の手順は次のとおりである[60]．第一に，未来に影響を与える「要因（ファクター）」を特定する．自分自身または勤務校にとって重要な「要因」を特定する．第二に，「要因」に関連した「傾向（トレンド）」を検討する．「傾向」は，諸統計，政府刊行の白書，社会情勢に関する文献をもとに，ブレインストーミングを行うことによって明らかになる．第三に，「要因」が自分または勤務校に大きな影響を与える時期，つまり「重要な時期（マイルストーン）」を把握する．第四に，「好ましい未来」をイメージし，具体的に文章で描く．第五に，「好ましい未来」に到達するための「シナリオ」を記述する．必要な変化，行動を考える．さらに，どのような支援が必要なのか，何が阻害しているのかも明らかにする．その上で，自分が行う行動の選択肢，行動の順序と系統性，協力してくれる人物を想定する．第六に，「好ましい未来」から現在までの道程を記述する．ここでは，未来から現在に向かって，「基本計画（マスタープラン）」を作成する．「基本計

第2章 オーストラリアの学校変革プラン・チャーター 99

図2―2 日本の教育改革に関するバックワード・マッピング

好ましい未来
<u>知識基盤社会において活躍できる人物の育成</u>
自立・共生・自己効力感の醸成
リテラシー・ニューメラシー
問題解決的思考力・創造力・対話力

抽象／具体

傾向
グローバライゼーション
ナショナル・アイデンティティ
経済競争と格差拡大
システムの標準化・効率化
市場原理の導入
少子高齢化

要因
情報技術の革新
知識・創造性＝産業の資源
価値観の多様化
先進国の財政危機
BRICsの高度経済成長
企業・働き方の変化
家庭の変化
人口動態の変化

シナリオ
<u>知識基盤社会のための学校の創造</u>
必要な変化：教育行政の刷新
必要な行動：スクールリーダー養成の高度化（大学院レベル）
必要な支援：教育研究の成果の活用，外国の卓越した教育研究者が教育政策形成に助言する
阻害：教育界の既得権構造

重要な時期
2039年にBRICsの経済規模の合計はG7を上回る
2050年のGDPは中国，アメリカ，インド，日本，ブラジル，ロシアの順になる

抽象／具体

基本計画
<u>デザインのある教育改革</u>
自律的学校経営の構築
アカウンタビリティシステムの開発
スクールガバナンスの構築
スクールリーダーシップの開発
スクールコンプライアンスの実現
カリキュラムのイノベーション
教育方法のイノベーション
教師の専門的能力の向上
教員養成の高度化
学校の役割の再定義

画」には，行動計画と行動する時期が記載される．このように，「好ましい未来」から現在に後戻りして（backward），「基本計画」を作成する（mapping）ことを，バックワード・マッピングと言う．

　つまり，バックワード・マッピングは「未来の予測→自分や勤務校にとって好ましい未来の特定→要因（ファクター），傾向，重大事点・転換点の分析→未来に到達するためのシナリオの作成→未来から現在に至る基本計画の策定」という手順で，個人または組織の将来展望を考える方法論である．これは，チャーターの学校の将来展望を考えるヒントとなるだろう．バックワード・マッピングのイメージを把握するために，図2—2に，その実例を示した．これは，日本の教育改革をテーマとして，きわめてマクロな視点から行ったものである．このようなマクロな実例を参考に，個々の勤務校におけるバックワード・マッピングを行ってみてほしい．

　バックワード・マッピングを行った後，チャーターまたは学校経営計画を再作成してみよう．「基本計画」の全部または理念は学校の将来展望に記載され，「基本計画」の初期段階はチャーターの学校目標に反映されるだろう．そして，チャーターまたは学校経営計画の質的深化を図るために，次の問いかけを改めて考えてみよう．[61] ①スクールリーダー，学校運営協議会，職員会議の役割は何か．②子ども，保護者，社会の学校に対する要請は何か．③学校の裁量はどうあるべきか．裁量をどのように生かすべきか．校長，教頭，主任，学級担任の裁量はどうあるべきか．④学校はどのような教育活動を提供し，どのような教育機能を果たすのか．⑤学校は教育活動の成果をどのように証明できるだろうか．教育活動の質は妥当だろうか．学校の将来展望を視野に入れた問題意識が，スクールリーダーで共有され，次いで教職員全体に共有されることが重要なのである．

(4) チャーターの使用法③—学校変革の方向性の提示—

　チャーターは，学校経営の全領域を見とおし，学校変革の方向性を提示する

ために使用できる．学校経営の領域は広く多面的である．そのことは，スクールリーダーはよく分かっている．だが，働いていると日々の忙しさに終われ，いつしか「木を見て森を見ず」の状態になりがちである．こうした状態を避けるために，意識的に視野を広げる必要がある．

　チャーターは，スクールリーダーが全体を俯瞰するための枠組みを提供している．チャーターは，学校プロファイル，学校目標，重点領域，実践方針，児童・生徒のルール，アカウンタビリティ計画から構成されている（図2－1）．学校目標は，さらに細分化され，教育課程目標，教育環境目標，スタッフマネジメント目標，財務・設備運営目標という具体的な目標から構成されている．これらの記載項目は整合性とバランスをとる必要があるだろう．

　教育課程目標は，教育課程，教育方法，学力，授業，学習に関する目標である．学校の中心は「子ども・学習・授業」である．それゆえ，教育課程目標は最も重要な学校目標である．教育環境目標は，日本の生活指導に相当する目標であるが，児童・生徒が安心して学べる環境の確保という意味が含まれている．スタッフマネジメント目標は，教師の職務満足度を向上し，働きやすい職場づくりを意図している．この目標は，教師のやる気が出るような職場か，上司または同僚と協力し，相談しやすい職場かどうかが問われる．企業では，顧客満足度を高めるためには，従業員の職務満足度を高めることが重要であると言われている．学校でも，教師の職務満足度を高めることが課題となるだろう．

　重点領域は，チャーターが有効な3年間に学校全体で継続して取り組む領域である．これは地域の教育要求と教育政策の重点の両方を考慮して決定される．重点領域は学校の特色づくりの中核に他ならない．日本の校内研究主題が重点領域に相当する．重点領域のアイデアは，学校の内側から練り上げられる必要がある．スクールリーダーがアイデアの原案をつくり，教師と議論する中で作っていくべきものであろう．重点領域のアイデアの基盤には，教育論と教師論，いいかえれば，教師と子どもの関係論が位置づくだろう．教育行政から与えられた研究主題であっても，学校の教育論と教師論によって再構築し，子どもの

成長にとって有意義な主題，教師に受容される主題に変えていく必要がある．

実践方針は，学校目標，重点領域を達成するために，学校に関与する人びとの実践の方向性を定めている．実践方針は，教師の倫理綱領的な意味合いをもつ．実践方針は法律ではないので注意してほしい．法律違反には分限処分，懲戒処分などの処分が下される．ところが，法律主義の構造は逆に「法律違反をしなければ，教師は何をしても構わない」という意識を惹起する．この点がクリアされないから，問題ある教師はいなくならないし，自己研鑽を積まない教師が教壇に立ち続けるのである．この隘路は，本書の読者（スクールリーダー）が一番分かっているだろう．結局，法律という最低基準を超えた高いレベルに教師は到達する必要がある．いいかえれば，専門職にふさわしい行動・文化レベルに教師は到達する必要がある．そのレベルを倫理綱領的に示したものが実践方針なのである．とはいえ，教育行政が画一的に規定した実践方針では教師に受容されない．学校構成員が自己と同僚の考えと希望を直視して，内側からつくりあげた実践方針が求められる．

もちろん，実践方針を策定しても，すぐに教師の行動と文化が変わるわけではない．学校組織はそれほど生易しいものではない．だからこそ，教師の行動と文化を変革するようなスクールリーダーのリーダーシップが求められる．ただし，一人のスクールリーダーが孤軍奮闘しても困難は大きい．複数のスクールリーダーが協同的にリーダーシップを発揮することが重要である．最初は，少しずつ変革の波を立たせていこう．やがて，小波から大きなうねりになっていけばよいのだから．そのためには，やはり実践方針のような拠り所が必要なのである．独立した実践方針ではなく，学校プロファイル，学校目標，重点領域等と整合性をとった実践方針が必要である．

(5) チャーター活用の技術的ポイント

以上，チャーターの使用法を解説してきた．「チャーターをすぐに活用する方法はないか」と思っている読者もいるだろう．ここでは，スクールリーダー

第2章 オーストラリアの学校変革プラン・チャーター

が日々の勤務において、どのようにチャーターを活用できるか、その技術的ポイントを示したい（チャーターのフォーマットは本書の巻末を参照）。

第一に、チャーターは、自分のアイデアを創出し整理するために使用できる。すでに述べたように、チャーターは学校経営の全領域をカバーしている。したがって、学校を良くするためのアイデアを思いついたら、チャーターのフォーマットにメモを記入していくことが有効であろう。たとえば、教育課程に関するアイデアを思いついたら教育課程目標の欄に記入し、学校裁量予算の効果的な使途を考えついたら財務・設備運営目標の欄に記入することが考えられる。

このように、アイデアを蓄積していけば、チャーターのフォーマットの空欄が少なくなっていくだろう。そうしたら、メモの相互関係を検討する必要がある。重複している点があれば、必要に応じて整理統合することが望ましい。アイデアを実践に移す段階になったら、企画運営委員会、職員会議等で提案することになるだろう。その場合、質問や疑問が出ても、チャーターのフォーマットをもとに学校経営全体を俯瞰しているので、説得力のある返答ができるだろう。チャーターのフォーマットに書いたメモは、個別の改善に移すだけでなく、学校経営計画を改善するための土台としても活用できるだろう。つまり、スクールリーダーはチャーターを参照しつつ、討議し、学校経営計画の改善、重点化、具体化につなげることができる。

第二に、チャーターを校内研修で活用することが考えられる。教師の問題意識を高めるために、チャーターのフォーマットのいずれかの項目を選んで、校内研修を実施することが考えられる。たとえば、スタッフマネジメントを選んだ場合、教師の同僚性について議論できる。学年主任と学級担任が相談できる関係になっているのか。ベテラン教員と若手教員ではどうなのか。もし、相談できる関係になっていないとすれば、どのようにすれば改善できるのか。こうしたトピックについて、グループディスカッションを行い、改善を志向する文化を形成することができるだろう。

同僚性の問題が解決したら、次に同僚性と重点領域（校内研究）をどのよう

に関係づけるかがトピックになり得る．いいかえれば，同僚性を基盤とした校内研究を実施するためには，どのようにすればよいのかという課題である．この課題を解明するために，校内研修において，外部講師を招く，またはディスカッションを行うことが求められるかもしれない．その場合も，チャーターの枠組みの上で，スタッフマネジメント目標（同僚性）と重点領域（校内研究）の位置関係を確認すると効果的だろう．スクールリーダーは，学校経営全体の中で「校内研修のトピックがどこに位置するのか」「何のために校内研修を行っているのか」「校内研修を通して学校はどこに向っていくのか」を教師に伝えて，問題意識を共有化することが期待される．

　この他に，校内研修や学校の企画運営委員会等において，チャーターのフォーマットを使用し，学校変革（または学校改善）のためのブレインストーミングと試作を行うことも有効だろう．たとえば，教育環境目標の改善分野，目標達成度の測定，基準について討議し，試作することが考えられる．スクールリーダー対象の行政研修では，学校段階別にグループを編成し，参加者に学校プロファイルを作成・発表させることが考えられる．グループごとに討議し，すぐれた発表は全体会で報告させることが考えられる．

(6) 考　察

　自律的学校経営，スクールリーダーの責任体制という点では，オーストラリアは日本より先進的である．オーストラリアの教育が先進的になった要因は次のように考察できる．

　第一に，憲法によって，国ではなく，州・直轄区政府に初等・中等教育行政の権限が与えられている点があげられる[62]．州の人口は，日本の県レベルの人口に匹敵する．たとえば，ニューサウスウエールズ州の人口は676万人であり[63]，千葉県の人口608万人に近い[64]．州内の教育行政機構は，一般行政（市）から独立している．その結果，州政府教育大臣のリーダーシップの発揮が容易になる．そして，新たな教育政策の形成と実施が円滑に促進される．さらに，州教育省

と公立学校をつなぐ地方教育行政組織の改編を容易にしている．州議会選挙の結果次第で政権交代の可能性があり，政権交代の度に従来の教育政策が点検され，適宜刷新される．つまり，初等・中等教育行政が一定の人口規模と政治的・制度的基盤を有しているのである．日本の地方教育行政が国の指揮の下で指示待ち的になる一方で，一般行政との調整に苦慮し，県教委と市教委の複雑な関係によって問題解決が遅滞しているのとは対照的である．

　第二に，オーストラリアは連邦国家結成が1901年と歴史が浅いため，制度に対する因習・固定観念から比較的自由であり，未来志向の革新的意識をもちやすいという背景も重要である．しかも，歴史の浅さにもかかわらず，オーストラリアの教育は，イギリスの教育の合理的・個人主義的精神を源流としており，理論的・実践的基盤が確立している．英語圏の強みを生かして，イギリスだけでなく，アメリカの教育のアイデアも摂取してきた．さらに，オーストラリア国内でも，州政府間の教育政策の比較と改善策の検討が常に行われている．最近では，オーストラリア国立教育研究所（Australian Council for Educational Research）がOECD-PISA実施コンソーシアムのリーダーになり，アラブ首長国連邦とインドにも事務所を開設する等，国際的な活動が一層活発になっている．[65] オーストラリアの自律的学校経営とチャーターを理解するためには，このような制度的・文化的背景を知っておく必要がある．

　だが，一方で，オーストラリアの学校教育が課題を抱えていることも事実である．完璧な教育システムは世の中には存在しない．どのような制度にも光と影がある．オーストラリアの教育の最も大きな課題は，格差問題であろう．たとえば，公立学校と独立学校の格差はきわめて大きい．独立学校とは，インディペンデントグラマースクール（Independent Grammar School）と呼ばれる名門私立学校のことである．富裕な階層の子弟が通う独立学校は，イギリスのパブリックスクールそのものである．正門を一歩入れば美しい庭と伝統を醸し出す瀟洒な校舎が広がり，教室では紳士淑女の育成が展開されている．いわば「公立学校とは世界が違う」のである．

また，公立学校間の格差も顕著である．寄付金制度が認められているため，財務面の格差が生じている．何よりも，子どもの学力の格差が大きい．たしかに，オーストラリアの学力はOECD-PISAで比較的上位に位置している．だが，学力格差は社会統合を損なう．オーストラリア国立教育研究所所長，OECD教育局長を歴任したバリー・マクガウ（Barry McGaw）は，オーストラリアは，カナダ，フィンランド，韓国よりも，児童・生徒の社会的背景が学力に強く関連していると指摘している[66]．そして，オーストラリアの学校教育を「高い質，低い公正（high-quality, low-equity）」[67]と形容している．

　こうした傾向に拍車をかけているのが，1996年から長く続いている連邦レベルの自由党保守政権である．連邦政府のハワード政権は，貧しい人びとへの支援よりも，経済効率化を推進し，オーストラリアの社会政策を変容させている[68]．「最近の政治家の発言などでは，文化的多様性を支持していると言うよりは，「オーストラリア的なやり方」（Australian ways）や「オーストラリア的価値観（Australian values）」がその意味が明らかにされないまま強調され，「オーストラリアの主流」（the Australian mainstreams）に合わせることが求められているように感じられることが多い」[69]．関根政美は，こうした状況を総括して，最近のオーストラリアを「冷たい多文化主義」[70]と形容している．多文化・多言語教育の予算も削減され，オーストラリア教育の公平性の弱体化が懸念される．

　オーストラリアに長期滞在した人は，オージースマイルとフレンドリーな社交性に魅了されながらも，オーストラリア社会が内包するさまざまな格差に気づいたことだろう．たとえば，高いホテルと安いホテルの設備面の違いは極端である．洗練された都市文化に感銘を受ける一方で，貧困と悪習が蔓延する地域に悲哀を感じる．豊かさと貧しさの差は広がっており，中間がないのである．日本にも格差はあるが，オーストラリアの格差はもっと厳しい．おそらく，格差は個人の責任に帰するものであるという考えが強いのだろう．オーストラリア人と話していると「自分で選べるよ（You can choose）」「私は知らない（I don't know）」という言葉がよく発せられる．自由である半面，冷たさを感じる時も

ある.これは国民性の違いであろう.学校教育も例外ではない.

ビクトリア州のチャーターのフォーマットは全公立学校に共通であるが,内容面では差があると言わざるを得ない.フォーマットは統一しているが,質の高いチャーターもあるし,立派とは言えないチャーターもある.本書の巻末には,ビクトリア州の公立Dチャーターの翻訳を掲載している.D小学校のチャーターを翻訳した理由は,その質が高く読者の参考になると考えたからである.翻訳を見ると,学校プロファイルの内容の豊かさと実践方針の精緻さが注目される.D小学校のチャーターは,教師の専門性と創造性を発揮させる土台として位置づいている.

第3章から第5章では,日本の教師に勤務校におけるチャーターを作成してもらった.そのことを通して,チャーターが日本の教師にどのように受けとめられるのか,課題と展望を探っていきたい.

《注》
1) Caldwell, B. J., *Leading the Self-Managing School, Falmer,* 1992, p. 31.
2) Interim Committee for the Australian Schools Commission, *Schools in Australia,* 1973, pp. 10-15.
3) Brady, L., *Curriculum Development, Fourth Edition,* Prentice Hall, 1992, pp. 6-8.
4) 笹森健・佐藤博志「オーストラリアにおける教育課程行政改革――ナショナルカリキュラムを中心に――」青山学院大学文学部教育学科『教育研究』第38号,1994年,68-69頁.
5) Steering Committee for the Review of Commonwealth/State Service Provision, "Survey of Decision Making in Government Schools", Steering Committee for the Review of Commonwealth/State Service Provision, *Implementing Reforms in Government Services 1998,* AusInfo, 1998, p. 42.
6) *Ibid.,* p. 42. 任意設置の主な要因として,校長と教員の双方が学校の意思決定における影響力低下を懸念していることがあげられる.
7) 1910年代にビクトリア州では学校審議会は学校委員会(School Committee)と呼ばれていた.学校委員会は1910年教育法によって設置された(Barcan, A., *A History of Australian Education,* Oxford University Press, 1980, p. 206.).
8) Department of Education, Queensland, *The Development of School Councils*

in Australia: An Overview, 1984, pp. 20-21.
9) Steering Committee for the Review of Commonwealth/State Service Provision, *op.cit.*, p. 44.
10) Goertz, M. E. and Odden, A., "Preface", Goertz, M. E. and Odden, A. (ed.), *School-Based Financing*, Corwin Press, 1999, p. xv. ここで，州政府学校教育予算とは資産管理費が除かれたものである．
11) Department of Education, Queensland, *School Planning and Accountability Framework*, 1997, p. 3. Department of Education, Tasmania, *Assisted School Self Review 1999*, 1999, p. 9.
12) Directorate of School Education, *Schools of the Future Preliminary Paper*, 1993, p. 4.
13) *Ibid.*, pp. 4-11.
14) Department of Education, *Annual Report, 1993-1994*, 1994, p. 37.
15) 佐藤博志「オーストラリアの教育改革にみる国家―ビクトリア州労働党政権の教育政策の分析を通して」篠原清昭編著『ポストモダンの教育改革と国家』教育開発研究所，2003年，149頁．
16) その理由は，新しいシステムは導入されたばかりのため，利点と問題点が明確になっていないからである．
17) Department of Education, *An Accountability Framework*, 1997.
18) 大住荘四朗『ニュー・パブリックマネジメント』日本評論社，1999年，181頁．
19) Cotter, R., "Exploring Concepts and Applications of Benchmarking", *Leading and Managing*, Vol. 3, No. 1, 1997, p. 1, p. 3.
20) Department of Education, *How good is our school?*, 1998, p. 7.
21) Department of Education, "Benchmark Booklets", http://www.sofweb.vic.edu.au/ofreview/bench.htm, Accessed September 30, 1998.
22) Department of Education, *An Accountability Framework, op.cit.*, p. 9.
23) Department of Education, *Developing a School Charter*, 1997, p. 11.
24) チャーター作成過程の記述は次の文献を参照した．Gurr, D., *From Supervision to Quality Assurance: The Case of the State of Victoria (Australia)*, International Institute for Educational Planning, UNESCO, 1999, p. 37.
25)「学校はチャーターの原案を作る際，地方教育事務所と連携する．これによって，新しいチャーターに3年ごとの学校評価の結果が組み込まれること，そして学校と教育省が同意できることを担保する．」(Department of Education, "News and FAQs", http://www.sofweb.vic.edu.au/ofreview/charter_q.htm, Accessed September 30, 1998.)
26) 書式に関する指針は教育省刊行の『チャーターの作成』(Developing a School Charter) に掲載されている (Department of Education, *Developing a School*

Charter, 1997.).
27) Victorian Primary Principals Association, Victorian Association of State Secondary Principals, Directorate of School Education, The University of Melbourne, *A Cooperative Research Project, Leading Victoria's Schools of the Future, The First Report, Base-Line Survey of Principals in 1993*, 1993, pp. 1-4.
28) Department of Education, *An Accountability Framework, op.cit.*, p. 11.
29) Department of Education, *Guidelines for Annual Reports*, 1997, p. 6.
30) Department of Education, *Triennial School Review, Guidelines for School-Self Assessment*, 1997, p. 5.
31) Department of Education, *An Accountability Framework, op.cit.*, p. 14.
32) Department of Education, *School Review, Guidelines for Independent Verification of School-Self Assessments*, 1997, pp. 6-7.
33) 外部評価契約者の担当地域は，教育省学校評価局が設定するが，地方教育行政の単位と一致していない．(Department of Education, *School Review, Guidelines for Independent Verification of School-Self Assessments*, 1997, p. 6, pp. 16-18. Department of Education, *Annual Report 1997-98*, 1998, p. 17.)
34) Caldwell, B. J., *Administrative and Regulatory Mechanisms affecting School Autonomy in Australia*, Department of Employment, Education, Training and Youth Affairs, 1998, p. 4.
35) Allan, P., Director of Schools, Office of Schools, Department of Education, "Executive Memorandum, Amendment to Schools of the Future Reference Guide—Section 4.1.1.6 Student Placement", September 10, 1998, pp. 1-2.
36) *Ibid.*, p. 2.
37) Blake, M. and Fary, B., "Accountability and the Vexed Issue of Reporting on School Achievement—A Joint Policy Statement from the three Principals' Associations", 1998, pp. 1-2.
38) このような姿勢は1999年の自由党・国民党から労働党への政権交代後も引き継がれている．この点の詳細については次の論文を参照．佐藤博志「オーストラリアの教育改革にみる国家―ビクトリア州労働党政権の教育政策の分析を通して」篠原清昭編著『ポストモダンの教育改革と国家』教育開発研究所，2003年，146-154頁．
39) Gough J. and Taylor, T., "Crashing Through: Don Hayward and Change in the Victorian School System", *Journal of the Australian College of Education*, Vol. 22, No. 2, 1996, pp. 72-73.
40) 偏差値40以上の生徒割合（% Study Scores of 40 or more）とは，各学校において，偏差値40以上の生徒が全校生徒に占める割合（中等教育修了資格試験では偏差値50が最高値）である．

41) 調整到達度指標（Adjusted Achievement Index）とは，各学校において知能テストの一般能力試験（General Achievement Test）の結果を基準として，中等教育修了資格試験の結果がどの程度であったかを示した指標である．
42) 高等教育進学準備指標（Tertiary Preparation Index）とは，各学校において，一般能力試験の結果を基準として，中等教育修了資格試験の結果がどの程度であったかを示した指標である．
43)「高等教育進学準備指標で上位のいくつかの学校が生徒数を増やしたという逸話はある」が，その影響はきわめて小さいとされている．(Gurr, D., *From Supervision to Quality Assurance: The Case of the State of Victoria (Australia)*, International Institute for Educational Planning, UNESCO, 1999, p. 93.)
44) Caldwell, B. J., An Email Message on Rankings of Schools in Victoria, November 30, 2001.
45) McGuire, L., "Service Delivery Agreements: Experimenting with Casemix Funding and "Schools of the Future"", Alford, J. and O'Neil, D. (ed), *The Contract State: Public Management and the Kennett Government*, Deakin University Press, 1994, p. 96.
46) Blake, M. and Fary, B., *op.cit.*, pp. 1-2. Department of Education, Employment and Training, *Public Education: The Next Generation*, Report of the Ministerial Working Party, 2000, p. 61.
47) 望田研吾「現代における公立学校改革の原理と展望」日本比較教育学会『比較教育学研究』第 28 号，2002 年，9 頁．
48) State of Victoria, *Education Act 1958*, 1995, p. 31.
49) James, J., *Contract Management in Australia*, Haper Educational, 1995, p. 9.
50) Rae, K., "The plucking still of the flaxbush", *Restructuring and Quality*, Routledge, 1997, p. 117.
51) Levacic, R., "Managing for efficiency and effectiveness: developments and progress in the English school system 1988-98", Centre for Applied Educational Research: Research Seminars 1999, Needs-Based Funding, Learning Outcomes and New Patterns in the Governance of Public Education, The University of Melbourne, February 4, 1999, p. 8.
52) 吉本二郎『学校経営学』国土社，1965 年，106 頁．
53) 同上書，106 頁．
54) Neave, G., "On the cultivation of quality, efficiency and enterprise: an overview of recent trends in higher education in Western Europe, 1968-1988", *European Journal of Education*, 23 (1/2), 1988.
55) ちなみに，地方校長コンサルタントの給与水準は校長とほぼ同一である．
56) 補論「スクールリーダー養成大学院の展望」を参照．

57) Beare, H., Creating the Future School, Routledge/Falmer, 2001, p. 101.
58) *Ibid.*, p. 102.
59) *Ibid.*, p. 102.
60) *Ibid.*, p. 103.
61) *Ibid.*, p. 115.
62) 以下では州と略す.
63) 人口は2006年時点.
64) 人口は2007年. 千葉県のホームページを参照した. (http://www.pref.chiba.jp)
65) Mendelovits, J., "PISA trickles down: Measuring reading literacy in the International Assessment", 国際研究会「読解リテラシーの測定, 現状と課題」配布資料, 東京大学, 2006年8月6日.
66) McGaw, B., "Education and Social Cohesion" Dean's Lecture Series, Faculty of Education, University of Melbourne, 16 May, 2006, p. 17.
67) *Ibid.*, p. 16.
68) 塩原良和『ネオ・リベラリズムの時代の多文化主義』三元社, 2005年, 12-13頁.「「個人」としての文化的に多様な人びとをオーストラリア・ネイションに統合していく多文化主義の機能を強調した「包摂」(inclusiveness)」という理念がNMACや政府によって強調されることになった.」(塩原良和『ネオ・リベラリズムの時代の多文化主義』三元社, 2005年, 18頁.)
69) 橋本博子「「多文化社会」オーストラリアの大学生にとっての日本留学の意義」オセアニア教育学会『オセアニア教育研究』第12号, 2006年, 81頁.
70) 関根政美「オーストラリアン・マルチカルチュラリズムの行方―ハワード政権下の多文化主義」オセアニア教育学会第10回大会記念講演配布資料, 2006年12月9日.

第3章

公立A小学校における
チャーターの作成

第1節　学校の概要

(1) 学校の特徴と組織

　公立A小学校は，2004年度より旧校舎後方の高台へ幼稚園とともに新築移転した．山麓を造成，整地したため，校舎や運動場に高低差が生じている．そのため，ふもとからは階段状に校舎が配置されているのが遠望できる．また，晴天時には，校舎の上部から地元のコンビナート群や遠く四国の山並みを望むことができる．

　新校舎の設計にあたっては，地区の強い要望で，構造や外観に配慮がなされた．教室と廊下を仕切っている窓やドアは移動が可能で，オープンにした場合は廊下と一体となった空間になる．また，学年単位での活動が可能なオープンスペースがあり，幅広い教育活動の展開が可能となった．

　学級数は合計21である．2学年から6学年は3学級，1学年だけが4学級，特別支援学級が2学級である．児童数は625名であるが[1]，ここ数年間は増加傾向である．学校の創立は1873年3月で，校舎は時代とともに変遷しているが世代を通して卒業生の家庭も多く，学校への期待，帰属意識は非常に高い．明

治期の詩人である薄田泣菫はA小学校の卒業生であり，地元の有志が顕彰活動を展開し，学校も総合学習，泣菫朗読会等で協力している．A小学校は2007年11月開催予定の中国地方放送教育研究大会の会場校であり，放送教育と情報教育を通して授業改善をめざしている．校務分掌は図3—1のとおりである．

(2) 教育目標

学校教育目標は「心豊かにたくましく生きる子どもの育成」，合言葉は「元気で　仲良く　がんばる子」である．めざす学校像は，真剣に学習「伸びる学校」，生き生きと活動「楽しい学校」，安心な生活「安全な学校」，品位と節度「美しい学校」である．

(3) 教育課程

本校では，教育目標を受けて，「豊かな心と生きる力の育成」[2]をめざしている．指導の重点は次のとおりである．

○学びの質を高める授業を追求し，確かな学力の定着を図る．
○心の教育を進め，豊かな心を育む．
○家庭との連携を強め，生活習慣の見直しと改善を図る．
○健康安全教育を進め，強い体と心を培う．

総合的な学習は，中学年105時間，高学年は110時間である．その内容は，英語教育推進特区に伴う英語活動に，中学年では15時間程度，高学年では20時間程度を充てている．また，3年生は地域を知る活動を，4年生は自己と周りとの関わりを知る活動を，高学年は郷土出身の詩人である薄田泣菫の人となりや業績，生まれ育った地域を調べ，研究機関等と連携してデジタル媒体で発信する活動を主な内容としている．

校内研究は「豊かな学びを創るメディアの活用」を主題とし，「新しい放送教育・情報教育が授業を変える」を副主題に教育実践に取り組んでいる．生活時程は表3—1のとおりである．チャイムは1・2校時，3・4校時，5・6

図3-1 2007年度 校務分掌（公立A小学校）

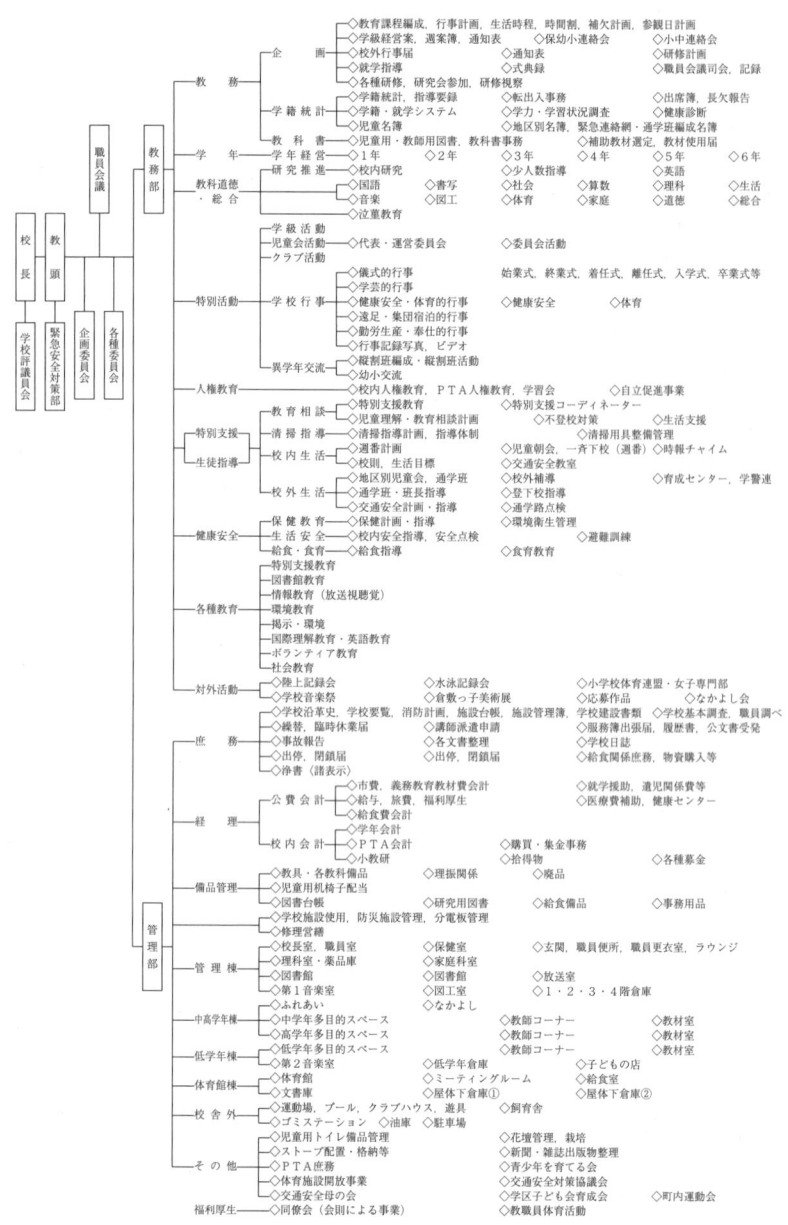

注）筆者が作成した．

第3章 公立A小学校におけるチャーターの作成 115

表3—1 時程表

朝の会	8:20〜8:40	休　憩	13:05〜13:30
1・2校時	8:40〜10:15	清　掃	13:30〜13:45
業　間	10:15〜10:45	5・6校時	13:55〜15:30
3・4校時	10:45〜12:20	帰りの会	15:30〜15:45
給　食	12:20〜13:05	下　校	16:30（冬期16:15）

注）毎週水曜日の午後は，クラブ（月2回），委員会，代表委員会を実施．岡山県の学力向上プログラムの一環「算数のできるおかやまっ子育成支援事業」に伴う指導もこの時間帯で実施している（3・4年生希望者対象）

校時の2単位時間は学習の状況や学年の発達段階に合わせて弾力的に使えるに配慮している．

第2節　学校改善の経緯と課題

(1) 学校改善の経緯—二学期制を通して—

　学校改善の契機は2003年度からの二学期制への移行準備である．市教育委員会は，「二学期制を試行するに当たり，教育活動全般を見直し，教育課程の編成，児童・生徒の学力向上，評価・評定等に関する調査研究を行う[3]」ために二学期制の試行校を二つの中学校区（中学校2校，小学校5校）に指定した．それを受けてA小学校は，2003年度には二学期制の教育活動全般についての調査研究を行い，2004年度からは二学期制を試行することになった．2004年4月からは新校舎での生活もスタートした．

　市教育委員会は，「二学期制の導入により，教育活動全般の見直しを行い，ゆとりある学習期間を設定し，指導方法の改善，評価・評定方法等の創意工夫を図りながら，児童・生徒の教育活動の一層の充実をはかる」ことをねらいとして，全小・中学校への二学期制の導入をめざしていた．そして，2006年度から市内すべての小・中学校で二学期制を実施している．

当初,二学期制は参考となる事例が身近になく,教職員にとってイメージしにくい制度であった.そのため,職員は県外の先進校の視察や文献での調査を開始した.並行して保護者へ趣旨を伝え,保護者の意向をアンケートで収集した.そして,保護者の疑問に回答し,改善に反映できる意見は取り入れ,二学期制の理解が得られるよう努力した.調査研究や試行を行いながら,教育委員会はシンポジウムを開催して,保護者や他の教職員へ趣旨を説明したり新聞などを通して啓発に努めたりした.

　A小学校は二学期制を,「一つの学期の期間が長くなる中で,授業や学校行事のあり方について創意工夫しながら,授業時間の確保を図り,子どもたちが確かな学力を身につけていくことを目指す」ことをねらいに「保護者・地域との連携」「教育課程の編成」の視点から制度の改善を行った[4].また,二学期制そのものを研究するのではなく,二学期制を通して学校教育目標の達成をめざすことになった.

　その背景には学習指導要領の改訂,学校完全週五日制の実施があった.保護者は学習内容,学習時間の減少に,学力低下や学校教育に対する漠然とした不安感を抱いていた.また,学習指導要領の改訂で,音楽,図工,家庭科の指導時数が学年によっては年間60時間前後となった.三学期制の場合,それらの教科は3学期の授業時間が10時間あまりとなり,評価・評定が困難な状態に陥ってしまう.また,他の教科でも水泳や植物の成長など,その季節でないと実施できない学習内容が正規の時間割では取り扱えなくなるなど指導計画や評価等で大幅な工夫が必要となった.また,2日間の休みの後の月曜日は学校の生活リズムを取り戻すための時間が必要な児童も増えてきた.さらに,休日法の改正で3連休も増加し,さらに生活リズムの回復が困難な状況となった.

　そこでA小学校では二学期制を通して次のようにメリットを生かそうとした.第一に,年度の最初は学級づくりが落ち着いて集中してできるように行事の見直しをした.とくに低学年児童が安心,安定して学校生活をスタートできるようにすることは重要である.また,高学年,とくに6年生の落ち着いた生活実

態は学校全体に安心感と秩序を醸し出すので重要である．そういう基礎づくりを4，5月にすることで，その後，教科，特活，道徳，総合的な学習の学びに相互の統合性が生まれて，深まりが生まれる．この統合性が豊かで深い学力の形成につながっていくと考えられる．したがって，4，5月には多くの指導時間を要する行事を行わないことにした．たとえば，運動会は従来どおりの9月に実施することにした．これは学区の町内会連合会が主催する学区をあげての町内運動会が4月の下旬に開催されることとも関係している．

　第二に，学校生活の切れ目をなくして1年間を連続した流れにしようとした．7月は水泳のシーズンであるが，今までの三学期制では1学期の学習や生活のまとめと重なっていた．水泳は努力が目に見える形で現れ，やればできるという自信をもつには良い機会となるのだが個別指導の時間が確保し難かった．また教科でも通知表作成のために，それまでの学習をまとめて各単元の評価を総括する教師の振り返りや児童の活動が必要となり，7月から夏休みにかけては継続的な学習にはなりにくかった．

　しかし，二学期制では7月も授業最終日まで授業時間が確保できるようになった．しかも夏休みが前期に組み込まれることで，総合的な学習，社会，理科の継続的な学習計画が夏休みも含めて作成できるようになった．長期の休業中に「学習相談日」をもうけることで個別の課題にも対応できるようになった．これらの仕組みによって学校生活と学習の連続性を確保した．運動会の演技内容の組体操や表現運動は5，6，7月の体育科の授業内容を生かすことができ，9月の運動会の練習を無理なくしかも余裕をもって，計画することができるようになった．

　第三に，個々の児童の長期休業中の課題が明確になり，評価・評定がその後の学習に生かせたり児童・保護者と協議して課題を選んだりできるようになった．夏休みの課題が明確になることで，夏休みの過ごし方に変化が生まれた．冬休みも同様である．家庭で過ごすことが多い冬休みには，家族や多くの人とのふれあいや季節行事への関わりなどによって豊かな体験や心を育む学びが生

じやすい．長期休業中の発展学習が次の学習へつながり，学びの連鎖や多面的な評価につなぐことができる．

　第四に，実質的な指導時数が増えることである．今まで7月や12月の授業は授業時数としては確保されていても，まとめのテストなど通知表作成に関する評価の時間として短い期間に集中して多くの時数が使われていた．二学期制ではそれらの時間が減り，教科のねらいに即した授業の準備に時間を割くことができ，充実した学習指導の時数が大幅に増えてきた．新しく通知表作成の時期となった9月後半は，夏休みの間にそれまでの成果や課題を振り返り，成績関係の資料の確認や点検をすることで評価に見通しをもつことができるので実質的な指導時数の減少を防ぐことができた．成績に関する基礎資料も9月に補充できるので，教師の事務量も短期間に集中しないように自己管理ができる．このように7月と9月，その間の夏休みに教材研究や授業のために時間を使うことができ実質的な授業時数の確保につながっていった．

　A小学校は，二学期制への移行をきっかけに学校行事や生活時程などの見直しを通して，校内の仕組みの改善を主に行ってきた．学校改善につながる授業改善の在り方をどのように図っていこうかと検討していたところ，「放送教育・情報教育」の研究会開催の打診を受けた．そこで，校長は放送教育・情報教育の特徴や利点を生かした授業改善が図れるのではないかと考え，研究を進めることにした．

(2) 学校改善の経緯―放送教育・情報教育を通して―

　2000年から市は市内の公共施設，市立学校などに光ファイバー網を敷設し，教室への校内LANの整備を行った．その一環として整備された教育ネットは，市の情報学習センターが一括管理を行っている．高速回線の特性を生かした利用方法を模索し，いくつかの運用も始まっている．そのような中で，A小学校は，新校舎の特性と市の情報関係の基盤整備の成果，放送の新しい流れを生かした放送教育・情報教育をふまえて授業改善を実施したいと考えた．

初年度となる2005年度は、「自ら学び、進んで活動する子どもの育成—豊かな学びを作るメディアの活用—」を研究主題に研究を進めた．そこでは、教科や領域のねらいを達成するためには、どのような場面で放送・デジタル教材や情報機器の活用を図ればより効果的であるかを探っていった．そして、教師だけでなく児童が目的に合わせて情報を選択し、自力解決に役立てるためには、どのような配慮が必要かも追求してきた．

この研究を通して、A小学校では、今後の高度情報化社会における生きる力の育成をめざしている．そのために、教育実践で大切にしてきた「豊かな学び」を「放送教育・情報教育」でどのように創ることができるのかを模索していきたいと考えている．

(3) 学校の現状と課題

4月に1年生4クラスの児童が入学式を行い、2006年度がスタートした．入学式では比較的落ち着いていた1年生も、教室での生活に慣れると、広い廊下やオープンスペースへと活動範囲を広げていった．また、天気のよい日には、長い石段やスロープを経て運動場での遊びが始まった．そのためには、長い石段やスロープの使い方、遊具の約束など学校生活の仕組みを理解できるように配慮する必要があった．

広い廊下やオープンスペースは、学びの可能性を広げていくものであり、教師にとっても児童にとっても大変魅力的な場である．しかし、教室から大きく開いた空間を目の当たりにすると、今までにない大きな開放感を感じ、それを大きな声を出すことで表し、気になるものをめがけて走り出す児童もいた．A小学校の廊下には所々に木製のベンチが配置してある．学年が上がると、数人で一緒に座って話をしたり待ち合わせの場所にしたりして児童はくつろぎの場としても利用している．また、学年ごとに集合できる廊下を兼ねた広場があり、教室と廊下を区切っているドアと窓は開閉可能なので、廊下や教室と一体化するとさらに広いスペースが出現する．新校舎の特性は多様な学習形態を可能に

し，教師の創意工夫のもと授業改善にも通じることが分かってきた．そういう構造を生かした教育活動をするため，チャイムを鳴らす回数を減らして90分を単位とした授業も可能にした．ただ，休憩時間が学級によってずれたり，休憩時間以外に他の学級の近くを通って教室移動したりすることも多くなった．皮肉にも，広い廊下などの空間や天井の高いオープンスペースは，児童の発するざわめきを増幅する役割を時には果たすことになった．

　つまり，新校舎の特性は，学びの可能性を飛躍的に広げるものの，達成のためにはいくつかのハードルを越える必要があることが分かってきた．それは，オープンスペースの利用方法だけでなく他の学級への配慮である．他のクラスがどのような状態か，学習中か休憩中かを判断し，児童自身が廊下やオープンスペースでの過ごし方を考えることが求められる．望ましい過ごし方は，児童が学習している側，休憩している側の両方の経験を通して身につけていくものであろう．

　近年，児童の雰囲気がやや変化してきている．それは，多忙化する社会の中で，子育てに必要な時間が削られることから生じる保護者の精神的なゆとりのなさが，児童のもつ雰囲気に現れてきているからではないかと推測される．多くの保護者は，地域と，保護者同士，子ども同士がつながり支え合ってよりよく生きたいと願っているはずなのに，その願いが生きていないように感じる．

　新しい学級がスタートする4月は，児童も保護者も教師も希望をもっている．新しい級友，教師，学習が円滑に進むことで教室での安心感が生まれ，児童は新しい環境でやっていくことができるという自信が芽生えてくる．そういう自己肯定感を児童にもたせることが「学びの基礎力」育成の中核ではないだろうか．それは保護者も同様である．周りの保護者や近所との相互依存関係が築きにくい保護者が年々増加しているように感じる．そういう場合には，次への成長のきっかけとなるはずの出来事が，保護者同士や教師間，児童間の人間関係を気まずくする要因ともなりかねない．人はさまざまな課題に向き合いながら日々を過ごし成長している．どのような場面でとまどいや不安を感じるか，ま

たどのような支援が必要かは個人差がある．そういう児童や保護者に対して適切な教育的支援ができるような体制づくりも求められている．児童，保護者の「困り感」に寄り添うことで安心できる教室，学校となっていくのではないか．

　これらの課題解決の中心は授業改善へのアプローチの過程にあるのではないかと考えている．形として見えくい「学びの基礎力」が感じられる授業づくりを実現したい．だが，課題は残されている．教科のねらいを達成するために放送教育・情報教育をどう活かしていくのか，研究主題をどのように実際の授業につないでいくのか，その具体策を創っていきたいと考えている．すべてが見えているわけではない．この研究を息の長い授業改善，学校改善へどうつないでいくかが本校の課題の一つである．

第3節　チャーターの作成

(1)　チャーター作成の手順と方針

　放送教育・情報教育の研究は2007年11月に成果を公開する予定である．その理念を生かした教育活動は2005年度から継続してきている．校長は，前年度までの成果と課題を受けて2006年度の「学校経営計画書」をまとめ，教職員に提示した．さらに「学校経営の構想」によって教職員だけでなく学校評議員や保護者向けに学校の方針を示し，PTA総会で説明して理解を得て，保護者と協力して学校教育を進めていくことができるよう配慮した．

　2006年4月に研究推進委員会は「研究の構想」(案)を教職員に提示した．そして2006年度からの研究主題を「豊かな学びを創る教育メディアの活用—新しい放送教育・情報教育が授業を変える—」した．この主題は，本校の放送教育・情報教育の課題を「放送(番組および情報コンテンツ)やインターネットなどのメディアの提供する情報を活用しながら，豊かに学ぶことができる子どもの育成」と「情報機器を活用し，受け手の状況や情報に対する責任を考えなが

ら，情報を発信・伝達する能力の向上」ととらえて，導き出したものである．

研究主題における「豊かな学び」とは，「人や自然などにふれることで生まれる感動をもとに，自ら課題を見つけ，友だち同士探求し合い高まりあっていくこと」ととらえた．そして，「豊かな学び」を「子どもたちの学び合い」「保護者や校外の方々の参加による学び合い」「教師同士の学び合い」という三つの学び合いを創る過程で実現しようと考えた．

つまり，本校の校内研究は「豊かな学び」をめざした授業改善と「豊かな学び」が実現できる安心感のある学級づくりをめざしている．言うまでもなく，授業改善は学級づくりと相補的な関係性をもっている．授業改善に向けた研修と授業づくりを進めるとともに，授業を支える受容共感的な教師の基本的な姿勢を重視することをめざしている．

現在，教室ではすべての児童に豊かな学びを保障しようとして努力している．しかし，現実には授業の成立や，学級の基本的機能の保障に多くの労力と深い配慮が必要となってきている．そして，学び合いでは聴き合う関係づくりが不可欠であるがそのような関係を実現するには多大な道のりが待っている．近年，小学校では「学力の保障」の前段階で四苦八苦している現状が次第に多くなってきた．そういう現状だからこそ，落ち着きのない児童が興味をもてる教材の提示を，教師の話に身を乗り出して聞き入る的確で豊かな話題を，友だちの発言で大きくふくらんでいく学習の高まりを，授業を通して実現していきたいのである．そのヒントは教師が，児童が，そして自分自身がもっているはずである．このような授業研究，校内研修，個人研究を進めたいと願っている．

本校では授業研究を実施する前に，研究推進委員会から研究の全体像が示されその方向性の説明と意見交換をするための校内研修を7月までに数回もった．それを具現化する授業研究は7月初旬からスタートした．今後，研究授業は年間を通して一人一回は実施できるよう計画を立てた．

研究の方向性を研究推進委員会や全体研修会で確認した．5月と7月には「学びの基礎力」につながる「学級づくり」についての校内研修も講師を招聘

して実施した．特別支援教育の視点から，通じ合う人間関係づくりの重要性を学んだ．研修の概要は次のとおりである．

- 学童期における社会的自立に向けての発達課題は相互依存関係づくりにつながる豊かな人間関係の構築である．そういう温かい人間関係にもとづいて自己肯定感をさまざまな場で得ることができるように配慮し支援していくことが重要である．
- 「学校における教育支援の中核は『安心感』の保障だと言ってもいい」ということだ．教師ができるのは，生理的な障害そのものへの対応ではなく，障害に起因する子どもの「困り感」に寄り添うことであり，障害そのものは治せなくても「困り感」を軽減することはできる．自尊感情を育てるように，児童一人ひとりが自信をもつことができるようにしていきたい．これはどの児童にも当てはまることである．

また，8月末には「社会変化と授業・学習のイノベーション」という主題で校内研修を実施することになった．岡山大学大学院教育学研究科助教授の佐藤博志先生を講師として依頼した．研修の概要は次のとおりである．

- これからの経済では，新しいアイデアの創出が産業の基幹的資源となる．いわゆるポスト資本主義社会の到来である．
- このような大きな社会変化は，18世紀後半に始まった産業革命期のように，15年後も20年後もグローバルに変化し続ける．「15年後に今の小学生の年齢は20代になっている」という当たり前の事実を，もう一度，自覚する必要がある．15年後に，今の子どもたちは，仕事を持ち，家庭を築く．では，学校，個々の教師は，15年以降の未来社会に対応できるような能力を，子どもに習得させているだろうか．社会変化に対応した授業と学習が，実現しているだろうか．これが本研修の基本的な問題意識である．
- A小学校の研究主題が放送教育・情報教育であることは，社会変化の観点から，きわめて示唆的である．今後も情報技術が一層発展し，子どもの教

育に大きな影響を与えるからである．
○情報技術の進展には，否定的な側面もある．たとえば，長時間のテレビゲームとインターネット，時間と場所を問わない携帯メールという現象がある．この現象は，自己と他者とのやり取り・意思疎通の電子化を意味する．電子化は，注意しないと，単純化と現実遊離をもたらす．情報技術との接し方（ルールづくり）が必要になるだろう．
○一方で，革新的な側面もある．それは，将来，コンピュータが人間の代わりに，単純業務や事務処理を行うようになるという点である．その結果，人間の能力において，総合的な事務処理能力よりも，創造的・付加価値的能力が最重要になってくる．その結果，日本の教育は大転換が迫られる．能力観が変わるからである．これからは，創造性を育てる教育を行う必要がある．
○こうした事態を前に，学校は教育を刷新する必要がある．子どもが大人になった時，生活できる力を習得させるために．社会変化を展望しながら，子どもの自尊心を保障し，創造性（当然，創造性の土台となる基礎知識の習得も含まれる）を軸に置いた授業と学習（Teaching and Learning）のイノベーションを展開することが求められる．
○教職員が創造性を発揮しにくい状況なので，教育の工夫も十分にできず，結果的に，子どもの創造性も高まらない．それでも，子どもの創造性を育成するために，学校が今できることはある．第一に，「授業と学習」を学校組織の中心において，子どもの学びを豊かにするためのアイデアが探求されなければならない．第二に，学校における「知の共有化」が必要である．その鍵は「授業研究（校内研修）」である．第三に，教師が自分の知を刷新することが必要である．急激な社会変化を子どもは察知し，生きる意味や働く価値の答えを求めており，大人のメッセージを欲している．メッセージのある授業が求められる．本校全体が子どもに伝えたいメッセージは何か．その手がかりは教材の発見と活用にある．

○「新しい授業の開発→児童の自己肯定と創造力の発揮→結果としての学力向上」という図式が考えられる．
○学校全体の方向性を共有して，授業開発に取り組むことが大切である．新しい授業の開発は，これまでの授業を否定するものではない．これまでの取り組みを土台にしながら，必要に応じて，新しいアイデアを取り入れる試みを意味する．「授業研究（校内研修）」において，アイデアを出し合うことも効果的である．

この研修を通して，現在の校内研究を社会情勢の変化や教育改革などの幅広い視野で見つめ直し意義づけるきっかけを得た．

7月からは授業研究も実施した．講師を招へいしての授業研究会を学年で1回，その他一人一回学年団などで公開する授業研究を予定している．授業研究では講師から次のような指摘を受けた．

○課題解決学習（教師の投げかけからスタートし，活動を教師が決める学習）から，問題解決学習（子どもが問題を発見し，子どもが自主的・主体的に活動して目標に到達するよう緻密かつ柔軟に想定された学習）への転換を図るべきである．
○教科書あるいは学習指導要領の解説的な内容から，創造的に単元構成や学習計画を創り，教科のねらいに迫るための，シャープな教材化をめざす．
○デジタル教材を活用した具体的な授業改善のポイントとしてはまず，直接体験である観察・実験と間接体験となるデジタル教材の各特性を知り，その長所を生かすことである．
○考える場，追究の場を奪わない．答えや実験結果を先に提示することがあり得ないように「わかったつもり」で終わらず，体験や活動へといざなう配慮をする．

さらに，全国で行われている放送教育の全国大会やブロック別の大会などへ参加して先進的な研究成果にふれる機会を積極的にもった．「学びの共同体」として長年の実績をもっている浜之郷小学校の研究発表へも複数の職員が参加し，授業や授業研究の在り方について研修を深めようとしている．

以上のように，本校では2006年度に，教室での「豊かな学び」を実現のするために校内外の研修や授業研究を行ってきた．筆者はこれらの実践を整理し，今後の課題を明確にするためにチャーターを作成した．

(2) チャーターの全体像

ここでは筆者が試作した公立A小学校のチャーターを掲げる．本校の学校要覧と学校経営計画書などを引用した部分はゴシック体で記載した．他資料あるいは自作した部分は，明朝体で記載した．チャーターの各項目についての詳細は，第3節(3)以降で説明する．

(3) 学校プロファイル

「学校の価値」は「学校経営計画書」の本校のミッション（使命，存在意義）から引用した．学校と保護者，地域社会の連携を重視して学校教育を進める方針を示している．小学校の場合，地域とのつながりや連携が重要となる．家庭や地域との良好な関係が学校教育推進上に大きな影響があると考えている．

「学校の種別・規模・地域」は「学校要覧」や「学校経営計画書」を参考に作成した．「学校の教育課程の概要」は「教育課程編成表」を参考にした．既存の「教育課程編成表」では学校の特色ある教育活動は記述しにくいと思われる．指導時数も標準時数以上の指導の重点化は容易ではない．「学校の将来展望」の一部は「学校経営計画書」より引用した．後半は，「学校経営の概略」をもとに授業改善の必要性を記述した．

(4) 教育課程目標

「教育課程目標」は，公立A小学校の学校教育目標を引用した．そして具体的な下位目標として「本校のビジョン（中期的目標）」から4項目を引用した．「改善分野」には研究主題を受けた具体的な学校全体の改善点を4項目記述した．2007年度に向けて，放送教育・情報教育の研究を軸に授業改善，学校改

表3-2 公立A小学校のチャーター

1. 学校プロファイル
　　―学校の価値

> 本校の教育は「確かな学力，豊かな心，健やかな体」を柱とする生きる力の育成を目的としている．保護者，地域からは，子どもたち一人一人の自立を図り，個性と可能性を開花させ，社会の形成者として必要な資質と能力を育成することが期待されている．
> 心豊かにたくましく生きる子どもの育成（学校教育目標）
> 　合言葉「元気で　仲良く　がんばる子」

　　―学校の種別・規模・地域

> 学年3学級（1年生のみ4学級），障害児学級2学級，児童数は増加傾向，保護者や地域は学校に協力的．住民が地域活動や子ども会の活動を通して一体となったまちづくりをしている．地域出身の明治の詩人，薄田泣菫に親しみ学ぶ活動が地域で進められている．

　　―学校の教育課程の概要

> 学習指導要領に示された年間総時数以上を基本に，各教科，領域，総合的な学習の時間を設定している．市の方針として，国際理解教育の一環として英語活動，英語の授業を全学年で実施している．算数では少人数指導を取り入れ個に応じた指導を重視している．
> 「学びの基礎力」の充実を求めて学級担任，養護教諭等が中心となって企画実施するミニ保健指導や性教育，栄養士とも連携しての食育教育など生活を支える部分にも配慮した指導を行っている．
> 児童同士の学年をこえたつながりづくりをめざした異学年の小グループで徒歩遠足や清掃活動や集会などを実施している．

　　―学校の将来展望

> 真剣に学習「伸びる学校」
> 生き生きと活動「楽しい学校」
> 安心な生活「安全な学校」
> 品位と節度「美しい学校」
> 情報化社会の進展に対応した授業改善へのアプローチ
> ・学校の存在意義の追求「集団と個」「地域社会」「保護者」
> ・人の生きる意味や働く価値の追求
> ・教育実践の本来的な使命の追及

2. 学校目標

(1) 教育課程目標

―目標

> 「心豊かにたくましく生きる児童の育成」
> - 学びの質を高める授業づくりに向けて，ICT や NHK 教育放送の有効な活用法を探る研究を進める．
> - 安全な学校生活と健康づくり，体力の向上を進める教育に取り組む．
> - 生活習慣の見直しを進め，学びの基礎力を向上させる．
> - 明治の代表的な詩人で卒業生でもある薄田泣菫を，教育活動に生かす工夫を進める．

―改善分野（目標の具体像）

> 「豊かな学び」を実現する授業づくり
> 　(1)「豊かな学び」についての概念の共有化
> 　(2) 子どもたちの学び合いの創造
> 　(3) 保護者や地域の方々の参加による学び合いの創造
> 　(4) 教師同士の学び合いの創造
> 「学びの基礎力」の習慣化
> 　(1) 読書，宿題の習慣化
> 　(2) 朝食，早寝早起きなどの生活習慣の確立
> 　(3) あいさつ，廊下歩行などの習慣化
> - 「泣菫に学ぶ・泣菫に親しむ」教育活動の創意工夫と展開
> - 情報モラルへの早急な対応

―目標達成度の測定

> 職員アンケートへの記述内容．
> 学校評議員，保護者等へのアンケートの集計結果．
> 授業研究会，職員研修会でのアンケートや学校評議員，PTA 役員による学校評価を参考にする．
> 参観日，懇談を通した保護者の評価も参考にする．

―基準

> 数値目標はとくに設けていない

(2) 教育環境目標

―目標

> 開放的な校舎の特性を生かした新しい教育活動の推進
> 安全な学校生活と健康づくり，体力の向上の推進

放送教育・情報機器の効果的な配置

―改善分野(目標の具体像)

オープンスペースが,児童にとって目的をもった場となるような条件整備
授業だけでなく,集会や給食などの学校生活に潤いと児童のつながりを深めるための活動の充実
広いオープンスペースや廊下,階段での生活事故の減少

―目標達成度の測定

オープンスペースの利用状況の観察
縦割りなどの異年齢集団による掃除や集会での状況観察
生活事故の統計

―基準

とくに基準は設けていない.

(3) スタッフマネジメント目標

―目標

学校教育目標,研究主題について理論と実践の深化を図る.
全職員を「児童の学びを創り,支える」視点での協働化を図る.

―改善分野(目標の具体像)

校内外の研修の在り方
児童が安心して生活できる学級のあり方についての検討
「豊かな学び」についての理論と実践の融合
学校に求められている情報教育の在り方についての検討
互いの役割の確認

―目標達成度の測定

児童の学習中の態度
保護者の意見
職員の意識調査

―基準

とくに設けていない.

(4) 財務・設備運営目標
　　―目標

重点領域への配慮と全体的な適正な執行

　　―改善分野（目標の具体像）

学校予算の効果的な配分
PTA 会計の有効な活用

　　―目標達成度の測定

とくに設けていない．

　　―基準

とくに設けていない．

3．重点領域
　　―関連する学校目標

学びの質を高める授業づくりに向けて，ICT や NHK 教育放送の有効な活用法を探る研究を進める．　　　　　　　　　　（教育課程目標）

　　―現状分析と重点領域の必要性

最近の児童の傾向として「聴き合う関係づくり」を学びの基礎とすることが次第に困難になってきた．問題解決学習は学習の重要な形態である．これをどの学級でも実施できるようにするには，学級の人間関係において「聴き合う」関係づくりをつくる必要がある．そのアプローチとして，視覚を通して情報を効果的に利用するのが有効な手段となりうるのではないかと考えている．
デジタル教材を活用することにより，子どもの知的好奇心や向上心を刺激し，学びの場を広げ，豊かに学ぶ力を身につけることができるようにしたい．

　　―重点領域（重点領域，めざす成果，目標達成度の測定）

〈重点領域〉
「豊かな学びを創る教育メディアの活用（研究主題）
―新しい放送教育・情報教育が授業を変える―」
〈めざす成果〉
教育メディアを活用するとともに，一人ひとりの子どもを大切にし，

思いやりと温かみのある学級・学校づくりを進めて，子どものやる気を育てる．
- 「学びの基礎力」の習慣化
- 「豊かな学び」の具体化
- 特色ある学校づくりの一環としての「泣童教育」の充実

〈目標達成度の測定〉
学校自己評価

―初年度実施戦略
（データ収集・分析，プログラム開発，研修，予算，運営）

〈データ収集・分析，プログラム開発，研修〉研究推進委員会
4～7月
　　　○児童の現状分析と把握
　　　○学びの基礎力の分析と研修
　　　○「豊かな学び」についての基礎研修
　　　○授業研究の構想と試行
夏季休業中
　　　○授業の在り方に関する研修（講師を招く研修）
　　　○放送教育・情報教育の授業研究の在り方に関する研修
　　　○教材，教具の開発，選定
　　　○指導案作成
9～12月
　　　○授業研究（講師を招く研修も含む）
冬季休業中
　　　○基礎研究の修正
1～3月
　　　○授業研究（講師を招く研修も含む）
　　　○本年度の研究の反省とまとめ
　　　○来年度の研究について方向性について（計画案）
〈予算〉福武教育研究助成金　200,000円
〈運営〉研究推進員会

4．実践方針

- 学びの質を高める授業を追求し，確かな学力の定着を図る
- 心の教育を進め，豊かな心を育む
- 健康安全教育を進め，強い体と心を育む
- 家庭との連携を強め，生活習慣の見直しと改善を図る
- 受容共感的な教師の姿勢の育成
- 「学びの基礎力」の充実
- 「豊かな学び」の実践

> - 「泣童教育」の進展

5. 児童・生徒のルール

> 重点目標
>   あいさつ，校舎内の歩き方，そうじ，はきもの，言葉づかい

6. アカウンタビリティ計画
   (学校評価の領域，データ，実施者，頻度，結果報告対象者)

> 〈学校評価の領域〉教育方針・学校経営・教育課程
> 〈データ〉学校自己評価，児童アンケート（メディアの使い方と生活習慣）
> 〈実施者〉校長，教頭，研究推進委員会
> 〈結果報告対象者〉教職員，学校評議員，PTA

注) 枠内の記述における字体の意味は次のとおりである．現行の学校要覧と学校経営計画を引用した箇所はゴシック体で記載した．一方，筆者が作成した箇所は明朝体で記載した．

善をめざしている．授業改善，安全・安心な学校生活，生活習慣，総合的な学習の時間の内容の工夫などを有機的につなぎ，社会情勢の変化や地域の願いも取り入れようとしている．この部分の作成にあたっては，校内研修から得た視点を活用している．「目標達成度の測定」「基準」は，数値で測りにくい部分である．授業研究で児童の学びの様子を職員で公開し，検証し合う仕組みづくりが大切であると考えている．

(5) 教育環境目標

校舎が2004年4月に現在地に新築移転した結果，広い敷地やバリアフリーの構造，高低差がある校舎や運動場など，大きな変貌を遂げた．広いオープンスペースや廊下，それらと一体となる教室と廊下の仕切りは新しい教育活動の展開を図る上で，魅力的で可能性が開ける．こうした特性を活かした教育活動の推進をめざして，「学校経営計画書」「研究構想図」をもとに「教育環境目標」を作成した．さらに，校内研究に関連して，放送教育・情報教育機器の充実も教育内容に関わってくる．この点については「改善分野（目標の具体像）」

に記述した．

　児童の学校生活に関わる部分すべてを「環境」としてとらえると，「生徒指導」「特別支援教育」が含まれるだろう．学年が下がるほど，学習内容に応じた「場」の設定が大切となる．小学校低学年では，教科指導を効果的に行うために学習環境の整備も重要である．「目標達成の基準」はとくに設けていない．「教育環境」は教育活動の一環として作用するものである．そのため，独立した達成の基準は設けにくいのではないか．

(6)　スタッフマネジメント目標

　教職員は，さまざまな分野を協働して学校教育を創造している．直接，児童の指導に関わらない教職員への支援も重要である．現在，学校がめざそうとしていることへの帰属意識をすべての教職員に広げていかなければならない．

　直接児童への指導に関わる教職員は，現在めざそうとしている教育目標をもっている．その教育活動を支えている考えを理解し考えを具現化した教育活動を創造することが重要である．各教職員の意識や経歴はさまざまである．教育活動を創り上げていく過程を大切にし，学校全体の目標に向かって個人の特性を生かしたアプローチを展開することが求められる．以上の観点から「スタッフマネジメント目標」を記述した．「改善分野（目標の具体像）」は，児童の安心した学校生活を実現するために教職員が協働できる分野を記述した．

　教職員は互いの専門性を活かし，そして互いの立場を尊重しながら教育活動を推進している．近年の児童の変容を背景として，学級の中で主に責任をもつ部分とチームで対応する部分に分けて実践する方が効果的な事例が出てきた．たとえば，小学校では特別な支援を要する児童が増加している．この場合は，支援の体制づくりとその組織を有効に活用するためのコーディネーターが必要となる．専門的な知識をもち，多くの情報も得ている養護教諭，栄養教諭，司書教諭，司書，栄養士などが活躍できる場が，今後さらに増えてくると考えている．「目標達成度の測定」については，児童や保護者の様子や反応を参考に

するとともに教職員の意識調査が重要ではないかと考えた.「基準」はとくに設けていない.

(7) 財務・設備運営目標

今までの公立小学校ではなじみが薄い分野である.学校全般に関わる執行と重点領域の活かし方が今後求められるだろう.このような観点から「目標」を記述した.「改善分野(目標の具体像)」には,「豊かな学び」を達成するために保護者や地域との協働をめざし,PTA会計についても記述した.

(8) 重点領域

重点領域の「関連する学校目標」は「学校経営計画書」の「本校のビジョン」から引用した.重点領域は,校内研究の全体像を示した「研究の構想」を参考に記述した.学習のねらいに沿って放送教材,デジタル教材,各種情報機器等の教育メディアを活用し,より効果的に学習に生かしていくことが,学びの場を広げ,豊かに学ぶ力をつけていくのではないかと考えた.「研究の構想」は児童の実態をもとに,法令,社会環境,地域性,保護者の願いなどを加味した総合的な構想になっている.「初年度実施戦略」は,研究の構想や研究計画書を参照して作成した.めざす子ども像を実現するために授業を改善する必要がある.そこで,研究主題の理解を深められるような校内研修を設定した.

(9) 実践方針

「実践方針」は本校の「学校要覧」「指導の重点」から引用した.研究主題は「実践方針」と密接に関わっている.実践方針は,授業改善や学校改善の方向性を示していると考えられる.「泣童に学ぶ,泣童に親しむ」という教育活動は本校の特色になりつつある.この活動の一環として高学年が地域,大学,企業とも連携してデジタルコンテンツづくりへ進むことが企画されてきた.

⑽ 児童のルール

「児童のルール」は「よい子のきまり」という児童の生活上の約束をまとめた資料をもとに記述した．ルールは「きまりだから守る」という約束になりやすい．だが，これでは児童の成長に十分寄与しない．なぜその決まりが必要なのか，なぜルールが必要なのかを考えるきっかけとなるようなルールでありたい．

⑾ アカウンタビリティ計画

評価を改善に生かし，それを実施してまた評価し，改善していくというサイクルが有意義である．単に評価するだけでなく，教職員の成就感を生み出すような評価が望ましいと考えて記述した．

第4節　成果と課題

今回，チャーターを作成するにあたって，「学校経営計画書」「学校要覧」「学校経営の構想」「研究の構想」を参考にした．ビクトリア州では，実際の学校の組織と運営において，指針となるチャーターと個々の具体的な実施計画の作成が有機的に連携していると考えられる．日本でも個別の実施計画は学校教育の方針にもとづくことが求められている．筆者はその点の重要性を改めて確認することができた．

また，チャーターのフォーマットの中に，「教育環境」「スタッフマネジメント」「財務・設備運営」についての内容が存在したことは新鮮であった．「教育環境」と聞くと，物質的な部分に注目しがちだが，むしろ教育の成果につながる環境，教室や学校のもつ雰囲気が重要であろう．ただし，PTAや地域との関係が含まれると，範囲が大きくなるので，より細かい指針が必要かもしれない．

「スタッフマネジメント」は重要である．児童への関わりへの濃淡や職種による意識の違いが，児童の学びや学校の組織運営にプラスに作用するよう配慮しなければならないからである．非常勤職員や支援員などの地域の人材も学校の大きな戦力にするためには「スタッフマネジメント」という発想が，今後ますます重要となってくるのではないか．組織的に対応する部分も重要であるが，個人の職能成長をどのように位置づけ，支援していくのかという課題はきわめて重要である．学校組織の成員としての理想像の一つが「和して同ぜず」ならば，実践と理論をバランスよく研修できるような仕組みづくりが求められる．

《注》
1）2006年5月1日現在．
2）公立A小学校「2006年度，学校経営の構想」2006年．
3）市教育委員会二学期制調査研究会「市立学校における二学期制の試行について」2002年．
4）A小学校「二学期制試行への取組」市二学期制研究大会発表要項，2004年8月4日．

第4章

公立B中学校における
チャーターの作成

第1節　学校の概要

(1) 学校の特徴と組織

　公立B中学校は，県南西部に位置し，文化財や自然に恵まれた所にあり，創立50年を迎えようとしている．近隣に工業団地も形成されているが，河川西部の落ち着いた田園地帯にある．生徒は四つの小学校から入学してきており，保護者の学校教育に対する関心は高く，協力的でもあり，本校教育に対する期待は大きいものに感じられる．

　全校生徒数360余名で，1学年3～4学級で13学級の中規模程度の学校である．生徒は全般に明るく素直で，体育会・文化祭や合唱集会などの行事や生徒会活動などに協力して取り組むことができる．また，地域の福祉施設でのボランティア活動や夏季休業中の親子ボランティア活動など，地域とのかかわりの中で成長している[1]．

　公立B中学校は，2001年度より「支え合い，共に生きる心豊かな生徒の育成」を研究主題とした人権教育に取り組んできた．その中から生まれた「朝の読書」や「人権集会」等の生徒会活動も活発で，男女混合名簿，一人ひとりを

大切にするチームティーチング，少人数指導による授業も定着している．「生命」「福祉」「共生」を学年テーマとした総合的な学習の時間も充実している．少子化の影響を受けて，教職員の数も減少しているが，現在，市職員や非常勤職員も含めて 35 名が勤務している．規模や休憩室の存在，これまで培われた学校風土であろうか，和やかな雰囲気をもつ職員集団である．

(2) 教育目標

公立Ｂ中学校の教育基本方針は，法令や県ならびに市の教育重点目標を基調に，地域および生徒の実態を把握し，知・徳・体の調和のとれた教育課程の実践を通して，新しい時代を拓く，心豊かでたくましい生徒の育成に努めることである．教育目標は，「新しい時代を拓く，心豊かでたくましい生徒の育成」であり，「自ら課題を見つけ，よりよく解決しようと努力する生徒の育成」「自他ともに大切にし，思いやりのある生徒の育成」「たくましく生きるための健康や体力をはぐくむ生徒の育成」をめざす．校訓は，「目標をかかげ，自ら学ぼう」「善に強く，行いを律しよう」「たくましく，心身を鍛えよう」である．

2006 年度指導の重点として，「基礎・基本を重視し，個に応じた指導を工夫する」「豊かな体験活動を通して，心の教育を推進する」「心身の健康の保持増進および体力の向上に関する指導に努める」「家庭や地域社会との連携を深め，学校教育の推進と充実に努める」ことを教職員に求めている．

公立Ｂ中学校の教育基本方針は，1987 年度から同一のものである．教育目標は，2001 ～ 2002 年度の文部科学省指定の人権教育研究を期に「新しい時代を拓く，たくましい」人材の育成を考慮して，2002 年に設定した．これは，1980 年以来の教育目標の変更であった．指導の重点も，2002 年度に設定した．これは，2001 年度までの「努力目標」を改めたものである．

研究主題として，教科指導 (1986, 1995 ～ 2000 年度)，生徒指導 (1987 ～ 1992 年度)，特別活動 (1993 ～ 2000 年度)，体験活動 (2000 年度)，人権教育 (2001 ～ 2005 年度) が設定されてきた．これらの主題は，時代を反映して推移しており，そ

表4−1　2006年度　学校運営組織および校務分担（公立B中学校）

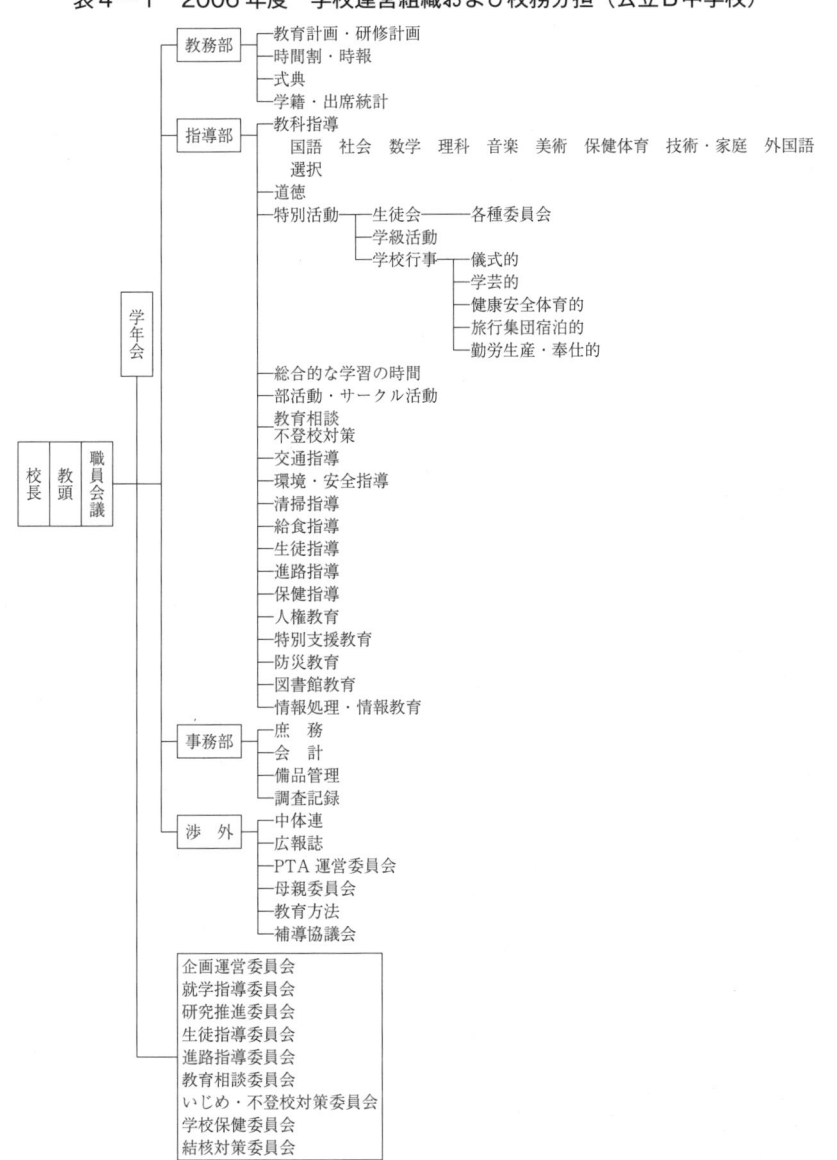

```
校長―教頭―職員会議―学年会
                  ├―教務部――┬―教育計画・研修計画
                  │          ├―時間割・時報
                  │          ├―式典
                  │          └―学籍・出席統計
                  ├―指導部――┬―教科指導
                  │          │    国語　社会　数学　理科　音楽　美術　保健体育　技術・家庭　外国語
                  │          │    選択
                  │          ├―道徳
                  │          └―特別活動――┬―生徒会――各種委員会
                  │                        ├―学級活動
                  │                        └―学校行事――┬―儀式的
                  │                                      ├―学芸的
                  │                                      ├―健康安全体育的
                  │                                      ├―旅行集団宿泊的
                  │                                      └―勤労生産・奉仕的
                  ├―総合的な学習の時間
                  ├―部活動・サークル活動
                  ├―教育相談
                  ├―不登校対策
                  ├―交通指導
                  ├―環境・安全指導
                  ├―清掃指導
                  ├―給食指導
                  ├―生徒指導
                  ├―進路指導
                  ├―保健指導
                  ├―人権教育
                  ├―特別支援教育
                  ├―防災教育
                  ├―図書館教育
                  ├―情報処理・情報教育
                  ├―事務部――┬―庶　務
                  │          ├―会　計
                  │          ├―備品管理
                  │          └―調査記録
                  └―渉　外――┬―中体連
                              ├―広報誌
                              ├―PTA運営委員会
                              ├―母親委員会
                              ├―教育方法
                              └―補導協議会

企画運営委員会
就学指導委員会
研究推進委員会
生徒指導委員会
進路指導委員会
教育相談委員会
いじめ・不登校対策委員会
学校保健委員会
結核対策委員会
```

出典）公立B中学校『平成18年度学校要覧』2006年，2頁．

表4—2　2006年度　教育計画ならびに教科研究テーマ（公立B中学校）

```
必修教科
  国語       1年  4時間    2年  3時間    3年  3時間
    研究テーマ：読む力，書く力，聞く力の向上をめざして
  社会       1年  3時間    2年  3時間    3年  2～3時間
    研究テーマ：各分野の座標軸となる基本的な知識の定着
  数学       1年  3時間    2年  3時間    3年  3時間
    研究テーマ：基礎・基本の定着，興味・関心のもてる導入・課題づくりの工夫
  理科       1年  3時間    2年  3時間    3年  2～3時間
    研究テーマ：実験や観察を通して，基礎・基本を重視した，個に応じた指導
            をする．
  音楽       1年  1～2時間  2年  1時間    3年  1時間
    研究テーマ：自ら進んで音楽に親しむ生徒の育成
  美術       1年  1～2時間  2年  1時間    3年  1時間
    研究テーマ：個々の能力に応じた指導と個性の伸長
  保健体育    1年  2～3時間  2年  2～3時間  3年  2～3時間
    研究テーマ：ITを活用した分かりやすい授業の実践
  技術・家庭  1年  2時間    2年  2時間    3年  1時間
    研究テーマ：基礎・基本を踏まえ，実生活に生かすことができる題材や指導
            法の工夫
  外国語     1年  3時間    2年  3時間    3年  3時間
    研究テーマ：基礎・基本の充実を図り，実践的コミュニケーション能力の向
            上をめざす．
選択教科
  1年    1学期15週，後期15週  1時間  5教科から1教科選択
  2年    2時間  9教科から2教科選択
  3年    4時間  9教科から4教科選択
総合的な学習の時間  1年  2時間  2年  2～3時間  3年  2～3時間
道徳              1～3年  1時間
学級活動           1～3年  1時間
学校行事，生徒会活動
課外活動：部活動，朝の読書，朝の会・帰りの会，給食，清掃，登下校
                                    ＊数字は，週当たりの時間数
```

こには校長のリーダーシップや，学習指導要領の重点の跡が見られる．学校運営組織および校務分担は表4—1のとおりである．

(3) 教育課程

　年間授業時数980時間以上を基本に，総合的な学習の時間に週2～3時間を当てている．一年次から選択教科を配置し，3年次には週4時間を当てる．基礎・基本を重視しており，数学・外国語において少人数指導，理科においてチームティーチングを行っている．たくましく生きるための健康や体力という視点から，性教育や保健体育の授業時数にも配慮している．教育計画と2006年度各教科の研究テーマを，表4－2にまとめる．

　行事精選という風潮の中ではあるが，豊かな体験活動を通しての心の教育，人間関係づくりという視点から，体育会・文化祭，校外行事，人権集会，合唱集会，勤労奉仕等の学校行事を継続している．また，これらの学校行事の事前準備も入念に行っている．課外ではあるが，朝の読書，朝の会・帰りの会，部活動，各種委員会活動，給食指導，清掃指導，交通指導等を通しての生徒の成長も重要と考え，全校をあげて取り組んでいる．

第2節　学校改善の経緯と課題

(1) 学校改善の経緯─2002年度まで─

　2001年度から2002年度の2年に渡って，文部科学省から人権教育推進校の指定を受けた公立B中学校では，研究主題に「支え合い，共に生きる心豊かな生徒の育成」を掲げ，教科・道徳・特別活動・総合的な学習の時間において研究を推進することが決定された．1980年度から継続してきた学校教育目標は，検討されることになった．年度当初の校長の学校経営方針の中で「開かれた学校づくり」へのビジョンが示され，機会をとらえては学校の情報を公開する取組みがもたれるようになった．

　2001年度は，新学習指導要領への移行年度であった．そのため総合的な学習の時間が年間35時間導入された．年間4回の時間割の作成が行われた．こ

れは，1年間に4種類の時間割を作成して使用することを意味し，時間割作成の担当者にとって非常に負担が大きかった．数学科では少人数授業とチームティーチングが導入された．当時はまだ隔週土曜日に授業があり，教職員は交代で週休をとった．1998年度から，心の教室相談員が非常勤で配置された．心の教室相談員は，有資格者に限らなかったが，週2回本校で勤務した．

人権教育推進のための職員研修と部会相談が毎月行われた．校内研究推進委員会は毎週行われた．集団づくり，構成的グループエンカウンター等の全員研修を行い，授業研究も年間約10回行った．総合的な学習の時間のためのポスターセッション等の研修や保護者アンケートも実施した．従来から，学年だより，学級だよりは発行されていたが，地域連携を一層進めるために，学校だよりが発行された．保護者・地域の方を対象とした自由参観日もこの年に始まった．自由参観日は，年間に3週間設けられ，その週間には，保護者・地域の方は来校者カードに記入，来校者リボンを付けた上で，自由に授業や課外の部活動等を参観できる．

次年度教育課程編成に向けて，職員会議において提起された検討事項は，次のとおりである．

- 学校教育目標について
- 学校評議員制度の発足，学校評価活動等について
- 選択教科の時間数と内容について
- 総合的な学習の時間について…全体計画・年間指導計画・評価・予算計画等
- 時間割について…選択教科・総合的な学習の時間・端数のある教科のとり方
- 各教科の評価のあり方…評価規準・評価基準・観点別学習状況・評定・選択教科の評定
- 学校行事の精選
- 時程の編成…朝の読書の実施等
- 学校運営組織の見直し

その後，教育課程検討委員会で原案作成の方向が提示された．この2001年

第4章 公立B中学校におけるチャーターの作成　143

度を振り返ってみると，新学習指導要領施行前年の慌ただしさがよく分かる．しかし，一方，教職員も生徒も充実した日々であった．

　10月後期からではあったが，人権期間・人権集会がもたれ，各種委員会提起の人権啓発活動が始まった．朝の読書，スリッパの色調べ，男女混合名簿，福祉活動が提案された．体験的参加型人権学習も導入され，次年度へ定着していった．体験的参加型人権学習とは，一方的な講義形式ではなく，ゲーム・疑似体験・役割演技・フィールドワークや話合い等の活動を通して，参加者の主体的な学習・実践を促す手法である．

　2002年度は，週五日制完全実施，新学習指導要領完全実施に伴う絶対評価の導入，人権教育研究発表会が行われた．また次のことが実施された．総合的な学習の時間が，各学年週2時間設定された．選択教科が全学年に開設された．教科時間は減少された．少人数指導は数学1・3年，チームティーチングは数学2年と外国語2年で行われた．朝の読書が時程に設定された．男女混合名簿が正式に導入された．別室登校担当教員，スクールカウンセラー，スクールカウンセラーチーフが配置された．別室登校担当教員は，教室復帰への一つのステップとして，登校して学習したいという意欲をもつ学校不適応児童・生徒への支援を目的としている．絶対評価導入に伴い通知表が改訂された．「新しい教育について」という保護者向けの資料も配付した．その内容は，新学習指導要領の全面実施に伴い，完全学校週五日制や選択教科履修幅の拡大，絶対評価等の変革を受け，「生きる力」を身に付けさせるべく，「授業の改善」「絶対評価の意義」「朝の読書」「土・日の家庭での過ごし方」「教育相談」について，学校教育の充実を説明したものである．またエイズ教育と性教育を導入し，授業を行った．

　人権集会では，生徒による人権劇・人権宣言・人権の歌を披露した．2年生の職場体験が3日に渡って実施された．土・日返上で担当教員は，受け入れ事業所開拓と，総合的な学習の時間の交流の受け入れ先探しに奔走した．国語・社会・道徳・学級活動・総合的な学習の時間の授業研究，研究集録の作成，プ

レゼンテーションの準備と並行して，教科の新しい年間指導計画・評価計画作成と絶対評価の実施に苦慮した．

しかし，そうした中で教職員の協働性は高まったように感じられる．連日の深更に及ぶ会議にも，「教室から，生徒から，目を離すな」を合い言葉に支え合うことができたように思われる．また教職員のこうした取組みは生徒や保護者・地域の方々にも理解され，親子ボランティア（校内美化奉仕作業）には，ほぼ全員が参加して，早朝より2時間余り熱心に清掃活動に取り組んでくれた．その後も教職員は土・日返上で，廊下のペンキ塗りや掲示板の補修等の環境整備に明け暮れた．遅くまで作業をしていると「先生（筆者）が終わってくれないと帰れませんよ」と担任教員に言われた．この言葉は今も耳に残っている．事前の打ち合わせも含めて，研究会当日の保護者・地域の方々の尽力に感謝している．

11月の人権教育研究発表会終了一週間後，生徒会選挙が公示された．予想以上に大勢の生徒が立候補者となった．彼らの選挙運動であるあいさつ運動に接した時，生徒の成長に大きな感動を覚えた．「生徒たちは一緒に研究会を作り上げた仲間です」．これは，彼らの卒業に際しての学年主任の挨拶である．

(2) 学校改善の経緯—2002年度以降—

2003年度，特別支援教育コーディネーターが導入された．特別支援教育コーディネーターは，配慮を要する児童・生徒への支援・関係機関との連携を目的として設けられたと認識している．人権教育研究会と並行して，新学習指導要領移行に対応する校内研修や教科会を実施した．その中で，選択教科の観点を見直したいという声が上がり始めた．一方，数学・外国語の少人数指導，理科のチームティーチングは定着してきた．研究主題「支え合い，共に生きる心豊かな生徒の育成」や人権集会等は継続された．生徒会活動の中にも人権週間の取組みや人権集会の開催は定着が見られ始めた．研究主題，通知表，総合的な学習の時間の計画等の研究成果について，「3年間は継続してほしい」とい

う校長の方針が職員会議で語られた.

　2004年度に新しい校長が着任した.校長より,新年度のスタートの時に「学校激変の時代であるが,教育は不変である.その基礎となるのは人間関係である.課題をもつ子どもたち,その個々を生かす取組みをしてほしい.情報交換を旨とし,全員で取り組む体制を,誇りと自信をもってやってほしい.地域との連携,広報,関わり,出会い・触れ合いを大切にしてほしい」という話があった.

　研究主題「支え合い,共に生きる心豊かな生徒の育成」や人権集会等は継続した.それらの運営主体は生徒会各種委員会であったが,その委員会活動の中に企画・運営の動きの鈍さが感じられた.定着したかに見えた取組みであったが,試行錯誤の人権教育1年目を経験した生徒は卒業し,教職員も過半数が交代している.新しい取組みと方向の必要が感じられた時であった.

　10年経験者研修会場として,道徳や総合的な学習の時間の授業研究に取組み,これには人権教育研究会で培った研究方法を活用することができた.少人数指導はこれまで数学・外国語に限ってきたが,数学・外国語・社会に拡大した.不登校担当教員を配置した.この役割は,学校不適応児童・生徒と家庭への支援である.不審者対応避難訓練をはじめて実施した.

　2003年から2004年頃は,研究主題,選択教科の観点,授業時数の確保等の課題を抱えながらも,日々の教育実践に精一杯であった.そうした中,年4回の時間割づくりの負担を軽減すべく,前年度の時数調査を経て,年3回の時間割作成へ切り替え,好評を得た.教育課程の反省としての学校自己評価は,これまでにも実施されてきたが,結果が次年度の具体的な改善に結びつかない等の課題が見られた.当時の学校自己評価の主な領域は,学校行事である.教職員の思いを吸い上げることはできたが,共通理解されないままに,同じ課題が繰り返し提起された.

(3) 学校の現状と課題

　「先生，すごいね．こんな風に使うんだねぇ」．これは，新しい学校自己評価を試行するために，まず「大阪府学校教育自己診断票」を参考にして学校自己評価を行い，その集計結果から，次年度の研究主題の変更を提案した時の企画運営委員の声である．こうした声を得て，公立B中学校の数年来の懸案事項であった新しい校内研究主題の形成が進められた．

　公立B中学校においても，教職員の多忙化，生徒や保護者の意識や価値観の多様化，人間関係の問題等が生じている．基本的な生活習慣の乱れや，教職員間・先生と生徒・生徒同士・また親子のコミュニケーションの不足が感じられる昨今である．さらに，特色ある学校づくりと開かれた学校づくりへの期待，社会の教育改革の波も押し寄せる．こうした課題に対する改善方策として，学校評価システムに着目する．教師個人が孤立することなく，学年あるいは学校という組織として動ける中学校では，いくらかの展望も開けるだろう．とはいえ，時間（多忙化と超過勤務）とマネジメント（問題意識の共有と組織の協働性）の課題が存在することは看過できない．

　問題に振り回されるのではなく，教職本来の，人を育てる喜びに専念したい．そんな思いで，今までの学校行事評価とは異なる学校自己評価を試みた．学校自己評価に着目した理由は，学校自己評価によって，自校の成果と課題および今後の行動指針が，データにもとづいて明らかにされると考えたからである．データにもとづく対話が共通理解を育むと考えたからである．評価の領域としては，教育目標・教育課程・学習指導・生徒指導・進路指導・校務分担等を設けた．そして，自校の教育課題がはっきりと見えてくるように，データを収集分析し，その結果を教育活動に反映させていこうと考えた．

　2005年7月，1学期末に教職員にアンケートを依頼した．回収率は89％であった．小問は73項目であり，満足度ABCD 4択の結果を点数化し，平均値を算出した．3.00未満と2.75未満の項目と標準偏差の大きい項目に着目した．結果，生徒指導・教育相談への満足度は高く，部活動・生徒会・学校行事も高

表4-3 2006年度 公立B中学校校内研究主題

研究主題
　豊かな人間性を育み，確かな学力の向上をめざす生徒の育成
　―個を生かす指導を通して，生徒が意欲的に学ぼうとする学習活動の創造―
目的
　最近の生徒の傾向として「学習意欲が乏しい」「計画的な学習ができない」「学習が習慣化されていない」等の実態が見られる．そこで，生徒一人一人の実態を把握しながら，個に応じたきめ細かな指導体制や指導方法を工夫し，基礎・基本の定着を図るとともに，教材・教具の開発や指導過程の工夫を通して学習への興味・関心を高め，確かな学力の向上をめざす．全教科において「基礎・基本の定着」「主体的学習意欲の形成」「個性の伸長」をねらいとした授業改善に取り組む．
研究組織
　全体研究主題の下，各教科が教科研究主題を設定し，それぞれの研究主題の視点にそって授業改善に取り組む．授業改善に必要な力として，授業を組み立てる企画力，授業内容を充実させるための指導力，授業の質を高める評価力を考える．
　これまでの「人権教育」を基盤に，「学力」に視点を置き，「確かな学力」の向上を図る．教科会に重点をおいて研究を進める．道徳，学級活動，総合的な学習の時間も含んだ代表者会で各取組の共有化，推進を図る．
具体的内容
- 学習場面において，他との関わり合いを生かした授業展開の工夫．
- 学習状況の把握．
- 「学ぶ喜び」「学ぶ意欲」を育てるための効果的な教材・教具の開発等指導過程の工夫．
- 導入，課題解決，評価（自己評価，相互評価，ノート点検，作品の掲示等）の工夫．
- 個に応じた指導方法や指導形態の工夫・改善．
- 板書，発問，学習活動などの基本にもどった授業技術の改善・向上．
- 学習習慣の育成．全教科を貫く柱としての学習規律．等

く評価されている．一方で教育指導，とくに学習指導・授業研究への危機感が見られた．この危機感を課題としてとらえ，懸案事項であった人権教育研究会後の新たな研究主題の策定に生かしたいと思った．そして，まずは，学習指導・授業研究を，次年度の重点目標にすえたいと考えた．「観察と同じ結果が出ますね」．校長の学校自己評価の結果を見ての感想である．

研究主題案（表4-3）をもって，企画運営委員会に提案を行った．「アンケートの結果をこういうふうに使うというのはすごい」「結果がみんなの総意だから，受け入れられるだろう」「みんなの満足度の低い部分がよく分かる」「教育目標や教職員評価との関連も図りやすいテーマである」「教科会から，教科間連携へと深化が図れるだろう」「教育課題への対応もできるのでよかろう」「今までの研究の成果も踏まえた主題にしたい」「年度末に具体的な主題を煮詰めて提案して了承を図ろう」等の意見が得られた．こうして，公立B中学校の2006年度校内研究主題は，「豊かな人間性を育み，確かな学力の向上をめざす生徒の育成」に決定した．

第3節　チャーターの作成

(1) チャーター作成の手順と方針

2006年度は，教職員評価システムの導入に伴う校長の「学校経営計画書」の提示からスタートした．その中に新校内研究主題「豊かな人間性を育み，確かな学力の向上をめざす生徒の育成—個を生かす指導を通して，生徒が意欲的に学ぼうとする学習活動の創造—」が盛り込まれた．年度当初の教科会とそのまとめ，道徳・学級活動・進路指導・人権教育・総合的な学習の時間の全体計画と年間計画を全教職員が共通理解するところから校内研究がスタートした．教科研究テーマを表4-2に記載した．これは，前年度の生徒の学習状況・実態を分析し，各教科で話し合った研究テーマである．

研究に際し，年間6回の校内研修を計画した．表4-4にその内容を記載する．この他，職員会議において，研修会・研究会での報告を恒例化している．保護者参観日・教育実習・教育委員会による学校訪問などの機会をとらえて，授業公開を行っている．校内研修の流れも，互いに刺激を与え合い，高め合う授業改善に役立っている．

第4章 公立B中学校におけるチャーターの作成

表4—4 公立B中学校2006年度校内研修計画

7月 「授業開発研究」講師：学校経営学助教授　講義と演習 8月 「教育相談―メンタリング―」講師：教育相談カウンセラー　講演 　　 「教材開発研究」講師：本校教諭3名の実践研究報告　夏季研修会参加報告 10月 「教育方法」講師：英語教育学教授　講義 11月 「子どもも親も先生も元気になろう！！」講師：教育制度学教授　講演 1月 「アサーション・トレーニング」講師：ふれあい教室カウンセラー　講義と演習

　第1回校内研修会として，岡山大学大学院教育学研究科助教授佐藤博志先生を講師として招き，研修「授業開発研究」を行った．この研修において，チャーターのフレームが紹介された．研修の概要（一部）は以下のとおりである[2]．

- 学校の在り方を論じるために，オーストラリア・ビクトリア州のチャーター（学校経営計画）のフレームを説明する．その後，チャーターのフレームを参考に，本校の全体的な状況を整理する．さらに，授業開発研究の意義を考える．
- 子どもたちの生活力の土台として，心と体の健康，基礎知識，推論的能力，科学的思考力，創造的思考力，表現力，協調性・社会性を習得させる必要がある．それを担う幼稚園・小学校・中学校・高等学校等の教育の役割はきわめて大きい．
- 「教育が重要だ」という意見に対して異論はないだろう．だが，子どもが変容しているので，教育はけっして容易な仕事ではない．そのことは現場の教職員が一番よく知っている．
- こうした事態を前に，学校は教育を刷新する必要がある．子どもが大人になった時，生活できる力を習得させるために，つまり高度知識基盤社会を展望しながら，授業と学習（Teaching and Learning）のイノベーションを展開することが求められる．
- 新しい授業を開発するためには，まず，子どもの意欲と成果を向上させる

教育方法（授業と学習）のアイデアが探求されなければならない．これは後半のディスカッションの話題となるだろう．次に，学校における「知の共有化」が必要である．その鍵は「授業研究（校内研修）」である．さらに，教師が自分の知を刷新することが必要である．

○個々の教員の努力を効果的なものとするためには，学校全体の方向性を共有する必要がある．個々が努力しても，方向性が異なっていれば，変化している子どもや保護者に対応できない．学校全体の方向性を，チャーターのフレームを活用して，確認してみたい．

校内研修では上記等の示唆とともに，チャーターのフレームと本校の分析の一部が提示された．以下の表4—5は，それをもとに筆者が付加作成したものである．その際，筆者は「大きく舵を切った」と教頭から評された2006年度の公立B中学校の取組みを整理し，次なる課題を見出し，修正を加える等の学校改善に寄与しようとの方針をもって，チャーターを作成した．

(2) チャーターの全体像

ここでは筆者が試作した，公立B中学校のチャーター（2006年度）を掲げる．本校の学校要覧と学校経営計画書，生徒手帳を引用した部分は，ゴシック体で記載した．他資料あるいは自作した部分は，明朝体で記載した．チャーターの各項目についての詳細は，第3節(3)以降で説明する．

(3) 学校プロファイル

チャーターにおける「学校の価値」とは，いわゆるミッションに相当すると考え，「学校経営計画書」の本校のミッション（使命・存在意義）より引用した．本校の「学校経営計画書」のこの項には，学校教育目標の他に，保護者・地域社会に対するものが含まれている．オーストラリアのチャーターの「学校の価値」にはその部分も含まれることが想定される．日本の公立学校は，オーストラリアと同様に，保護者・地域との連携の中で児童・生徒の教育を担うという

第4章　公立B中学校におけるチャーターの作成　151

表4—5　公立B中学校のチャーター

1．学校プロファイル
　　―学校の価値

> 豊かな自然の中で，すべての生徒がその能力に応じて，生き抜く力を身につけることができるようにする．
> ○保護者に対して
> 　生徒の健全な成長に向けて，「学力の定着と向上」「基本的な生活習慣の定着」の取組を徹底する．
> ○地域社会に対して
> 　地域の取組に進んで関与するなど，社会性を備えた生徒の育成に取り組む．

　　―学校の種別・規模・地域

> 生徒数・学級数は各学年3～4学級で集団生活に適しているが，減少の傾向にあり，職員構成も職員数の減少に伴う組織の改編が課題である．教職員は生徒の立場に立ち，保護者との連携をもって熱心に指導を展開することができるが，生徒・家庭の意識や実態の差に戸惑いがある．生徒は素朴で挨拶も良くでき，穏やかで，問題行動も少なく受容的であるが，家庭学習の徹底など，基本的生活習慣の定着が不十分な生徒が増加しつつあり，不登校傾向の生徒も増加傾向にある．
> 郊外の田園地帯に立地し，地域の拠点校としての学校教育への期待は大きい．

　　―学校の教育課程の概要

> 年間授業時数980時間以上を基本に，総合的な学習の時間，選択教科を相応に設定している．基礎・基本の重視から，数学・外国語において少人数指導，理科でチームティーチングによる授業形態に取り組む．たくましく生きるための健康や体力という視点から，性教育や保健体育の授業時数にも配慮している．
> 豊かな体験活動を通しての心の教育，人間関係づくりの視点から多様な学校行事に取り組む．
> 課外活動の朝の読書，朝の会・帰りの会，部活動，委員会活動，給食指導，清掃指導，交通指導等を通しての生徒の成長を考え，全校をあげての取組を行う．

　　―学校の将来展望

> めざす生徒像：新しい時代を拓く，心豊かでたくましい生徒

> めざす教師像：
> 課題を明確にして研修し，意欲的に指導を展開する教職員集団
> - 授業研究（生徒の興味・関心を引き出す授業の実現に向けて工夫する）
> - 生徒指導（生徒指導の機能を活かして，各教科の授業や学校・学年・学級行事に取り組む）
> - 研修（課題に応じて計画を立て，焦点化した研修に取り組む）
>
> めざす学校像：地域の中で，保護者とともに，豊かな心を育み，たくましく生きる生徒の育成をめざす学校

2．学校目標
　(1) 教育課程目標
　　　―目標

> 新しい時代を拓く，心豊かでたくましい生徒の育成
> - 自ら課題を見付け，よりよく解決しようと努力する生徒の育成
> - 自他ともに大切にし，思いやりのある生徒の育成
> - たくましく生きるための健康や体力をはぐくむ生徒の育成

　　　―改善分野（目標の具体像）

> 生徒の意欲を引き出す授業づくり
> 授業研究と実践
> (1) 授業規律の確立と指導法の改善（教科内，教科間の情報交換）
> (2) 授業公開の推進（時間と場所の確保）
> (3) 子どもの学習と生活に関する保護者への情報提供，家庭との協力
> (4) 課題をもつ生徒を支援するための支援体制（放課後，質問日）

　　　―目標達成度の測定

> 数値目標は設定していないが，学力調査，定期テストの度数分布表，授業の自己評価表等を参考にする．PTA新聞において啓発を行う．

　　　―基準

> とくに基準は設けていない．

　(2) 教育環境目標
　　　―目標

> 生徒指導（教育相談）体制のますますの充実

―改善分野（目標の具体像）
- 各学級・別室等での実態把握と柔軟な対応
- 課題をもつ生徒についての情報の早期収集
- 中学校入学前の状況把握，生徒指導委員会等での情報の徹底

―目標達成度の測定
- 毎月の不登校傾向生徒の調査
- 毎週の生徒指導委員会での情報交換
- 毎月の教育相談委員会での情報交換

―基準

とくに基準は設けていない．

(3) スタッフマネジメント目標
　　―目標
- 生徒の意欲を引き出す授業づくりに全職員で取り組む
- 協力体制の確立（学年・係・教科等）

―改善分野（目標の具体像）
- 同僚性に支えられた教職員集団づくり
- 校内研修会に積極的に臨む．
- 教職員評価システムにより，個人の職能成長を図る．
- 学年会・親睦会での教職員集団づくり．

―目標達成度の測定

とくに設けていない．

―基準

とくに設けていない．

(4) 財務・設備運営目標
　　―目標

教育活動と円滑な学校運営のために効果的な支援を行う．

―改善分野（目標の具体像）
- 学校管理費の有効運用

- 特色ある学校づくり支援事業の有効運用
- PTA会計の有効運用

―目標達成度の測定

とくに設けていない．

―基準

とくに設けていない．

3．重点領域

―関連する学校目標

自ら課題を見付け，よりよく解決しようと努力する生徒の育成
（教育課程目標）

―現状分析と重点領域の必要性

最近の生徒の傾向として「学習意欲が乏しい」「計画的な学習ができない」「学習が習慣化されていない」等の実態が見られる．そこで，生徒一人ひとりの実態を把握しながら，個に応じたきめ細かな指導体制や指導方法を工夫し，基礎・基本の定着を図るとともに，教材・教具の開発や指導過程の工夫を通して学習への意欲をもたせ，確かな学力の向上をめざす．

―重点領域（重点領域，めざす成果，目標達成度の測定）

〈重点領域〉
豊かな心を育み，確かな学力の向上をめざす生徒の育成
個に応じた指導を通して，生徒が意欲的に学ぼうとする学習活動の創造
生徒の意欲を引き出す授業づくり
新しい授業の開発・工夫
〈めざす成果〉
- 生徒の自己肯定（安心と自信，分かる喜び，開かれた学び）
- 確かな学力

〈目標達成度の測定〉
とくに設けていない．

―初年度実施戦略（データ収集・分析，プログラム開発，研修，予算，運営）

〈データ収集・分析，プログラム開発，研修〉
1学期	○生徒の学力状況の分析，把握 ○年間指導計画・評価計画についての基本的研修 ○授業研究（公開授業，研究協議）
夏季休業中	○授業力向上のため，講師を招いての研修会 ○教材・教具の開発
2学期	○授業研究（指導案作成，公開授業，研究協議，指導助言）
冬季休業中	○授業力向上のため，講師を招いての研修会
3学期	○本年度研究の反省とまとめ

- 教科会において，課題分析・付けたい力・研究内容・具体的方策・意見を集約する．
- PTA新聞・保健委員会との連携において，家庭学習の定着・基本的な生活習慣の啓発を図る．
- 学校自己評価を用いて，次年度改善方策を検討する．

〈予算〉授業で勝負支援事業
〈運営〉研究推進委員会

4．実践方針

- 基礎・基本を重視し，個に応じた指導を工夫する．
- 豊かな体験活動を通して，心の教育を推進する．
- 心身の健康の保持増進および体力の向上に関する指導に努める．
- 家庭や地域社会との連携を深め，学校教育の推進と充実に深める．

5．児童・生徒のルール

- 自覚をもち，華美にならぬよう心がけ，服装・所持品を正しくしよう．
- 交通ルールやマナーを守って，安全に通学しよう．
- 学習は生徒の本分であるので，工夫しながら学習の効果を高めよう．
- 礼儀をたいせつにし，明るい集団生活を送ろう．
- 気持ちよく生活ができるよう，協力してよりよい環境に整えよう．
- お互いの個性を認め，励まし合いながら，正しい友情を深めよう．
- 地域や社会の一員として行動しよう．
- 届け出をすることで，自分の立場や態度を明らかにしよう．
- 中学生としてふさわしい頭髪にすること．脱色・染色・パーマはいけない．（要点のみ記載）

6．アカウンタビリティ計画
　　（学校評価の領域，データ，実施者，頻度，結果報告対象者）

> 〈学校評価の領域〉学校行事・教育課程・校内研究
> 〈データ〉学校自己評価，学力調査のデータ
> 〈実施者〉教務主任
> 〈頻度〉年間3回
> 〈結果報告対象者〉教職員，学校評議員，PTA運営委員会

注）枠内の記述における字体の意味は次の通りである．現行の学校要覧，学校経営計画書，生徒手帳を引用した箇所はゴシック体で記載した．一方，筆者が作成した箇所は明朝体で記載した．

要素が強い．対教職員が含まれる「学校経営計画書」もある．

　しかし，付属資料にある実際のオーストラリアの小学校のチャーターを参照して，もっと大きな枠組みも記載すべきではないかと感じられた．本校の校内研究全体構想図には，学校教育目標の基盤として，日本国憲法・教育基本法・学習指導要領が明記されている．ただし，これは全国の公立学校共通の「価値」であろう．

　「学校の種別・規模・地域」においても，おおむね「学校経営計画書」より，学校規模・近年の傾向・教職員の資質・生徒の実態等を引用したが，保護者の状況を記載する枠がチャーターには存在しておらず，逆に地域のプロファイルは，「学校の概要」から自作した．「学校の教育課程の概要」は，教育計画（表4－2）の特徴を概説した．「学校の将来展望」は，「学校経営計画書」より引用した．ここには「めざす生徒像」「めざす学校像」も含めて記載した．

(4) 教育課程目標

　「教育課程目標」には，公立B中学校の学校教育目標を引用した．「新しい時代を拓く，心豊かでたくましい生徒の育成」が総括目標であり，「自ら課題を見つけ，よりよく解決しようと努力する生徒の育成」「自他ともに大切にし，思いやりのある生徒の育成」「たくましく生きるための健康や体力をはぐくむ生徒の育成」は，それぞれ知・徳・体を具現化した具体目標である．「改善分

野」には，本校の新研究主題をもとにした「学校経営計画書」の具体的な学校経営計画より教育課程に関する部分を引用して記載した．本校の校内研究が授業改善をテーマとしたため，「重点領域」と重複している．

「目標達成度の測定」「基準」には，数値目標を記載しなかった．これは，数値目標の設定が難しく，公立B中学校では予定していないためである．とはいえ，実態把握の手段として，学力調査のデータ，定期テストの度数分布表，授業の自己評価表等を参考にしている．いずれにしても水準点が示されていないので，校内研修でも，「どの程度，到達すれば妥当なのか」といった到達への不安の声も聞かれた．オーストラリアでは，到達水準がベンチマークで示されている．日本でも，ベンチマークに関心がもたれるだろう．ただベンチマークが，テストの素点だけの数値目標であるとしたら，日本の公立中学校の教育の成果を計ることは困難であると思われる．

生徒の学習意欲の高揚を図ることが，授業改善の一つの柱である．本校では，家庭学習の分野への啓発として，養護教諭との連携のもとに，PTA新聞に保護者自らが記事を作成して各家庭へ配布している．

(5) 教育環境目標

教育環境の「目標」「改善分野」は，「学校経営計画書」の具体的な学校経営計画より生徒指導に関する部分を引用して記載した．教育環境という概念からうかがえるように，オーストラリアと日本では，生徒指導における学校の役割が異なるのではないだろうか．日本の公立中学校の実態から，学習の土台ともなる基本的な生活習慣の定着，人間関係づくりは，重大な要素である．したがって日本でチャーターのようなものを作る場合，そのフォーマットでは，「教育環境」ではなく，「生徒指導」という概念を使うことが妥当であろう．日本の中学校では，生徒指導の中には，表4―1にあるように，教育相談・交通指導・環境安全指導・清掃指導・給食指導等も含まれ，各担当・係が，別に年度の目標・年間計画を提案し，全教職員が指導に当たっている実態がある．さら

に，学校が担っている領域は，進路指導・保健指導・人権教育・特別支援教育・防災教育・図書館教育・情報教育・部活動等幅広い．日本の学校は生徒指導を一つの機能として抱えていることから，家庭教育の機能低下分を，学校がカバーしてきたとも言われている．現状では，生徒指導分野の焦点化はますます難しい．「目標達成度の基準」は，とくに設けてはいないが，生徒が欠席・遅刻なく元気に毎日登校してくれることは全教職員の願いである．

(6) スタッフマネジメント目標

　公立中学校においては，なじみのない概念であったが，教職員評価システムの導入により考慮される要素になりつつあるように思われる．スタッフマネジメントの「目標」は，「学校経営計画書」の具体的な学校経営計画の末尾を引用して記載した．

　「改善分野」は，個人と組織の協働という視点から，自作した．組織づくりには，主任層（ミドル）の育成が大きく関わっていると考えられる．近年，同僚性という言葉がクローズアップされている．同僚性とは，最も昔ながらの人柄や人間関係に委ねられている分野であろう．リーダーシップや協働にも，「世話になっている」などの人間関係が基盤にあると感じられる．しかし近年，他を省みる余裕のない多忙感が，職員室における同僚性形成を難しくしている．今後，公立中学校においては，改めて同僚性形成に力を入れていかなければならない．なぜなら，従来，人を育てる職に携わる教師は，その職への誇りから自意識が強く，互いに遠慮し合う部分をもっているからである．中学校では，教科の特性もあり，それが互いの交流を阻害する面も存在する．常に向上を図ろうとする教職員の人間性に待たねばならないところも大きい．教職員自らが，ソーシャルスキルを身に付ける必要性も感じられる昨今である．ビジョンを明確にしたリーダーのもと，全教職員が共通理解の上で目標達成をめざす組織開発ができた時，学校組織が組織として協働していくことが可能になる．目標達成度の「測定」「基準」等，オーストラリアの実践例を参照してみたい．学校

第4章　公立B中学校におけるチャーターの作成　159

改善の次のステップはこのスタッフマネジメント，すなわち教職員の組織モチベーションにあると思われる．

2006年度本格導入された岡山県の教職員評価システムにおいて，管理職の自己目標シートは，「学校管理・学校運営」と「教職員人事管理」の2項目からなっている．チャーターの中の「教育課程」(学習)，「教育環境」(生活)，「スタッフマネジメント」(教職員)，「財務・設備運営」の4領域は，管理職が気を配る分野であり，管理職の行動指針の役割も担っているように感じられた．

(7) 財務・設備運営目標

公立中学校においては，管理職・事務職に委ねられてきた分野である．今後は，校内においてもっと周知徹底して，限られた範囲ではあるが，有効な運用が行われるようマネジメントしていかなければならない．「財務・設備目標」は，2006年度本格導入された市単位の「共同実施学校事務経営案」を参照して作成した．

(8) 重点領域

「現状分析と重点領域の必要性」と「重点領域」は，職員会議に提案した新しい校内研究主題案から引用して作成した．「めざす成果，目標達成度の測定」に関しては，明確になっていない．学力調査の数値の向上を図ることができればよいと思われるが，教員は水準点(到達すべき水準)の見えない不安と戦いながらも，自らの授業で勝負しようと工夫し続けている．また職員・保護者も，それを支援・支持しようとしていると感じられる．本校の校内研究は，授業に携わる教員だけでなく，養護教諭，事務担当，図書館司書も含めて，全教職員で取り組んでいる．授業に臨む生徒の姿勢から観察される意欲・関心・態度と，提出される作品・課題の完成度，自己評価や授業に対する感想も，重要な授業評価である．日々の授業の実践の中にこそ，PDCAサイクルがあると考えられる．

「初年度実践戦略」は，校内研究計画から引用して作成した．公立B中学校では，計画どおりに実践が進んでおり，成果も感じられる．教職員が，自らの思いの中から抽出した研究主題の趣旨を共通理解し，校内研修に学び，日々の実践の中の悩みを共有する．また授業公開や実践報告，研究会への参加報告を通して，互いに刺激を与え合う組織の成長が感じられる．

(9) 実践方針

実践方針は，学校目標，重点領域を達成するために，学校に関与する人びとの実践の方向性を定めているもので，オーストラリアでは学校審議会実践方針，校長・教頭実践方針，教員実践方針，保護者・地域住民実践方針から構成されている．本校の実践方針は，「学校要覧」教育計画から引用した．これは，教職員実践方針に相当する．研究主題も，この方針を意識して作成された．本校教育の特徴をよく表していると実感する．

しかし本来の趣旨からすると，教職員評価システムの自己目標シートや学年・学級経営案が，関連するように思われる．保護者実践方針は，PTA活動の重点目標に当たるのであろうか．地域住民実践方針は，どのようにして周知徹底するのであろうか．参照したいところである．

付属資料の実際のオーストラリアの小学校のチャーターには，各人の業務を細かく記載してある．これは，専門職としての教員の倫理綱領的なものであろう．一方，岡山県の教職員評価システムの自己目標シートの項目は，「教科等の指導」「教科等以外の指導」「校務分掌等」から構成されており，幅広い業務が求められている．

⑽ 生徒のルール

「生徒手帳」の生徒心得を抜粋して引用した．公立B中学校の生徒心得は，抽象的であり，新しい時代の流れの中で，生活指導を進めるための行動基準としての運用が難しいように感じられる．生徒のルールに関しては，教職員間で

時間をかけて，共通理解することが必要である．そして，生活指導を進めるための効果的方策の模索も要求される．昨今言われるように，基本的な生活習慣の確立が未熟な生徒もおり，家庭・地域を含めて取組みが必要な分野であろう．また，何のためのルールか，生徒自身が認識する機会をもつことが必要であると考えられる．

(11) アカウンタビリティ計画

「アカウンタビリティ計画」は，公立B中学校の現在の学校評価にもとづいて記述した．データ分析と，改善への方途が課題である．学校改善のための，学校評価を実践してきた中で，「アンケートに書けば，変わる」という改善への期待の声が，教職員から上がるようになってきている．アンケートのデータの数字だけでなく，記述内容や，在校生や卒業生の声，地区懇談会や個人懇談等で寄せられる保護者の声も，学校評価の一つであると考えられる．日本の公立学校には保護者や地域と関係をつなぐ手段が多く存在する．家庭訪問・保護者懇談会・PTA活動・学校行事・各種通信・各種配付プリント等，地域での情報交換の機会も豊富である．改善方策の公表と広報活動，保護者・地域の協力体制の確立と，整理されたものが整然と実践されることが理想である．

第4節　成果と課題

　木岡一明は，次のように論じている．「学校は，人格の完成という遠大な教育目的にそぐうべく一般的，包括的な目標を掲げるが，それでは，組織目標としては曖昧で目標達成のための方法が一様に決まらない．そのため，目標達成の実際の内容や方法は学年や教科，学級や授業の単位に個別化され，その実践は個々の教師の解釈と判断に委ねられる．そして，多様な教育現実が生み出されてしまう」[3]．この指摘は，学校経営の現状を明確に説明しているように思わ

れる.

　公立B中学校の校長は,「2006年度学校経営計画書は,まだめざすところ,取組事項の羅列になっているところが多く,学校の実際の取組みに直接つながらない」という趣旨のコメントを述べている.筆者は,公立B中学校のチャーターを作成して,いくらかの点について考察した.

　第一に,チャーターの作成手順についてである.オーストラリアのように,最初にチャーターを作ってから個々の計画内容を策定したのではない.チャーターを作成するために,逆に,教育課程編成表等の既存の文書を参照した点である.

　第二に,チャーター作成の参照資料である.チャーターの作成において,中心的に参照したのは,本校の「学校経営計画書」である.この「学校経営計画書」は,2006年度の教職員評価システムの導入に際して整備されたものであり,2005年度までは,前述のようにきわめて抽象的な性質をもった経営方針であった.また学校経営の内容のすべてが「学校経営計画書」に記載されているのではない.公立学校では施設管理や財務は,校長の裁量とは,別枠のイメージが強い.スタッフマネジメントは,教育相談の一部という認識であり,個々人の人間関係能力に委ねられているのが現状であろう.生徒のルールは生活指導担当がリードしている.アカウンタビリティに関しては,教頭・教務主任が模索している現状であろう.

　第三に,スタッフマネジメントの意義である.前述したが,学校改善の次のステップはこのスタッフマネジメント,すなわち教職員の組織モチベーションにあると考えられる.教職員のモチベーションを高めるためには,「めざす学校像」を明確にし,重点目標と具体的な行動計画を明らかにする必要がある.次に,組織としての目的やビジョンが学校全体で共有され,教職員が一体となって学校改善に取り組むことが求められる.

　佐藤学は,「同僚性を築き上げる課題は,教育実践の創造,すなわち,カリキュラムと授業の創造を推進する校内研修を中核にすえた教師の連帯を,学校

第4章　公立B中学校におけるチャーターの作成　163

の内側から集団的に構築する実践として具体化されるだろう．この課題を達成することこそが，教職の自律性と専門性を樹立する基礎を準備するのである」[4]と述べている．この指摘は，公立B中学校の改革にとってきわめて示唆的である．

2006年度の校内研究実践の中で，4月の段階では「何をするのか」と，とまどいの見られた公立B中学校の教職員であるが，校内研修や先進的授業実践者の研究報告に触れ，研修会・研究会に参加した報告をしてほしいとの依頼を快諾してくれるようになった．「職員がよく勉強に参りました」．これは，PTAの運営委員会であった教頭の会計報告研修費補助の項目の説明である．多くの研究会への参加を得て，職員会議での報告は定例化し，「刺激になる」との高評価を得ている．理解が得られれば，協力も参画も得られる．学校改善の視点の一つとして，組織づくりの重要性が実感される．

第四に，生徒指導の扱いがある．「人格の完成」を目的とする日本の学校教育は，生活指導や教育相談の領域が非常に大きな位置を占めている．教育課程が中心であることに間違いはないが，学習のみではない教育を担っている日本の公立学校の実態が強く感じられる．昨今の日本の公立中学校の実態からも，学習の土台ともなる基本的な生活習慣の定着，人間関係づくりは，重大な要素である．前述したが，日本の中学校の生徒指導の中には，教育相談・交通指導・環境安全指導・清掃指導・給食指導等が含まれる．さらに学校が担っている領域は，進路指導・保健指導・人権教育・特別支援教育・防災教育・図書館教育・情報教育・部活動等と幅広い．したがって日本でチャーターのようなものを作る場合，そのフォーマットでは，「教育環境」ではなく，「生徒指導」という概念を使うことが妥当であると考えられる．

第五に，チャーターの実施体制の問題である．今回，さまざまな校内文書を参照・編集して，チャーターを作成したという印象をもっている．チャーターのように明確な目標と計画が提示されることは，次のステップへのはっきりとした方針が示されることを意味する．そのことによって，共通理解すべき土台

が明示されることは利点である．校長から，チャーターでは目標と達成に向けての手だてがかなり明確になっており，教職員が具体的にどのように取り組んだらよいかがはっきりしてくるだろうとのコメントを得ることができた．

しかし，実際にはチャーター実施の段階において，公立中学校における分業の難しさがそこに顔をのぞかせるように思われる．本来，学校組織は個業性を特色としている．教育活動の中核である授業しかり，教育課題に関する教職員相互の認識しかり，教職員のもつ自己の経験と知識に依存した意識と行動傾向しかりである．ビジョンを明確にしたリーダーシップと全教職員の共通理解が，目標達成をめざす組織としての協働の条件であると考えられるが，その共通理解にかかる時間と労力，フラット型であってマトリックス状に作業を要求される組織の連携の難しさ，年度初めの業務の煩雑さ・多忙感，また教師のもつ使命感は，時にそれぞれの交流を阻害する面をもつ．だが，組織としての動きができるような意図的な取組みが，今後ますます必要となるとの現場の声もある．今現在，組織としての動きがあるとしても，それは多分にミドルリーダー個々人の力量，思いに支えられてのことであろう．

第六に，到達水準の問題である．公立B中学校の校内研修の際の教職員の意見交換の中で「自分の授業をよりよくするの"よく"とは何なのか」「授業の工夫を図る，その基準に苦慮する」という意見を得た．定期テストの度数分布表や自己評価表，授業アンケートをどう読むか，到達点の見えない苦しさは，共感できる．一方，オーストラリアではベンチマークが策定されている．このベンチマークがヒントになってくれないかと期待をしている．だが，「人格の完成」と知・徳・体の調和をめざす日本の学校教育において，これらの数値だけで評価してよいのかという不安も感じられる．ベンチマークの取り扱い方が問われるだろう．

第七に，チャーターの領域の問題がある．チャーターの項目にしても，これですべて言い尽くしたのだろうか，これだけが教育なのだろうかという不安を覚える．では，何を入れて何を行うのかと問われれば，ますます抽象的になり，

第4章　公立B中学校におけるチャーターの作成　165

広がり過ぎた学校の実態に行き着くように思われる．日本でチャーターを試みとして作成する場合，学校の役割とは何かが問われなければならない．オーストラリアと日本では，学校に対する期待，学校観が異なるであろう．チャーター（学校経営計画）の在り方を問う場合，学校の役割をも検討せざるをえないと思われる．

「個々の教員や複数の教員による個業としての教育活動の全体が，当該学校の教育目標の達成という観点から整合性と継続性をもちうるように，方向づけたり，条件整備を行う営みが学校経営である」．チャーターを作成しながら，チャーターの性格は，学校管理職の大綱，学校の大枠に相当するように思われた．「こういう学校であってほしい」という価値観，モラルを示したものであろう．管理職は，学校現場の指揮官であり，チャーターを受け，実践していく立場ではないだろうか．チャーターをどう理解して，具体的な実践に結び付けていくか，どう組織を動かしていくか，どう保護者・地域の協力を得ていくか等は，課題でもあり，夢が膨らむところでもある．

現在，日本の公立学校における，さまざまな教育改革の一つ，PDCAのマネジメント・サイクルの導入なども，学校組織と経営における計画性の強化を図ろうとしているように思われる．その計画の中に，地域に根ざした公立中学校の歴史・文化・風土，つまり人を育てる日本の教育の本質がその色を濃く残していることが期待される．

オーストラリアでは，大きな社会変化の中の中期的展望の軸として，チャーターが作成されるという．本校では，校内研究である授業改善を進める中で，社会の変化，生徒の実態をもっと見つめることが必要ではないかと感じている．低下する学習意欲，豊かな暮らしの中で逆に少なくなっていく生活体験，人と触れ合うことに慣れない心．既成の授業に若干の工夫では追いつかない現実があるのではないだろうか．重点領域の「めざす成果」と学校の将来展望である「めざす生徒像」が結びつく取組み，手立てを求めていきたい．

《注》
1）公立B中学校『2001年度〜2002年度，文部科学省人権教育研究指定校事業，人権教育研究集録』2002年，1頁．
2）佐藤博志「校内研修要項，授業開発研究」2006年．
3）木岡一明『新しい学校評価と組織マネジメント』第一法規，2003年，143頁．
4）佐藤学『教育方法学』岩波書店，1996年，145頁．
5）佐古秀一「学校の内発的な改善力を高めるための組織開発研究」『日本教育経営学会紀要』第48号，2006年，198頁．
6）佐藤全「教育経営研究の現状と課題」『日本教育経営学会紀要』第38号，1996年，81頁．

第5章

公立C高等学校における
チャーターの作成

第1節 学校の概要

(1) 学校の特徴と組織

　1990年代，C地域には工業高校（1945年開校）とそこから分離独立した普通科高校（1977年開校）が存在していた．両校は少子化の波を受け，2001年にC高校は岡山県高等学校再編整備の平成期第1号校として1校にまとめられ新設されることとなった．県立高校として2校目の総合学科（単位制）になり，その存続をかけることとなった．160人の第1期生を2003年に迎え，県下初の民間出身校長の下，16名の教員が着任した．[1]

　総合学科（単位制）ではあるが，教育課程の系統性をある程度確保するために系列を設けた．系列としては「人文・社会系列」「自然科学系列」「総合技術系列」「伝統工芸系列」「健康福祉系列」の五つである．約120教科目の授業から，生徒はそれぞれの進路に応じて自らの時間割を，教員とのガイダンスを通して作っていくこととなる．2005年度末には第1期生が，総合学科らしいそれぞれの進路に向け卒業した．国公立大学進学者，四年制私立大学進学者，短大・専門学校進学者，公務員・一般企業就職者等，当初の計画どおり，幅の広

い進路実績となった．

　開校当初は「教務課」「生徒課」「図書課」「進路指導課」「厚生課」「教育相談室」の5課1室を設け，校長・教頭を除く14人で対応した．開校2年目の2004年には図5－1に示すように「総務課」「進路課」「生活課」の3課に統廃合し，組織のスリム化を図った．これにより総務委員会の構成は，校長・教頭・事務部長・3課長・3学年主任の計9人となった．開校当初，総務委員会は，既存の工業高校と同一敷地に居住する形をとっていたので，2校の委員が出席し，両校間の連絡調整が主なるものであった．現在，総務委員会における連絡調整はスムーズに行われている．

(2) 教育目標

　校訓は「夢実現～心豊かに輝け個性～」である．この校訓を設定した経緯は，生徒一人ひとりが自らの夢に向かって，学校のあらゆるしかけ（教育課程，二人担任制，ガイダンスシステム等）を利用し自己実現してほしいという教員の願いが込められている．教育方針は，「一人ひとりの個性を尊重し，自己発見から自己実現へと導く」「自由と責任の自覚のもとに，主体的に学ぶ態度を育成する」「社会の一員としての自覚をもち，地域を愛し貢献できる」「心身を鍛え，心と体の調和のとれた人格の形成を図る」である．

　マネジメントの全体構図は図5－2に示すとおりである．この図は，学校の使命から中長期目標の学校ビジョンを設定し，そこから各年度の教育目標を決め，各分掌はそれをブレイクダウンして分掌目標を設定する．そこに目標管理のサイクルを導入し，PDCAサイクルを回していくという過程を示している．PDCAサイクルのPは目標・達成方法を決める計画（Plan），Dは計画で決められた方策の実施（Do），Cは実施結果の確認・評価（Check），Aは評価にもとづく行動（Action）を意味する．SWOT分析は，学校の内部環境を強み（Strength），弱み（Weakness）という観点からブレーンストーミング法で抽出し，学校外部環境で支援的に働くもの（Opportunity），阻害的に働くもの（Threat）

第5章　公立C高等学校におけるチャーターの作成　169

図5－1　2006年度　校務運営組織図（公立C高等学校）

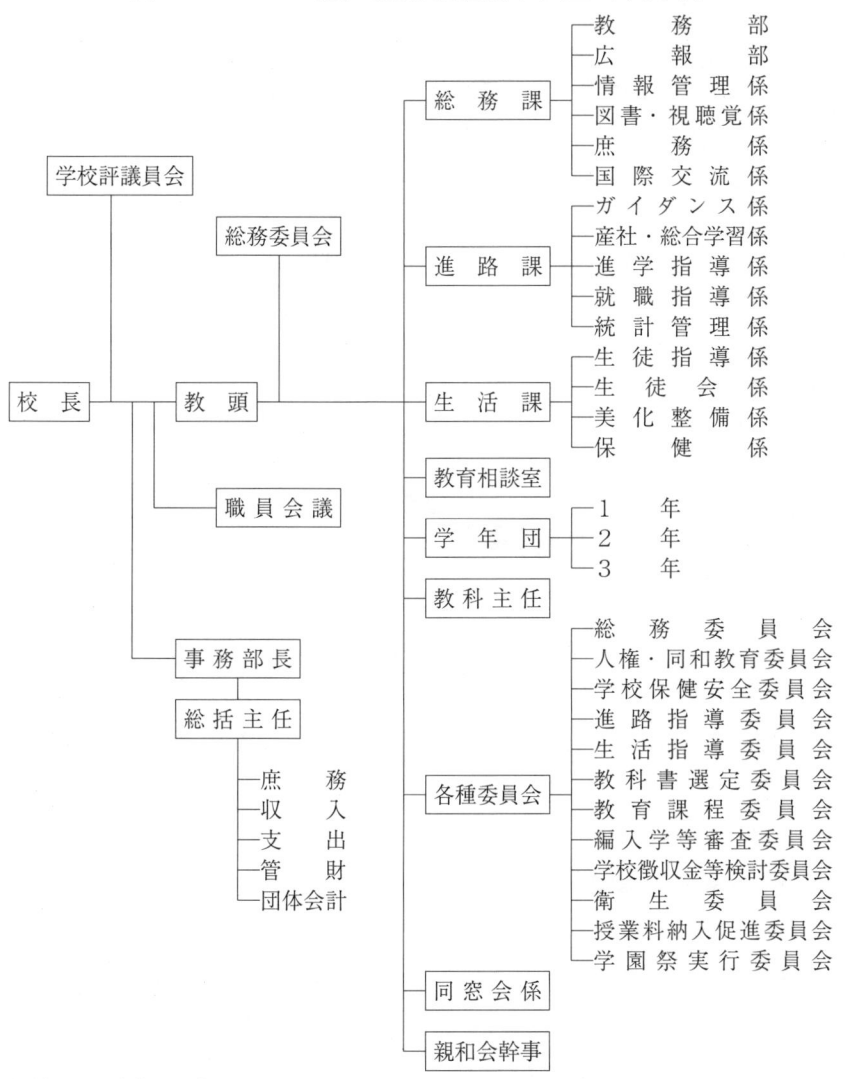

```
校長 ─┬─ 学校評議員会
      ├─ 総務委員会
      ├─ 教頭 ─┬─ 総務課 ─┬─ 教務部
      │        │          ├─ 広報部
      │        │          ├─ 情報管理係
      │        │          ├─ 図書・視聴覚係
      │        │          ├─ 庶務係
      │        │          └─ 国際交流係
      │        ├─ 進路課 ─┬─ ガイダンス係
      │        │          ├─ 産社・総合学習係
      │        │          ├─ 進学指導係
      │        │          ├─ 就職指導係
      │        │          └─ 統計管理係
      │        ├─ 生活課 ─┬─ 生徒指導係
      │        │          ├─ 生徒会係
      │        │          ├─ 美化整備係
      │        │          └─ 保健係
      │        ├─ 教育相談室
      │        ├─ 学年団 ─┬─ 1年
      │        │          ├─ 2年
      │        │          └─ 3年
      │        ├─ 教科主任
      │        ├─ 各種委員会 ─┬─ 総務委員会
      │        │              ├─ 人権・同和教育委員会
      │        │              ├─ 学校保健安全委員会
      │        │              ├─ 進路指導委員会
      │        │              ├─ 生活指導委員会
      │        │              ├─ 教科書選定委員会
      │        │              ├─ 教育課程委員会
      │        │              ├─ 編入学等審査委員会
      │        │              ├─ 学校徴収金等検討委員会
      │        │              ├─ 衛生委員会
      │        │              ├─ 授業料納入促進委員会
      │        │              └─ 学園祭実行委員会
      │        ├─ 同窓会係
      │        └─ 親和会幹事
      ├─ 職員会議
      └─ 事務部長 ─ 総括主任 ─┬─ 庶務
                              ├─ 収入
                              ├─ 支出
                              ├─ 管財
                              └─ 団体会計
```

出典）公立C高等学校『平成18年度学校要覧』2006年, 6頁.

図5—2 マネジメントの全体構図

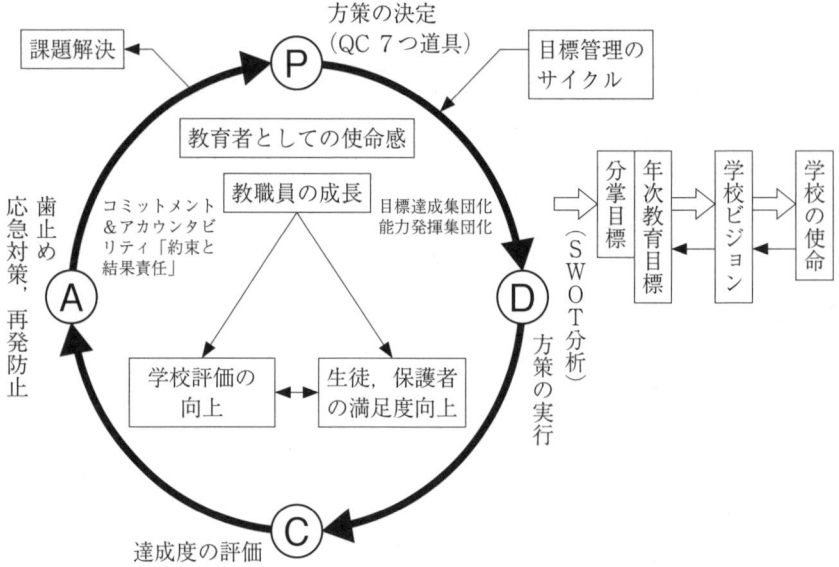

方策の決定（QC 7つ道具）
P
目標管理のサイクル
課題解決
教育者としての使命感
教職員の成長
コミットメント＆アカウンタビリティ「約束と結果責任」
目標達成集団化　能力発揮集団化
A
歯止め　応急対策，再発防止
学校評価の向上
生徒，保護者の満足度向上
D
方策の実行
（SWOT分析）
分掌目標　年次教育目標　学校ビジョン　学校の使命
C
達成度の評価

出典）公立C高等学校『平成18年度学校要覧』2006年，4頁．

という四つの観点で要因をまとめるフレームのことである．

　平成18年度の使命・ビジョンと課題は次のとおりである．まず使命として，「C地区唯一の県立高校であり地域の教育および活性化に寄与する」「総合学科として新しい学校のモデル校である」の2点を開校当初に設定した．ここから「地域や保護者に信頼され中学生があこがれる学校」「社会人としての良識を身につけ自ら考え行動できる生徒の育成」「進路実現・進路保障のできる学校」「明確な目標・方策など先を見通したプランの達成をめざし行動する教職員集団」というビジョン4点を設定した．このビジョンを達成するために図5—2のようなマネジメントが求められる．

(3) 教育課程

　日課表は表5—1のとおりである．教育課程編成の基本方針について説明す

る．編成の基本方針は次の5点である．①知識の習得だけに偏ることなく，自己表現力，コミュニケーション能力，問題解決能力，自己選択能力など「生きる力」を身につけた生徒の育成をめざす．②生徒の趣味・関心，能力・適正および進路希望に十分応えられるよう，普通科目や専門科目および学校設定科目等多様な科目の設定に努める．③自ら学び，自ら考える力を育成するとともに，基礎学力を確実に定着させ，それを基礎に発展的な学習ができるように努める．また，福祉・情報・環境などの新しい課題にも対応できる科目の設定に努める．④インターンシップなど学校外における学習活動への積極的参加，地域のニーズに応える特色ある選択科目の開設，人材バンクの活用など，地域の教育力を活用するとともに，生徒が主体的で適切な科目選択を行えるようガイダンス機能の充実に努める．⑤国公立大学等への進学希望者にも十分対応した教育課程の編成に努め，地域の期待に応えられるよう努力する．以上の5点であるが，これらの方針にはキャリア教育の視点も盛り込まれていることを指摘しておきたい．

表5-1　日課表

SHR	8：45～8：55
1限	9：00～9：45
2限	9：55～10：40
3限	10：50～11：35
4限	11：45～12：30
昼食・休憩	
清掃	13：05～13：15
予鈴	13：15
5限	13：20～14：05
6限	14：15～15：00
7限	15：10～15：55

出典）公立C高等学校『平成18年度学校要覧』2006年，8頁．

　教育課程編成上の工夫は，次の6点である．①1学年では，基礎・基本となる科目を中心に共通履修科目を開設し，基礎学力の充実をはかる．②選択科目の履修については，学習の系統性を考慮しながら，一部の科目においては学年の枠を越えて学ぶことができるよう，教育課程の工夫をはかる．③多様な履修形態が可能となるよう，二学期制を実施し，一部の科目については半期での単位認定を導入し，前後期で履修する科目を変更できるようにする．④個々の生徒の学力に対応した学習ができるように少人数での授業や習熟度別の指導ができるような教育課程を編成する．⑤資格取得を積極的に奨励・支援し，その成果について単位認定する方向で工夫をはかる．⑥図書室，インタ

表5−2　教育課程表（公立C高等学校）

教育課程表（平成18年度）

教科名	科目名	標準単位数	1年次	2年次	3年次
国語	国語表現I	2			2
	国語総合	4	○4		
	現代文			●2	○3
	古典	4		2	2
	＊日本の歌・詩	2	2		
	＊岡山の文学	2		◇2	
地理歴史	世界史A	2	○2		
	世界史B	4		4	4
	地理A	2	○2		
	日本史B	4		4	4
	＊岡山の歴史と文化	2		◇2	
公民	現代社会	2		○2	
	倫理	2			2
	＊時事研究	2			2
数学	数学I	3	○3		
	数学II	4		4	
	数学III	3			4
	数学A	2	2		
	数学B	2		2	2
	数学C	2			2
	＊実用数学	2		2	
理科	理科基礎	2		★2	
	理科総合A	2	○2		
	物理I	3		★4	
				★2	
	物理II	3			4
	化学I	3		★4	2
	化学II	3			4
	生物I	3		★4	
				★2	
	生物II	3			4
保健体育	体育	7〜8	○2	○3	○2
	保健	2	○1	○1	
芸術	音楽I	2	☆2		
	音楽II	2		◇2	
	工芸I	2	☆2		
	工芸II	2		◇2	
	工芸III	2			2
	書道I	2	☆2		
	美術I	2	☆2		
	美術II	2		◇2	
外国語	英語I	3	○3		
	英語II	4		4	
	OC I	2	2		
	リーディング	4		2	4
	ライティング	4			2
	＊エンジョイ・イングリッシュ	2		◇2	
家庭	家庭基礎	2	○2		
	家庭総合	4	2	2	2
情報	情報A	2	○2		
C	普通科目単位数		29〜31	10〜32	5〜31

教科名	科目名	標準単位数	1年次	2年次	3年次
工業	工業技術基礎	2〜6	2		
	実習（CAD実習）	4〜12			4
	実習（機械実習）	4〜12		4	
	実習（溶接実習）	4〜12		4	4
	実習（シーケンサ実習）	4〜12			4
	実習（制御機械実習）	4〜12			4
	実習（メカトロ実習）	4〜12		4	
	実習（ロボット制御実習）	4〜12			4
	実習（電気実習）	4〜12			4
	実習（化学分析実習）	4〜12			4
	実習（化学反応実習）	4〜12			4
	実習（環境実習）	4〜12			4
	実習（陶芸実習）	4〜12		4	4
	実習（彫金・刃物実習）	4〜12		4	
	実習（木工・鋳造実習）	4〜12			4
	実習（機械製図実習）	2〜12		2	2
	実習（電気製図）	2〜12			2
	工業数理基礎	2〜4	2		
	機械工作	2〜8		4	
	機械設計	2〜8		4	
	原動機	2〜4			2
	電子機械	2〜6		2	
	電気基礎	2〜8		4	
	電子回路	2〜6			2
	工業化学	4〜10		4	4
	化学工学	2〜6			2
	地球環境化学	2〜10		2	2
	セラミック化学	2〜6		2	2
	セラミック技術	2〜6			2
	セラミック工業	2〜6			2
	デザイン史	2〜4		2	
	デザイン技術	2〜12		2	
	デザイン材料	2〜4		2	
	＊家庭電気	2	2		
	＊燃焼と化学	2	2		
	＊生活と化学	2		2	
	＊環境安全と化学	2		2	
	商業技術	2〜6		2	
商業	情報処理	2〜6		2	
	ビジネス基礎	2〜4	2	◇2	
家庭	文書デザイン	2〜4			2
	被服製作	2〜16		◇2	
看護	フードデザイン	2〜10			2
	看護基礎医学	9〜10			
	社会福祉基礎	2〜6	2		
	社会福祉制度	2〜4			2
	社会福祉援助技術	2〜6		2	2
福祉	基礎介護	2〜6	2	2	2
	社会福祉実習	2〜10		3	3
	社会福祉演習	2〜6		2	2
	＊レクリエーション	2	1		
	＊リハビリテーション	2			2
体育	スポーツII	6〜12	2	2	2
	スポーツIII	3〜6		2	1
	＊生涯スポーツ	2			2
美術	素描	2〜16			2
	ビジュアルデザイン	2〜16			2
	クラフトデザイン	2〜18		◇2	
	鑑賞研究	2〜8		◇1	
英語	総合英語	4〜9		◇2	
	異文化理解	2〜6		◇2	
＊総合	＊ガラス工芸	2		◇2	
	＊陶芸の歴史と文化	2		◇2	
	＊備前焼研究	2	2	2	2
	＊虫明焼研究	2		◇2	
	＊瀬戸内の海と産業	2		◇2	
	○産業社会と人間	2	2		
D	専門科目単位数		4〜8	0〜22	0〜26
E	特別活動（ホームルーム活動時間）		1	1	1
F	総合的な学習の時間				
C+D+E+F	週当たり授業時間		32〜34	30〜34	30〜34

［系列］
・人文・社会系列　・伝統工芸系列
・自然科学系列　・健康福祉系列
・総合技術系列

備考
・卒業に必要な単位数（74）単位
・○は必履修科目、●◎は各年次における全員履修科目
・☆★は各年次における選択必履修科目（1科目選択）
・◇は3年次も履修可能な科目
・無印の科目は選択科目

出典）公立C高等学校『平成18年度学校要覧』2006年，9頁．

ーネットを利用できるコンピュータ室の設置・充実など，調べ学習や自学自習に対応した環境を整え，「自ら学ぶ」力の育成をはかる．

教育課程表は表5—2のとおりである．以上のように，C高校の教育課程は総合学科の特徴を存分に発揮できる形となっている．ここまでは，本校の『平成18年度学校要覧』を参照して執筆した．

第2節　学校改善の経緯と課題

(1) 学校改善の経緯

　岡山県では，2003年に二人の民間企業出身者が校長として，2校に配属になった．その2校とは岡山市立の総合学科の高校と，岡山県立の総合学科の新設高校である．本章で対象とするC高校は後者の県立の新設校である．

　新設のC高校は，県内の高等学校統廃合政策により二つの学校が一つになった．統廃合政策の最初の実施対象であったといえよう．C高校の母体は工業のA高校と普通科のB高校であった．これら2校の募集停止を受け，新設のC高校の募集が行われた．そして第1期生の入学年度に民間出身校長が配属された．母体となった2つの高校は2003年度に募集停止されたが，2002年度以前に入学した生徒が在籍していた．そのため，2003年度は3校の生徒が2つの場所で同時に教育を受ける形態になった（図5—3）．校長は，新設のC高校を本務校，廃止されるA高校とB高校を兼務校，さらに同敷地内に併設する市立の定時制の高校の経営を一人で行うことになった．その民間出身校長の改革を，以下に時系列にそってまとめる．

(2) 民間出身校長赴任1年目—2003年度—

　校長は，赴任して最初の職員会議（2003年4月）で，学校経営に対する基本的な考え方をプリントで教員に示した．キーワードは，「生徒・保護者はお客

図5−3　C高等学校の変遷

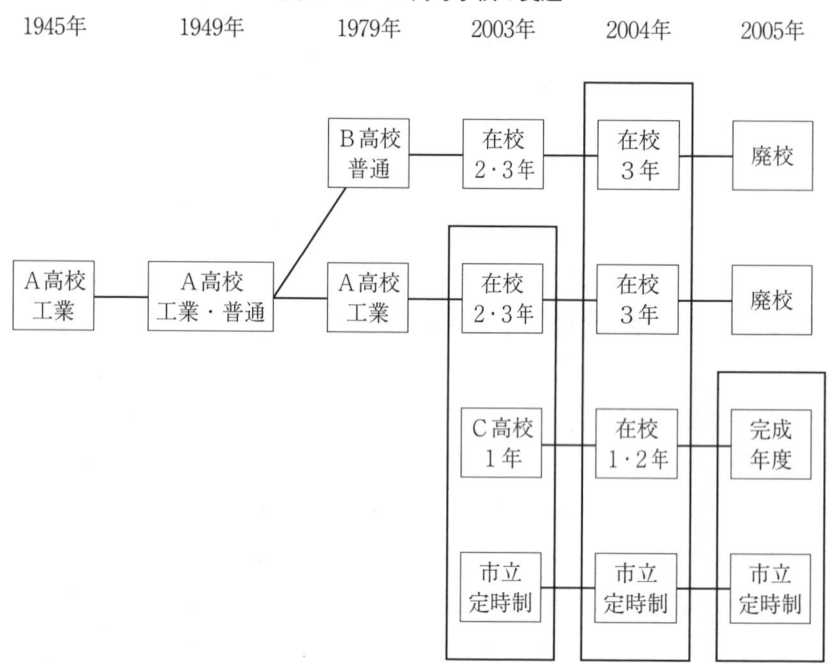

1945年	1949年	1979年	2003年	2004年	2005年
		B高校 普通	在校 2・3年	在校 3年	廃校
A高校 工業	A高校 工業・普通	A高校 工業	在校 2・3年	在校 3年	廃校
			C高校 1年	在校 1・2年	完成 年度
			市立 定時制	市立 定時制	市立 定時制

注）太字枠内は同一敷地を意味する．
出典）各年度の『学校要覧』を参照し，筆者が作成した．

様」「報・連・相」「スパイラルレベルアップ」の3点であった．校長は教員集団の方向性を示し，具体例も取り入れながら約15分にわたって自らの考えを開陳した．「報・連・相」とは教職員組織内の意思疎通の基本原理である報告・連絡・相談のことである．「スパイラルレベルアップ」とはPDCAサイクルを回しながら，その過程を通じて，個々の力量を高めていくことを意味する．

その考えの中には，改革，ビジョン，戦略，目標管理，PDCA，アカウンタビリティといった，学校現場では聞き覚えのない言葉が数多く現れた．そのため，教員の多くは意見や感想をいう隙さえなかった．しかしキーワードの「生徒・保護者はお客様」という言葉については，多くの教員が反感を覚えたようであった．

第5章　公立C高等学校におけるチャーターの作成　175

　しかし，5月には，校長は教員一人ひとりとの面談（一人につき45分）によって，教員の意見を粘り強く聞いた．そして，自らの考えを教員が納得できるまで説明した．結果的には，基本的な部分では多くの教員が納得したと思われる．さらに教職員全体に対しては，校長自らが講師となり，「競争市場戦略の論理構造」「SWOT分析」などについて校内研修を実施した．そしてその年の学校要覧には，第1節で記した内容のほとんどが掲載された．

　教員の納得が得られるや，6月には全教員を集め，ブレーンストーミングの手法を用いてC高校の「使命・ビジョン・課題づくり」を実施した．その一方で，財団法人日本科学技術連盟の「方針管理セミナー」に教頭を派遣し，学校外の実態を肌で感じられるように工夫した．教頭は帰ってきて，「外の世界を知ることは，大きな収穫となった．実際のマネジメントの展開を学ぶよい機会となり，刺激的であった」という感想をもった．この感想は校長の意図するところであった．

　ブレーンストーミングで浮き彫りになった課題に関して，各個人がどれだけの業務をこなすのか，自ら設定することが求められた．これはいわゆる目標管理であり，その実施計画書の提出が7月に義務づけられた．教員は手探りの状態で，計画書を作成した．まさに手探りではあったが，このとき教員ははじめて自らの仕事と学校の「使命・ビジョン・課題」との関連性について考えた．また校長自らが講師となり，「QC 7つ道具」の校内研修を実施することによって，企業の分析手法と戦略の立て方について全教員が学習した．あわせて「学校評価システムの考え方・すすめ方[2]」の部分抜粋が印刷され，全員に配布された．

　校長は学校経営・マネジメントに関する校長会等での配付資料等を，全教員に回覧し，教員の学習機会を増やした．9月には校長が再び講師となり，「学校自己評価システムの考え方」について校内研修を行った．さらに，学年ごとにフォロー会を開催した[3]．フォロー会で，校長は学年団所属の教員の目標と方策について，一人ひとりに説明を求めた．その後，目標管理シートの記入の仕

方から実施方策の立て方まで指導助言がなされた．各個人の問題を学年団全員で学ぶことは，多くの刺激があると同時にいろいろなケースについて学習する機会となった．このフォロー会は年度末までに各学年3回，計9回実施された．2月の年度最後のフォロー会では，次年度に向けて，校務分掌のスリム化と少人数クラス編成について検討した．

(3) 民間出身校長赴任2年目―2004年度―

2004年度の学校要覧には，「学校経営に対する基本的な考え方」が掲載された．「改革の目標」「改革の具体例」が示され注目を集めた．「マネジメントの全体構図」はPDCAサイクルのマネジメントやSWOT分析，学校の使命，ビジョン，コミットメント，アカウンタビリティについて図示された．（図5-2）

さらに「年度学校経営計画」「教育活動の目標を達成するための具体的な計画」「今年度の重点目標」が記された．校務分掌のスリム化を示した「校務運営組織図」（図5-1）も示された．これらは，SWOT分析から得られた各分掌・学年団の具体的計画を示しており，学校組織の改善に役立つものと思われた．

2003年度末に検討した2点，すなわち，校務分掌のスリム化と1クラス人数の定員の削減について実施に移した．新しいシステムの導入であったが，これは校長のリーダーシップによって実施された．第一に，校務分掌は，教務課・生徒課・図書課・進路指導課・厚生課・教育相談室の5課1室から総務課・進路課・生活課の3課に再編した．第二に，学年定員160人を6等分し，1クラス26～27人の少人数クラスを実現した[4]．この2点に加え，以下のような改善がなされた．

第三に，人員配置は，各クラスに一人の進路課の担任，2クラスに一人の生活課の担任が配属された．これは総合学科としてのガイダンス機能（進路課担当）を重視するとともに，生徒指導等の生活全般は生活課が分業するというシ

ステムである．また現在の完全二人担任制の布石にもなった．

　第四に，授業はクラス単位ではなく，クラスを4等分して，別の4ユニットで構成された．クラス担任の主な業務は連絡事項を伝えることとガイダンスをすることとなった．しかしこの結果，生徒のクラスへの所属意識は希薄になったと言わざるを得ない．

　第五に，管理職と3課長，学年主任の連絡会が定例化し，各課内の連絡会も定例化した．このことによって，情報伝達のみならず，課題や分掌以外の事柄も共有できるシステムとなった．

　第六に，OJTを進めていくために，ブラザー制度を導入した．これは先輩教員と，教職経験5年未満の教員がペアとなり，日常の業務のすすめ方から，悩み相談までできるシステムである．一般企業においてはごく普通の研修制度であるが，学校内においてシステム化されたものとして特筆に値する．

　以上のような新システムで，2004年4月にはブレーンストーミングの手法を用いて，学校のミッションやビジョン等を討議し，学校の現状を把握し，全教職員で課題を共有した．各課や学年団では当該年度の課題や取組みを決定した．

　5月には校長・教頭と各教員の個人面接（一人につき45分）が行われ，管理職と教員の「ベクトルあわせ」[5]がなされた．同時に目標管理シートへの記述の仕方などの指導がなされた．6月には各教員が校長に目標管理実施計画書を提出し，その後，9月と翌年の1月にフォロー会が前年度同様，学年団単位で行われた．

　2月には，担任の持ち方に関する意見交換が行われた．担任の持ち方の論点は，進路課の担任と生活課の担任の分業システムの可否である．この意見交換は，ほぼ1年間実施してみての問題点の確認を意図していた．新システムは合理化されすぎているため，クラス運営がうまく行かなかったこと等が報告された．とくに新システムのうち，二人の担任の分業体制からくるひずみと，各担任の課への依存体質を生んだことが問題とされた．分業体制をめぐる問題と言

図5−4　クラス担当者の仕組み

2004年度			
＼	1組	2組	…
担任	進路	進路	…
	生活		…

→

2005年度			
＼	1組	2組	…
担任	A	C	…
	B	D	…

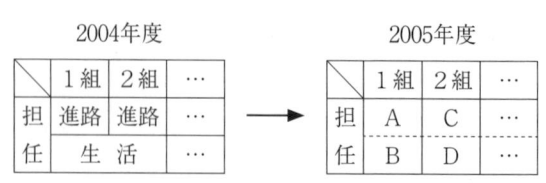

えよう．一方，少人数クラスについては，おおかた良い評価が得られた．このような2月の意見交換は，PDCAサイクルのC（Check）段階に位置づくと考えられる．

(4) 民間出身校長赴任3年目— 2005年度—

　2005年度，岡山県教育委員会は教員の資質能力の向上，学校組織の活性化をめざした新しい教職員の評価システムを2006年度から全校において実施することを決めた．2005年度を試行期間とし，試行校での実施状況を踏まえて，システムの運用上の課題を把握し，さらに検討を行うということで，C校はその指定校に選ばれた．C高校は新設されてから3年目となる．完成年度を迎える年となり，年度末には初の卒業生を世に送る予定である．

　担任の持ち方については，すでに問題点が指摘されていたので，完全二人担任制という，オーソドックスな形に戻すこととなった．つまり，学級数はそのままで，2クラスに一人という生活課担任を解体し，1クラスに二人の，課の縛りのない形での担任制に変えた（図5−4）．いわば，システムを半歩戻したわけである．しかし問題点があればすぐさま改善することができる風土の存在は特筆に値する．これがPDCAサイクルのA（Action）であろう．当該年度のP（Plan）も各学年団を中心に検討され，3課でも検討された．そこで決定されたPは学校要覧にも記載された．

　4月の末には，新たに着任した教員を対象に，教頭による「新任者オリエンテーション」が開催された．それは「目標管理の手法」と題され，プレゼンテ

ーションソフトを使って,新たに着任した教員に概略が伝達された.その内容は,① 企業経営と学校経営の差異について,② マネジメントの全体構図と用語,③ 目標管理の流れ,④ 目標管理実施のポイントからなるものであった.

その他の流れは前年度と同一であったが,そのことは目標管理の考え方がある程度教職員に受容されたことを意味するのではなかろうか.7月には第1回のフォロー会が開かれたが,次第に内容も充実してきた感がある.お互いの目標管理シートを見て,意見を言ったり,アイデアを出したりするまでに至ったため,一つの文化が萌芽したと確信できた.たとえば,生徒の委員会活動の取組みとして「地域の人びととともに花の栽培をする」といった目標に対して,地域とのネットワークのある教員や植物に詳しい教員から助言が出される場面がみられた.一つのクラスの取組みに対して,多くの教員から意見が出されることもあった.このような公式会議での同僚間の活発な交流(同僚性)は,筆者が知る範囲では従来の高校ではほとんど見られなかった.また教頭は県内の公立小・中・高校へ出向き,目標管理の実際を現場サイドから,開校以来の取組みを説明してまわった.

2005年度末,民間出身校長は定年を控えていた.校長は民間出身であることを感じさせないぐらい教育の世界にも精通し,この3年間を振り返り,そして未来について語った.「3年間貫き通したミッション・ビジョンは,校長が代わっても変わるようなものではなく,今後もこの考えのもと邁進してほしい」と述べた.そして2006年度,新校長が着任した現在においても,2006年度のミッション・ビジョンは変わることなく,学校の核として存在している.

(5) 学校の現状と課題

C高校は総合学科であるため,国公立の四年制大学進学希望者から,就職希望者まで幅の広い生徒が共存している.教育課程はそれぞれの進路希望に応じて履修できるよう工夫されており,まったく同一の時間割をもつ生徒は複数存在しない.つまり1週間を通じて生徒同士がいつも一緒に行動することは誰一

人としてできない．その一方で「夢実現～心豊かに輝け個性～」の校訓をはき違え，学校として許容できる程度を超えた自由度をもって振る舞う生徒も少数ではあるが存在している．学校の生徒指導における基準が明白ではないため，指導そのものを躊躇する教員も存在した．

C高校の最も大きな問題点は，教員が重点を定めて組織的・計画的・継続的に教育活動を行うことが，おろそかになりがちなことである．その理由として次の3点があげられる．

第一に，各教員が多くの科目の授業を担当しており，授業の準備と実施に多くの時間が割かれることである．C高校では総合学科に対する複数名の教員加配がある[6]．しかし同じ一人15時間の授業枠であっても，「1科目×15時間」「3科目×5時間」「5科目×3時間」では教員負担は大きく異なる．科目数が多ければ多いほど，授業準備にかかる仕事量は増える．たとえば筆者の場合は，1学年生必修科目「国語総合」，1学年生選択科目「日本の歌詩」，3学年生必修科目「現代文」，3学年生選択科目「国語演習応用」「国語表現」の5科目に「総合的な学習の時間」を加えて，合計15時間を受けもっている[7]．

第二に，精神的な徒労感があげられる．すなわち，苦労して成立させた授業も別の講座での使い回しができず，1回だけの授業が多い．筆者の場合は，1学年生の「国語総合」2単位を3クラスで展開しているが，他は1クラスのみの展開である．振り返りをする暇もなく，また無理に時間を捻出し反省したとしても，その反省を次に活かすこともきわめて難しい．いわば使い捨ての授業になってしまっているという精神的な徒労感が，教員に影響しているのではないだろうか．

第三に，生徒と関わる時間を十分にとることができないという実態が指摘できる．担任は朝のショートホームルームで生徒と顔を合わせる．だが，その後は，担任の授業を履修していない生徒と担任は会うことはない．いわゆる終礼は行っていない．7限目の授業を履修している生徒もいれば，いない生徒もあり，一斉に行うことは不可能だからである．担任が生徒と相談するために，放

課後に生徒を残すこともある．だがその日に生徒が7限目を履修しておらず，担任が7限目の授業があれば1時間程度生徒を待たせることになる．昼食時間は35分間しかとれず，ゆっくりと腰を据えた話し合いの時間はとれない[8]．

　こういう状況が学習指導，進路指導，生徒指導の各面において，少なからず担任に影響を与えていると思われる．この状況は総合学科の特性によるものであろう．今後は総合学科の特性を活かしつつ，時間をかけこの状況を打開する方法を考えて行かなくてはならない．

　C高校の校内組織は，3つの課（総務課・進路課・生活課）で構成されており，各教員はいずれかの課に属し，また同時に3学年のうちのいずれかに属するというマトリックスで成り立っている．これは他の学校と同様であるが，教科・課・学年に対する教員の心理的ウエイトは，極端に教科の学習指導（授業）に重きを置かざるをえない状況になっていると思われる．このことは，課や学年（クラス運営）に対してエネルギーを注ぐことが難しくなることを意味する．授業をこなすことに疲れ果て，生徒をどこへ，またどう育てるのかといった観点が欠落しがちになると考えられる．各教員が最もウエイトをおいている授業でさえも，多種多様な目標をもった生徒がおり，なかなか焦点を絞り込んだ授業がしにくい．

　最も大切な，個々の生徒をそれぞれの自己実現に向けて指導するということは，教育課程編成上は成立している．しかし，その基盤となる生活の部分や教科外の成長という面においてはまだまだ課題を残している．そこで各教員は，より積極的に生徒の生活指導面や進路指導面に力を入れる必要がある．つまり生活と進路の指導が，組織的に十分なされているとは言い難い．もちろん個人的にその方面に力を注いでいる教員はいる．ここで指摘したのは，組織的になされていないという問題点である．

　今後のC高校の課題として，課において組織的に各構成員が動く仕組みをどう作っていくか，またより積極的に動こうというモチベーションをどう高めていくかといったことが指摘できる．この課題を踏まえてチャーターを作成する

ことは意味があるのではないだろうか．筆者は，このような課題意識をもってチャーターを作成した．

第3節　チャーターの作成

(1) チャーター作成の手順と方針

筆者は，チャーターのフォーマットに『学校要覧（各年度）』と「学校経営計画等について」に該当するものを割り振って，チャーターを作成した．自分の職務経験にもとづいて作成した部分もある．筆者は，C高校で2004度年から2005年度まで生徒指導主事であり，2006年度から進路指導主事を担当している[9]．以下では，学校の現状や課題を分析するとともに，チャーターのフォーマットを積極的に活かす方向で新たな提案ができればと考えている．

(2) チャーターの全体像

前節で述べたような手順と方針にもとづいて，C高校のチャーターを作成（表5－3）した．C高校の『2006年度学校要覧』，校長が作成した「2006年度学校経営計画等について」，生活課が作成した『高校生活のしおり』を引用して作成した内容をゴシック体で記載した．他の資料または自作した部分は明朝体で記載した．チャーターの各項目の詳細については，第3節(3)以降で説明する．

(3) 学校プロファイル

学校プロファイルの「学校の価値」は，C高校の学校要覧に掲載されているミッション（使命・存在意義）をそのまま当てはめることができるので，転記した．次に「学校の種別・規模・地域」であるが，これも学校要覧から該当する箇所を転記した．とくに生徒の居住地域については，高等学校としては戦略的

表5—3　C高等学校のチャーター

1．学校プロファイル
　　　―学校の価値

> C地区唯一の県立高校であり地域の教育および活性化に寄与する．
> 総合学科として新しい学校のモデル校である．

　　　―学校の種別・規模・地域

> 総合学科（単位制），1学年160名定員．
> 地元C市に在住する者は4割弱，隣市に在住する者2割強，さらにその隣市に在住する者3割強となっている．
> C地区には唯一の高等学校であり，地元からの期待も篤く，支援的である．

　　　―学校の教育課程の概要

> 系列として人文社会系列，自然科学系列，総合技術系列，伝統工芸系列，健康福祉系列の5系列
> 普通教科・工業科・商業科・看護科・福祉科・総合科等で構成
> 15教科116科目（内17学校設定科目）で構成

　　　―学校の将来展望

> 社会人としての良識を身に付け自ら考え行動できる生徒の育成
> 進路実現・進路保障のできる学校
> 明確な目標・方策など先を見通したプランの達成をめざし行動する教職員集団

2．学校目標
　（1）教育課程目標
　　　　―目標

> 一人ひとりの個性を尊重し，自己発見から自己実現へと導く
> 自由と責任の自覚のもとに，主体的に学ぶ態度を育成する
> 社会の一員としての自覚をもち，地域を愛し貢献できる
> 心身を鍛え，心と体の調和のとれた人格の形成を図る

　　　　―改善分野（目標の具体像）

> 知識の習得だけに偏ることなく，自己表現力，コミュニケーション能力，問題解決能力，自己選択能力など「生きる力」を身につけた生徒の育成をめざす．

生徒の趣味・関心，能力・適正および進路希望に十分応えられるよう，普通科目や専門科目および学校設定科目等多様な科目の設定に努める．自ら学び，自ら考える力を育成するとともに，基礎学力を確実に定着させ，それを基礎に発展的な学習ができるように努める．また，福祉・情報・環境などの新しい課題にも対応できる科目の設定に努める．インターンシップなど学校外における学習活動への積極的参加，地域のニーズに応える特色ある選択科目の開設，人材バンクの活用など，地域の教育力を活用するとともに，生徒が主体的で適切な科目選択を行えるようガイダンス機能の充実に努める．
国公立大学等への進学希望者にも十分対応した教育課程の編成に努め，地域の期待に応えられるよう努力する．

―目標達成度の測定

数値目標は設定していないが，学年・課における反省，SWOT分析等を参考にする．

―基準

とくに設けていない．

(2) 教育環境目標

―目標

個性の尊重
社会性・協調性の育成
自由と責任の自覚
心と体の鍛錬

―改善分野（目標の具体像）

ガイダンスの充実・文化の育成
基本的生活習慣の確立・学校行事の工夫
環境整備（自他ともに）の拡充
授業の充実（内容・教授法の工夫）・部活動の拡充

―目標達成度の測定

学校自己評価
アンケート調査
頭髪服装検査データ
外来者の意見
教員間の授業参観

第5章　公立C高等学校におけるチャーターの作成　185

> 目標管理による「教科等の指導」
> 部活動参加率
> 部活動対外的な活躍
> 新聞等への掲載数

―基準

> とくに設けていない.

(3) スタッフマネジメント目標
　　―目標

> 戦略を持った目標達成集団へ．明確なビジョン，明確な目標・時期・方策など，先を見通したプランを実行し，達成をめざす集団．
> 能力をフルに発揮する集団．組織の活性化を通して，全員が能力を発揮できる集団．
> 研修を通じて教師力を身につけた集団．

　　―改善分野（目標の具体像）

> 「意識の変革」（学校も競争の渦中にあり，選択されているという認識）
> 「学校組織の活性化」（ビジョン・達成目標および具体的方策の明確化と共有化，分掌・教科・学年団の活性化と縦，横の連携強化（会議体の整備），トップダウンとボトムアップの融合
> 「業務遂行方法の変革」（単年度行事遂行型から長中期視点へ，戦略的アプローチ（新しい発想・企画の重視），目標管理による業務の質の向上）
> 「IT化の推進」（業務の効率化，ならびに意思伝達の迅速化，「知」の共有化，授業への活用による進化）
> 「学校評価結果のフィードバック」（PDCAの管理サイクルによるスパイラルレベルアップ）
> 開かれた学校へのアプローチ（広報活動戦術の強化（学校評価の向上），アカウンタビリティの実行）

　　―目標達成度の測定

> 意思決定の手続方法
> 動きのしくみ
> 観察

―基準
> とくに設けていない．

(4) 財務・設備運営目標
　―目標
> 総合学科の特色を活かした諸活動を円滑にすすめられるよう予算的措置を講ずる．
> 施設設備の安全面に最大限の配慮をしつつ，生徒・教職員ともに快適な環境で生活できるよう予算的措置を講ずる．

　―改善分野（目標の具体像）
> 「総合的な学習時間」支援事業の予算的措置
> 社会人講師活用事業の予算的措置
> 学校図書館充実事業の予算的措置
> ゴミの分別・省エネ（節水・節電）の推進
> 空調設備の導入拡大

　―目標達成度の測定
> 事業報告と決算書
> 毎月ごとの量と費用の比較

　―基準
> とくに設けていない．

3．重点領域
　―関連する学校目標
> 一人ひとりの個性を尊重し，自己発見から自己実現へと導く
> 　　　　　　　　　　　　　　　　　　　　　　（教育課程目標）
> 戦略を持った目標達成集団へ．明確なビジョン，明確な目標・時期・方策など，先を見通したプランを実行し，達成をめざす集団．
> 　　　　　　　　　　　　　　　　　　（スタッフマネジメント目標）

　―現状分析と重点領域の必要性
> 総合学科としての特徴として，生徒の多様性という現実に対応するためには，いわゆる一本調子の教育は回避する必要がある．そこで，生徒一人ひとりの実態を把握しながら，その個性を尊重しつつ，個に応じたきめ細かなガイダンスや指導方法を工夫することにより，生徒が

主体的に自己を見つけ，自らの目標を定め，そして自己実現に向けての努力をいとわない態度を涵養することが必要である．
そのためには，個々の教員がそれぞれの目標を見据え，計画的・継続的に各生徒に接していく必要がある．

―重点領域（重点領域，めざす成果，目標達成度の測定）

〈重点領域〉
(1) 1学年では，基礎・基本となる科目を中心に共通履修科目を開設し，基礎学力の充実をはかる．
(2) 選択科目の履修については，学習の系統性を考慮しながら，一部の科目においては学年の枠を越えて学ぶことができるよう，教育課程の工夫をはかる．
(3) 多様な履修形態が可能となるよう，二学期制を実施し，一部の科目については半期での単位認定を導入し，前後期で履修する科目を変更できるようにする．
(4) 個々の生徒の学力に対応した学習ができるように少人数での授業や習熟度別の指導ができるような教育課程を編成する．
(5) 資格取得を積極的に奨励・支援し，その成果について単位認定する方向で工夫をはかる．
(6) 図書室，インターネットを利用できるコンピュータ室の設置，充実など調べ学習や自学自習に対応した環境を整え，「自ら学ぶ」力の育成をはかる．

〈めざす成果〉
各生徒の自己発見から自己実現にむけての成長
自己発見の機会の多様性

―初年度実施戦略
（データ収集・分析，プログラム開発，研修，予算，運営）

総務課	中学校をはじめ地域の人にC高校の様々な取り組みや成果を広報し周知させる．
	自ら情報収集し，動ける生徒の育成をはかるシステムづくりを行う．
	魅力ある授業づくりのための仕組みと，それぞれの授業を効果的かつ効率的に選択し学べるような教育課程・マスターの作成をおこなう．
	教職員がより動きやすく，スムーズに仕事ができるような環境作りに励む．

進路課	基礎学力充実のための家庭学習時間の確保と学習の習慣づけ． 進路情報の提供と有効活用． 進路選択につながる学習プログラムの開発と充実．（産業社会と人間・総合的な学習の時間・日常生活） 自己実現への援助．（ガイダンス機能の充実） 全教員の協働体制による進路保障
生活課	服装，頭髪に関する指導や時間を守らせる指導など，基本的生活習慣の改善に全教職員が同一歩調で粘り強く取り組むことができるような具体的方策を検討し，積極的に提案実施していく．（服装点検，校門指導，改善強化週間等） ゴミの分別など，不十分であるので，全体的に校内美化に関する意識を高めていく．（清掃しない生徒の一掃，きまりの周知徹底等） 健康や安全に配慮して生活できる生徒の育成に様々なアプローチを検討し，実施していく．（LHRの内容充実と計画的実施等）

4．実践方針

　一人ひとりの個性を尊重し，自己発見から自己実現へと導く
　自由と責任の自覚のもとに，主体的に学ぶ態度を育成する
　社会の一員としての自覚をもち，地域を愛し貢献できる
　心身を鍛え，心と体の調和の取れた人格の形成を図る

5．児童・生徒のルール

　生活習慣の確立しよう．（規則正しい生活と，時間を守る習慣）
　自分自身に責任を持とう．（頭髪・服装・所持品）
　諸届け・諸願いなど余裕を持って申し出をしよう．
　交通安全につとめよう．
　他人の立場に立って，公共の場にふさわしい言動をし，その言動に責任を持とう．

6．アカウンタビリティ計画
　（学校評価の領域，データ，実施者，頻度，結果報告対象者）

　学校自己評価は年1回，生徒・保護者・教員を対象に行う．
　調査はアンケート調査によって行う．
　実施者は校長であるが，実務的実施は総務課がこれを執り行う．
　評価領域は学校全般にわたり，20項目から30項目について評価を受ける．
　回収したデータは過年度比較，回答群比較を行う．

第5章 公立C高等学校におけるチャーターの作成

> 回収した記述データはすべてをまとめて一覧できるようにする．
> 結果の報告対象者は，教員，学校評議員，PTA役員とする．

注）枠内の記述における字体の意味は次の通りである．『学校要覧』『学校経営計画』『高校生活のしおり』から引用した箇所はゴシック体で記載した．一方，筆者が作成した箇所は明朝体で記載した．

に共通認識をしておかなければならない．というのも，高校側にとっては入学者を確保するためのマーケティングに位置づくからである．在学生の居住地域は，保護者・中学生にとって通学の可否の目安となり，地元地域にとっても興味ある内容となるだろう．本校には就職希望者がいるので，求人を行う企業に対して生徒の居住範囲を明らかにすることは大切である．そのことによって，将来，卒業後に通勤可能な範囲の目安が分かるからである．C高校は岡山県の東側にあるが，県中心に位置する県庁所在地からも3割が登校している．このことは，生徒が卒業後に広範囲に通勤できることを意味する．

2006年4月，本校に二代目の校長が着任した．この校長はいわゆる民間出身校長ではない．この校長は2006年5月に，①オープンスクール（中学生対象学校説明会）参加人数，②推薦入試・一般入試の志願者数，③C地区の中学校卒業者数の推移を表にまとめた．そしてその推移の分析と今後の課題を指摘した．この分析は，「地域や保護者に信頼され中学生があこがれる学校（C高校のビジョンの一つ）」を実現するために，有効と思われる．どの方向に学校としてのベクトルを収斂させるかについて，より具体的に教職員に意識させる必要がある．そのためには，教職員対象に，随時，表やグラフを用いて課題を説明することが有効である．

「学校の種別・規模・地域」において筆者は「地元からの期待も篤く，支援的である」と書いた．この記述は，本校におけるSWOT分析の結果を筆者がまとめたものである．とくに高等学校は地域の文化的拠点となる必要があるため，あらゆる機会に協働することが大切なことである．

「学校の教育課程の概要」も学校要覧からの要約転記である．教科目数については学校要覧に，他の高校と同様に一覧表（表5-2）になっている．一覧

表には各履修学年と単位数が記されている．総合学科の特徴は選択科目数の多さにある．この点をチャーターで簡潔に示すことが重要であると考えて，「学校の教育課程の概要」を作成した．

「学校の将来展望」は，ビジョンに描かれているものの転記である．この部分についても校長は教職員に対してそれぞれの項目についての過去の実績データを数値として提示し，課題意識の統一を年度当初に行った．本校では，SWOT分析の過程から全教職員が携わっているので，教職員は容易に理解できた．

「学校の将来展望」に「社会人としての良識を身に付け自ら考え行動できる生徒の育成」を記載した．この点についてC高校では，「基本的な生活習慣の徹底と積極的な生徒指導の推進」という重点項目を提示し，中途退学者数の推移やその理由も教員間で理解・共有した．今度は特別指導の内容・件数や遅刻者数や保健室利用者数などの推移などもまとめられると，生徒の実態を一層理解しやすいだろう．C高校では2005年度に三つの学年の生徒がそろった．今後は毎年の比較が可能になるので，比較検討するフォーマットをつくることも大切であろう．ただし年次推移は母集団が異なるので，一概には比較できないことにも留意すべきだろう．

「進路実現・進路保障のできる学校」を実現するために，「教育課程の改善とキャリア教育の推進および基本的な学習習慣の確立」という重点項目を校長は提示した．そして系統別選択者数の推移，1期生の進路状況，教科別学力検査の平均点の推移と県平均との比較，学年別家庭学習時間の比較等の数値データを明らかにした．今後は学年ごとにどういう進路希望をもっているのかといった統計も入れ，生徒の進路希望を，学年を超えて共有しておく必要があるだろう．とくにC高校においては，所属学年を越えて授業をしなければならないので，全教員が生徒の進路希望の実態を共有しておく必要性が強い．

(4) 教育課程目標

「教育課程目標」は，学校要覧掲載の「教育方針」から転記した．学校教育

の中心は教育課程の編成とその実施にある．それゆえ「教育方針」はこの項目に相当すると考えた．ただし「教育方針」の文章の主語は教員であろうが，三つ目の「貢献できる」の主語は生徒なのか，教員なのか判然としない．この点は再検討を要する．また同時にこれらの項目は，後に述べる「実践方針」とも関連してくる．「改善分野」は，学校要覧の「教育課程編成上の基本方針」から転記した．「教育課程編成上の基本方針」は，「教育方針」を具現化し，教育課程を方向づけているため，「改善分野」の項目に掲げた．

　C高校では，学校要覧の「教育課程等」という項目の中に「教育課程編成上の基本方針」が記載されている．「教育課程編成上の基本方針」は2004年度から学校要覧に掲載されるようになった．この点については，2006年度までの3年間に大きな変化はない．

　目標の具体的な記述を進めれば，学校のスタンスが明らかになるであろう．日本の高等学校において学校要覧は，語弊があるかもしれないが，多くの場合，お題目と数字が並ぶだけのものである．学校の心意気であるとか，息づかいであるとか，そういうものをきちんと文章にして，外部に向けて発信することも大切である．また同時に，このことは学校内部に向けて課題意識統一の求心力となる．なお，C高校学校要覧の「教育課程等」の項目には，この「教育課程編成上の基本方針」に続いて「教育課程編成の工夫」が示されている．この内容は「重点領域」の項目で言及する．

　「目標」や「改善分野（目標の具体像）」にどれだけ近づけられたか．この点を測定するためには，「目標」「改善分野」と現状との差をきちんと分析し，実施方策を立てる必要がある．そうなってはじめて測定が可能になる．さらに，この部分は，学校のチャーターレベルだけではなく，教員個々の目標レベルでとらえ直す方がより実際的であると考える．各教員レベルの目標設定は，2006年度に岡山県で導入された目標管理システム（新しい教職員の評価システム）が意図するところである．しかし，岡山県の目標管理システムには，オーストラリアのチャーターのような視点がない．つまり，目標管理システムには，教員

個々の目標管理において，到達点と現状の差の分析という視点がなく，実施方策立案という視点もない．今後，「目標達成度の測定」や「基準」といった視点が目標管理システムに導入される必要があるだろう[10]．

(5) 教育環境目標

C高校において総務課が「教育課程目標」に関する業務を担当している．一方，「教育環境目標」は，主に生活課・進路課が担当している．「教育環境目標」の目標4点は『学校要覧』から要約引用した．具体的には『学校要覧』の「教育方針」をコンパクトに言い換えたものである．同様の内容は，生活課が新入生・保護者に配布した『高校生活のしおり』の冒頭部分に記されている．C高校には生徒手帳がないため，筆者は生徒指導主事であった時に，『高校生活のしおり』を作成したのである[11]．生徒・保護者に向けて『学校要覧』の「教育方針」をわかりやすく，生活・環境という観点で捉え直しているため，この目標4点を「教育環境目標」と位置づけ，記載した．このようにC高校ではすべての教育活動が「教育方針」を中心に展開されている．「改善分野」は前述の『高校生活のしおり』から引用した．「改善分野」は，「教育環境目標」で記したものと併記した形で『高校生活のしおり』に記載されている．つまり，生徒にとって分かりやすい言葉で目標を言い換えている．

「目標達成度の測定」は，各項目によって測定の仕方は変わってくる．しかし主な測定方法としては，生徒の意識変化や生徒自身の変容によって測ることができる．学校におけるソフト面の充実度も，測定の視点となるだろう．

「ガイダンスの充実・文化の育成」「学校行事の工夫」は，学校自己評価における生徒対象の所属意識や担任との関係調査等によって明らかになる．各種行事等の事後指導で行われるアンケート調査によって，数量的なデータも得られる．「基本的生活習慣の確立」「環境整備の拡充」に関しては，頭髪服装検査時のデータや欠席遅刻の度数変化等によって，生徒の意識変化や変容を読み取ることができる．また学校への来校者のコメント（日常的な外部評価）によっても

明らかになるだろう.「授業の充実(内容・教授法の工夫)」は年に何回か行われる教員相互による授業参観や教員個々の目標管理で設定した「教科等の指導」欄から抽出することができる.また「部活動の拡充」は,その参加率や対外的な活躍等によって,また新聞等への掲載数によって浮き彫りになってくる.

(6) スタッフマネジメント目標

スタッフマネジメントは,教職員の職場環境やモラールの有無,メンタルヘルス等が具体的な内容であろう.Ｃ高校では,『学校要覧』の「変革の目標」に最も端的に教職員のあり方について記述されている.これは「校長挨拶」の中の一部である.そこから「目標」として転記し,作成した.これはＣ高校における教員のあり方を校長自身の言葉として表現されているためである.学校によっては「めざす教職員像」という形で表現されている場合もあろう.

Ｃ高校の『学校要覧』では,「変革の目標」の次に「変革の具体例」が続く.この「改革の具体例」を「改善分野」にまとめるように工夫した.『学校要覧』では,「改革の具体例」の根拠となる視点をキーワードとして列挙し[12],よりインパクトのある形で示している.

2006年5月,着任早々の校長は「改革の目標」を具体的に教職員に示した.これは学校ビジョンの「明確な目標・方策など先を見通したプランの達成をめざし行動する教職員集団」と関連づけられ,「目標管理の推進・充実」という重点項目を示した.「各課・各学年の課題と取組」と「目標管理スケジュール」も提示した.この際,学校ビジョンの全項目(4点)について,具体的な重点項目を校長は一つひとつ具体的な数値データ等をもとに教職員に説明をし,2006年度の重点項目を明らかにすることによって,ベクトルあわせを行った.

チャーターには示さなかったが,Ｃ高校では教職5年以下の教員にベテラン教員が一人つき,ブラザー制度と命名されたOJTのシステムがある.日頃の悩みや問題点の相談のみならず,教員としての知恵の伝承という意味においても意義深いシステムであろう.これは,企業では普通に行われている研修制度

である．

　トップダウンとボトムアップの融合という意味合いから，生徒指導主事をしていた筆者は，課の全構成員に対して年3回の個人面談を行い，しっかりと時間をかけて話し合う時間を作った．かつての学校現場であれば，日常会話の中や「真面目な無駄話」の中でそういうことがなされていたが，昨今の多忙化の中ではあえて時間と場所を設定しないと困難であると考えたからである．これは課の風通しをよくし，それぞれの構成員の新企画を発掘するチャンスであると同時に，学校の方向性を身近な話題で共通理解する機会となり有意義であった．
　「目標達成度の測定」と言っても，実際には，教員の意識を数値等で測るのはなかなか困難である．現在，筆者は進路指導主事を担当している．進路課は「進学」「就職」「ガイダンス」「産社・総合学習」「統計管理」[13]という各係で構成されているが，それぞれの係の長と週に1回会議をもっている．そこでは全体的な流れと各係間の連絡調整を行っている．各係の長は係ごとに具体的な戦略アプローチを策定し，ボトムアップを図っている．そして再び係の長との会議で意思決定をし，その内容は総務委員会で了承を取り，学校の意思として実行に移している．課の構成員が各学年団を牽引することとなる．こうした意思決定の手続方法や各係レベルでの動きの仕組みの有無が，組織全体の底上げにつながるのである．
　2006年度9月に，教頭は過去3年の生徒の学力と入学者・志望者ついての数値を用いた研修会を主催した．そこでは中学生の学年ごとの人数や，C高校に入学する生徒の中学校別割合といったマーケティング調査結果や，過年度比較，個人の学力推移，入学者の学力，他校比較等を数値やグラフによって，教員に提示した．具体的な方策や方向性は示されなかったが，学校がまさに選択されていると言うことを数値の上から明らかにした．今後も継続して調査を続けることによって，具体的データにもとづいた戦略を立てることができるだろう．
　もちろん，データの提示が教員の意識改革につながったか否かは，長期的な観察によらなくてはならない．だが，教員の変容が現れるまで静かに観察する

だけではいけない．データの提示は教員に対する一定の効果を狙ったものである．これにとどまらず，改革意識のある教員が他の教員に良い意味での刺激を日常的に与えていく必要がある．

(7) 財務・設備運営目標

　財務・設備に関しては，多くの教員はもちろん，管理職ですら十分な研修を受けていない．実際には，事務職員に一任している．教員は物品や旅費の請求を行うものの，その校内での仕組みはおろか，どういう形で県から令達があるかは教員に理解されていない．岡山県全体の予算の内，約4分の1を教育委員会予算が占めており，そのうちの9割を超える部分が人件費であること等も，ほとんど教員は知らない．校内においては，PTA関連と生徒会関連の予算案・決算報告案が示されるのみであろう[14]．

　筆者は，少なくとも，学校裁量予算に関する目標と執行計画は明らかにされるべきだと考えている[15]．施設設備についても，エコロジーに適合し，アメニティ豊かな施設設備を整備する目標と立てることが望ましいと考え，チャーターの「財務・設備運営目標」を作成した．

　「改善分野（目標の具体像）」最初の三つは，C高校の学校裁量予算の前年度内訳である．これをチャーターの「改善分野」に記載すれば，学校の重点事項が内外に表明される．さらに，生徒が在籍する3年というスパンの中期計画のもと，より積極的な運営ができるだろう．

　「ゴミの分別・省エネ（節水・節電）の推進」については，校内予算の費目間流用が可能になったため，校内予算にも大きく影響をしてくるはずである．つまり光熱費等が増えれば教育に使える予算を食いつぶし，逆に減れば教育に予算が回せるということである．また同時にこれは環境問題への対応も意味する．

　「空調設備の導入拡大」は，エアコン導入が拡大していく予定であることが分かる．C高校ではすでに普通教室にエアコンが完備しており，今後は特別教室等へ随時拡大する予定である．文部科学省の学校へのエアコン導入の容認を

受け，年次進行で導入計画がなされている．

「目標達成度の測定」について述べる．財務・設備面は予算的なものだけに具体的事業内容と単価・金額といった数値でまとめられるので，測定そのものは難しくない．ただ目標に合致した事業であるか否かは，立案時に複数のチェックが受けられる体制を整えることは重要であろう．チェック機能を有効にするためには，すべてを公開することが必要である．たとえば，PTA総会では保護者にPTA予算については提示し，了承をとっているが，外部全体へも公開し，知らせる必要がある．そのためにもチャーターに記載する必要性がある．

「ゴミの分別・省エネ（節水・節電）の推進」以外は，予算内で執行できたか否かということが重要である．「省エネ」関連については，年平均比較，前年度同月比較，前月比較などの項目で支出動向を知ることができる．C高校においては，灯油・LPガス・コピー・水道・電気について，毎月の使用量と支払額を表とグラフにしている．このデータは教員全員に配信される．

財務・設備面の項目は，学校裁量予算や費目間流用，受益者負担という新たな概念が入ってきたため学校現場でますます重要になってくるだろう．すでに中野区のフレーム予算や東京都の学校経営支援センター[16]における予算編成権限の委譲など，学校の裁量権拡大が行われている．流動的要素が目白押しであるが故に，少しずつであっても，財務面についてもチャーターのように学校経営計画に盛り込むことは大切であろう．

(8) 重点領域

「関連する学校目標」は，教育課程目標とスタッフマネジメント目標を記載した．教育課程の編成と実施こそが学校の大きな役割であり，その教育課程編成を生徒が主体的に取り組めるよう指導するのが教員の重要な業務であると考えたからである．

通常，公立高校は「重点領域」を設定はしていないだろう．だがC高校は，『学校要覧』に類似の内容を示している．すなわち，教育課程の重点領域につ

いて示されているのである．この部分は開校2年目の2004年度の『学校要覧』に「教育課程等」の「教育課程編成の工夫」として既に掲載されており，特質すべき事柄である．どういった教育活動に力を入れようとしているかの息づかいが分かる部分である．

　この「重点領域」から各課学年団がより具体的な実施戦略を策定する．これは毎年修正のかけられる単年度実施戦略である．C高校では学校要覧にこの実施戦略が掲載されている．これはSWOT分析や学校自己評価等をした結果（Check）を受けて，新年度の新たな課題と取組み（Action）を，各課学年団で策定したものである．ただし目標達成度の測定に関する記載は，C高校の『学校要覧』にはない．目標達成度の測定は，分掌の各課学年団に任されているからである．

　各課長や学年主任は，新年度の新たな課題と取組みを提示する段階で，大まかな戦略の構想はできていなければならない．校内に向けての課としての戦略を提示し，全校をあげて協力してもらうという体制を整えることも重要である．以下では，現在，進路指導主事として仕事をしている筆者の例をあげて，「実施戦略」を具体的に述べてみたい．

　進路指導主事としては初年度であり，年間を通じてその業務内容を把握してはいなかったが，外から見ていての問題点はある程度理解していた．そこで先のような「課題と取組」を実施戦略とともに構想，策定した．

　第一に，「基礎学力充実のための家庭学習時間の確保と学習の習慣づけ」について述べる．具体的には「総務課と連携しつつ，各教科主導のもと短期長期の課題を生徒に与える」ことを戦略の構想としてもっていた．生徒の学習の実態を把握した内容を数値で全教員に示すことにより，自主的学習がいかに少ないかを共通理解した．そして各学年団の進学指導係が中心となり，各教科に対して課題を積極的に出してもらうよう依頼した．これは初歩的なことであるが，新設校であったがためか，組織的にできていなかった．

　第二に，「進路情報の提供と有効活用」について述べる．具体的には「校内LANを使ってのweb上での情報提供」することを戦略の構想としてもってい

た．年度当初，各種のデジタルデータは分散しており，何の資料がサーバ内のどこのフォルダにあるのか分からず，報告資料作成に手間取った．たとえ，データがあったとしても一次データで，加工も処理もされていなかった．これではデータを十分に活用できないので，筆者はデータを加工・処理し，フォルダ等を整理した．さらに，データを教員に公開することにした．進路室に集まる情報を一元管理したポータルサイトをつくり，リンクをはることによって，校内にいる教員であるならば誰でもいつでも情報を入手できるように工夫した．

ポータルサイトの内容は，進路課としての方針，課内分掌，各学年団に特化した情報，前年度のデータベース，今年度の入試・求人情報，各上級学校の動向，進路課への訪問者リスト，課長の動向，就職・進学先に関連ある新聞記事，ネット上にあるさまざまな就職・進学サイトへのリンク等である．各クラスの生徒動向（学習実態調査・進路希望調査・志望校調査等）もこのポータルサイトから担任が入力できるように工夫した．

使用の仕方は今後さらに広がり，情報提供とともに，情報の共有化も図れるものと自負している．これは「スタッフマネジメント」の項目の，「改善分野」の「IT化の推進」（業務の効率化，ならびに意思伝達の迅速化・「知」の共有化・授業への活用による進化）を意識した取組みでもある．

第三に，「進路選択につながる学習プログラムの開発と充実」について述べる．具体的には，一つ目として，第2学年の全生徒がインターンシップへ参加することを戦略の構想としてもっていた．校内においてかなり相対する議論があり，その実現には一進一退を繰り返した．全員インターンシップは，他校の状況の把握から始めた．そして近隣の公共職業安定所への協力依頼や，前身の高校からのつきあいのある事業所での受け入れ可否の調査等と並行して，生徒の希望職種の調査も行い準備を重ねてきた．2006度春に実施決定となり，その年の夏期休業中に実施するというハードスケジュールであった．

基本的にC高校では，生徒自らが自分の興味関心に応じて企業を探し出し，先方と直接連絡を取り，依頼をするというセルフインターンシップの形態をと

った.「生徒にそこまでできるか」「先方の企業に拒否された場合はどうするのか」という疑問や,「そもそも進学希望の生徒にもインターンシップをさせる意義が分からない」という抗議が教員から出された.

　進路課は,学年団を全面的にバックアップできる体制を整えようと努めた.進路課長補佐を中心に事前の指導,実際のインターンシップ,事後の指導等を計画立案した.そして受け入れていただける企業(バックアップ用)の洗い出しに多くの時間が割かれた.まさに創造しながら実施していくという,綱渡り的な点もあり,課内においても意思の統一が十分に行われなかった.社会全体の風潮としてインターンシップ実施の方向の流れがあったので,ある程度成功させることができたのではないかと思われる.たとえば,生徒に対するアンケート調査では,89.4%の者が「意義があった」「ある程度意義があった」と回答している.しかし,これを機会に,担任と生徒が仕事と社会の現実について本音で話し合ってほしかったのだが,時間不足や担任の意識不足のため十分行われなかった.この点は今後改善していきたい.

　二つ目として,全学年の生徒に対して「夏期休業中の全員補習を実施」することを戦略の構想としてもっていた.これは2年目であるが,多くの問題点をはらんでおり,共通認識を得るまで非常に時間がかかった.「就職希望・専門学校希望の生徒にまで補習を義務づける必要がどこにあるのか」といったものから,「補習に参加しない生徒の指導がしにくい現実があるので,逆にやる気のある生徒のモチベーションが下がる」といった情けなくなるような意見まであった.

　結局,本校の補習が普通科の補習と異なる点に着目し,各生徒の進路希望にそった内容を準備することにした.そして,進路課企画の補習という色彩を強めた.たとえば,第2学年においては,国公立大学・私立大学と医療看護系専門学校進学希望者のそれぞれに対応した形で,国語・数学・英語の補習を設定した.さらに,専門学校進学希望者には専門学校研究の講座を準備した.就職希望者には就職研究を2講座準備した.全部で5講座を準備した.専門学校研

究の講座は，とくに力を入れた．専門学校に進学しても進学後退学者が多かったり，就職と結びつかなかったり，資格が取れなかったりする「学生の意識の問題」が指摘されていたからである．Ｃ高校の卒業生で専門学校に進学した生徒から生の声を聴く機会を設けることもできた．卒業生は「専門学校での資格取得には基礎学力の充実が大切」といった意見を報告してくれた．この報告は，在校生の心に響いたのではないだろうか．

就職希望者には求人票の見方や自己アピール文の作成等，日常のLHRでは扱えない内容に取り組むプログラムができた．「読み・書きといった基礎的な学力がなければ就職そのものが難しいこと」「企業で仕事をするということにコミュニケーション能力が不可欠であること」などを，生徒は学習できたと思う．

第四に，「自己実現への援助」について述べる．具体的には「進路資料の有効活用にむけた進路資料室の整備」という戦略を構想としてもっていた．進路資料室が生徒に十分活用されていない実態があった．高等学校の進路室には毎日相当数の資料が運び込まれる．大学・短大・専門学校からの学校案内，募集要項，願書一式等の送付，教員向け入試説明会の案内，指定校決定の通知，オープンキャンパスの日程の連絡・ポスターの掲示依頼，その他情報誌等，多岐にわたる．それらを進路室に搬送するための専用のカーゴまで購入してもらったほどである．これらの資料は保管していただけでは意味がない．それらを生徒が自由に活用できるよう整理するための書架等の予算的措置をとり，実施できた．

進路資料室はそれまで資料置き場であったが，学校要覧や入試要項，求人票や会社案内，インターネットによる情報検索，いわゆる過去問や進路情報誌の閲覧など，自由な雰囲気で行えるよう整備をすすめてきた．また各ホームルーム教室にも進路情報誌を整備し，進路に向けた環境整備を整えることができた．

総合学科の生徒には幅広い進路希望があり，生徒個々に対応する情報を適切に利用することができるように工夫した．また同時にこの整備には，進路宛に送られてくる多数の印刷物処理の簡略化にも大いに役立つものと思われる．

第五に，「全教員の協働体制による進路保障」について述べる．具体的には

「会議とOJTによる協働体制の確立」を戦略の構想としてもっていた．先年までの進路指導主事は仕事のできる教員で，すべて一人でこなしていた．悪く言うと組織としては仕事をしていなかった．そういう状況に慣らされていた進路課の構成員は，進路の仕事を十分理解しているとはいえず，仕事の進め方も分からない状態であった．そこで進路課の五つの係（ガイダンス係・産社総合学習係・進学指導係・就職指導係・統計管理係）の主任会と，それぞれの係会を週1回開催することとし，各係がどのような動きをしているのか，また係として今何をしなければならないのかを共通認識するようにした．非常に初歩的ではあるが，そこからはじめることが必要であった．

　学校の仕事は，上限はないが下限は存在する．下限の仕事は処理するのに一定の時間がかかる．その時間を何人の分母で分担すればよいのだろうか．進路課の業務は単なるデータ処理ではなく，進路の研究であり，生徒に還元される内容である．複数の同僚で取り組むことによって，新しいアイデアが生まれ，協働する姿勢も出てきている．これからが楽しみである．その他に，教員が礼儀作法を知って企業の方々に名刺交換や挨拶をできるようにするという課題があった．教員は，生徒に適切な面接指導をできるようになる必要もある．そこで，教員を対象としたマナー研修会等も実施した．筆者は，進路指導主事として組織化・協働化を常に考えてきた．今後も，より良い進路指導をめざしていきたい．

(9) 実践方針

　実践方針とは，教育を実践するに当たっての方針という意味である．すなわち，個々の教員の倫理綱領である．C高校でそれに最も近いものは，『学校要覧』記載の「教育方針」である．この「教育方針」に則って，個々の教員が実践していく．義務教育でない高等学校において，実践の仕方は各教員にある程度任されており，それぞれの教員の個性と経験によって実践される．これが日本の高校教育の実態であろう．

(10) 生徒のルール

「児童・生徒のルール」について，前述の『高校生活のしおり』から部分的に抜粋した．その中の「生活の指針」は，より生徒が理解しやすいように，具体的な事例を列挙する形で提示するよう工夫している．生徒がしなければならないこと，してはならないことを徹底することが，安全に学校で生活できる環境づくりにつながっている[17]．

(11) アカウンタビリティ計画

『学校要覧』の校長の「学校経営に対する基本的な考え方」には，「開かれた学校へのアプローチ」として「アカウンタビリティの実行」という一文が記載されている．アカウンタビリティに関する事項はこの1行だけである．そこで筆者は，C高校の今までの学校自己評価の実践を踏まえ，チャーターの「アカウンタビリティ計画」を作成した．

内容は多くの学校でやっているのと同程度のもので，とくに工夫はしていない．しかし最も大切なことは，何について，どのように評価するかということである．C高校では集まった調査結果を過年度比較する．そのため毎年ほとんど同じ質問内容になっている．経年でみる場合，同じ質問内容であることは重要である．しかし計画 (Plan) から実施 (Do) に至るその結果に対しての評価 (Check) を求めないと，評価にもとづいての処置 (Action) が途切れてしまう．よって単年度の実施戦略に対する評価項目も調査対象とするべきだろう．

第4節　成果と課題

今回，チャーターを作成するために，『学校要覧』を開校当初から振り返った．C高校の場合，『学校要覧』は毎年変化している部分が目立つ．だが，4年目を迎えた現在も変わらず記載されている内容もある．何も見直しをせずに

変化がなかったのではなく，見直しをかけてもなお変化しない部分があると言えよう．この変化しなかった部分がC高校の中期目標計画であろう．つまりC高校の『学校要覧』には，中期計画策定書という意味合いの部分と，その計画を実施するための単年度の計画とが混在していることになる．今後，『学校要覧』もこの視点を取り入れ，中期計画と短期計画に分類整理し直してみる必要がある．

チャーターには「重点領域」に「初年度実施戦略」という項目があるが，これは有効であろう．なぜなら各課長や学年主任がどういう方向をめざしているのかといった意思表示でもあるからである．また各課学年団の構成員がどの方向へ進めばよいかという，教員にとってナビゲーター的なものにもなり，戦略実施の優先順位が分かるからである．

頭の中では仕事として分かっていることも，こうしたチャーターのフォーマットに整理することによって，業務の分類整理ができた．これは筆者にとって収穫であった．

《注》
1) 既存の2校を再編整備し，2003年4月に新設校を開校する予定であると，岡山県教育委員会は，2001年8月末に発表した．設置学科を総合学科，学校規模を1学年4学級，通学区域を全県，校地を工業高校跡地とした．その後，約1年半の準備期間の後，C高校は開校した．
2) 浅野良一「学校評価システムの考え方・すすめ方—組織マネジメント手法を活用した学校評価—」『教育委員会月報』第54巻6号，2002年，5-29頁．
3) 1学年のみ新設校であったが，在校生が2～3年生として残っていたために，校地全体を利用する組織は2校3学年で構成されていた．
4) 総合学科枠の教員加配によって，このようなクラス編成が可能になった．
5) 東京都品川区教育長の若月秀夫は「教育改革プラン21」において，「組織のなかで実際には分散されているベクトルを，校長が意図する経営の方向に向かう大きな束としてのベクトルにするには，『そうせざるを得ない状況』『舞台装置』とでもいうべきものを，学校のなかに意図的に作り出す必要があります」と述べている．本章では，「ベクトルあわせ」を「学校経営計画に則り，教員をあるべき姿に方向付けること」と定義している．C高校では「個人面談」が，若月のいう

「舞台装置」機能を果たしていると考えられる．
6) 総合学科に係る教職員定数措置として，「高等学校標準法第9条により算定した数に加える数」は，12クラス級では7人となっている（「文部大臣裁定」1996年3月25日）．
7) 筆者は担任をもっていないので，LHRの1時間は担っていない．だが，時間割内の週4時間は，課内の各係別会議にあてられている．
8) これはクラス担任のみならず，教科担任においても同様である．個別に学習を指導しようとしても，7限に選択授業が多く割り当てられているので放課後の指導が困難となる．
9) 筆者はA高校において2002年度から生徒指導主事を担当した．C高校開校時の2003年度においては，筆者はA高校を本務校とし，C高校を兼務校としていたので，A高校の生徒指導主事であった．その年度，C高校では，別の教員が生徒指導主事を担当した．
10) 田辺大藏『学校における目標管理システム導入に関する研究』岡山大学大学院教育学研究科教育組織マネジメント専攻修士論文，2006年1月提出，66頁．
11) C高等学校では，生徒手帳に代わるものとしてIDカードの身分証明証が発行されている．
12) キーワードは，「生徒・保護者はお客様」「報・連・相」「スパイラルレベルアップ」を意味する．
13) 総合学科でのキャリア教育の中心である「産業社会と人間」と「総合的な学習の時間」の計画立案，実施運営する係の名称である．
14) 多くの学校同様，C高校においても，PTA関連の予算・決算はPTA総会において保護者に，生徒会関連の予算・決算は生徒総会において生徒にも開示されている．
15) 岡山県の学校裁量予算は教育庁指導課の管轄になっている．
16) 平成17年12月に東京都条例で定められ，平成18年度から設置運用されたセンターである．
17) 「しなければならないこと」として，一般の生徒手帳に記載されているような「生徒心得」が記され，さらに「してはならないこと」として，具体的事項を列挙し，それを逸脱した場合の措置として，退学・停学・訓告等，法的措置についての，さらに再登校指導・訓戒・説諭等の教育的措置があるということについての概説がまとめられている．

終章

オーストラリア教育改革に学ぶ

第1節 事例研究執筆者からのメッセージ

　チャーターを活用した事例研究を行って，学校はその後どうなるのだろうか．そのような問いが読者から出されるかもしれない．そこで，本書の事例研究の執筆者に，「作成したチャーターの内容を，勤務校で2007年度にどのように活用できるか」という文章を書いていただいた．これは教師自身のリフレクションであり，これからの実践の展望でもある．以下では，その文章を紹介する．

(1) 公立A小学校の場合

　学校には今までに培ってきた経緯がある．ここ3年間に限ってもA小学校は二学期制の試行，新校舎への移転に伴う学校改善を行っている．二学期制への移行に伴って他の試行校と同様に学校行事や校内の仕組みが大きく変わった．しかし，制度による改善は，制度の定着までは改革の原動力ともなるが，定着後は前年度どおりにということにつながりかねない．A小学校では二学期制の試行と校舎移転という改革を経てきた．その後の学校改善を継続するためには，授業と教育内容へのアプローチが必要とされていた．「情報教育・放送教育研

究」はA小学校には的を射たテーマであり，児童にとってもこれからの社会を生きていく上で必要な内容でもある．チャーターを作成する過程で今までの経緯とこれから追求していく課題に気づいていった．2007年度には，継続性と発展性のある「放送教育・情報教育研究」が実現しそうである．

　チャーターの記述に際しては「どのような児童に育てたいのか」という姿を具体的に思い描くようにした．それは本校のミッションの「保護者・地域からは，子どもたち一人ひとりの自立を図り，個性と可能性を開花させ」の部分である．児童の「自立」あるいは「社会的な自立」を実現するためにはどのようにすればよいのかという視点である．チャーターに記載したように，「児童が安心して生活できる学級の在り方」について検討し，学級の基盤をつくっていきたい．教育課程目標の改善分野の「豊かな学びを実現する授業づくり」と「学びの基礎力の習慣化」にもとづいて授業づくりを具体的に深めていきたい．

　チャーター記述のもう一つの観点は学校の主体性である．チャーターの記述中にも，いじめ問題や不登校についての調査が行われた．不審者対応などの学校の安全や学力低下に対する不安なども，報道等でクローズアップされた．一つひとつの問題は重要であることは誰もが認めている．これらの緊急課題に関して，学校現場では担当者が中心となって対応している．しかし，緊急の対応にとどまってしまい，継続が難しい．現象への対応ではなく，それらの要因を明らかにし，解決へ導く仕組みが，チャーターの記述によって明らかにできるのではないか．教育活動を有機的につなぎ，あるいは包括することで，学校改善は豊かになり，深さを増してくる．社会から求められる課題を通常の教育活動の中に取り込み，地域や保護者との協働を通して，公立の義務教育を構築していきたいと考えている．

（文責：松永喜樹）

(2) 公立B中学校の場合

　本校の校長は，筆者が作成したチャーターを読んで，「既存の学校経営計画書は，まだめざすところ，取組事項の羅列になっているところが多く，学校の

実際の取組に直接つながらない．チャーターでは目標と達成に向けての手だてがかなり明確になっており，教職員が具体的にどのように取り組んだらよいかがはっきりしてくるだろう」と述べた．筆者はこの見解に改めて納得している．これまでの学校目標はきわめて抽象的であると言われてきた．実際，本校の学校目標は抽象的であり，とくに意識されることもなかった．そして，これまで培われた風土と慣習，教職員の良識に拠って，教育実践が行われてきたように思われる．

　昨今の生徒や保護者，社会の実態から，公立Ｂ中学校において，とくにその活動の位置づけを大きくしているのが，生徒指導・教育相談・学習指導の３領域である．学校の将来展望のめざす生徒像である「新しい時代を拓く，心豊かでたくましい生徒」を育てることを意識して，具体的には，教育課程目標の「自ら課題を見付け，よりよく解決しようと努力する生徒の育成」「自他ともに大切にし，思いやりのある生徒の育成」「たくましく生きるための健康や体力をはぐくむ生徒の育成」のための活動に取り組んでいかなければならない．以上のことがチャーターによって明確になったと思われる．教育環境目標である「生徒指導（教育相談）体制のますますの充実」と生徒のルール（基本的な生活）との関連も明らかである．今回，３領域のうち，学習指導を重点領域に設定したことは正解であったと思われる．

　次年度は，学校目標の改善分野，重点領域（めざす成果）に設定した内容を一層推し進めたいと準備している．教育課程目標の改善分野は，「授業研究と実践：(1)授業規律の確立と指導法の改善（教科内，教科間の情報交換），(2)授業公開の推進（時間と場所の確保），(3)子どもの学習と生活に関する保護者への情報提供，家庭との協力，(4)課題をもつ生徒を支援するための支援体制（放課後，質問日）」である．この推進には，試行錯誤もあるが，これも一つのPDCAサイクルであると考え，普段の授業公開，年に一度の研究授業，研究会参加報告の継続を計画している．

　公立Ｂ中学校の取組みをチャーターに作成した場合，重複（重点課題と考えれ

ばよいが）や，これですべてだろうかという不安が感じられた．そうしたことから，各学校によって「学校自己評価票」がオーダーメードであるように，チャーターの枠組みも各校によって項目の変更があってもよいのではないだろうかと考えている．

(文責：菅野孝江)

(3) 公立C高等学校の場合

　この度，校務の間隙を縫ってチャーターを作成した．この過程を通じて自校の現状把握，問題点の発見，業務内容の確認などができた．チャーターの活用方法であるが，学校そのものがコミュニティとしての性格をもっていることから考えると，すべての部分にわたって総合的に活用することとなるであろう．しかしとくには，各目標に対する「目標達成度の測定」の視点を中心に据えて各業務を推進していく予定である．

　いままでは，「よくなった」とか「悪くなっている」といった漠然とした感覚による測定方法であり，それもそれぞれの教員個々の感覚で捉えることが多かった．しかもその感覚は共有されることすらなかった．また目的は共有できたとしても，その達成の具体的な方策は教員個々の所属する教科・課・学年・部活動や職務経験によって多岐にわたる．そういった集団においては，新企画を提案した時には必ずといっていいほどそれを否定する小集団が存在する．いわゆる「262の法則」で言われるように，6割の教員を説得し，改革・改善をより積極的に推進していくことが必要である．そのためにも数値等のデータの提示が必要であり，データにもとづく改善を推進するためにも測定は重要であろう．このことが学校を支えてくれる教員を増やすと同時に，活力ある学校づくりにつながっていく．

　PDCAのCは，感覚による評価の他には，学校自己評価が行われている．しかし評価項目については，多くの学校で雛形どおりのものを流用しており，その学校にあった形にはまだなり得ていない．外部評価そのものも十分浸透しておらず，学校評議員制度も形式にとどまっている．とはいえ，筆者はできる

だけ学校評議員の理解を助けるために，数値や表・グラフ等を用いたデータを提示するよう心掛けている．

　以上のことから，「目標達成度の測定」が重要になってくるのであるが，そこで得られたデータをただ単に羅列するだけではいけない．そのデータを分析し，他のデータとの相関をとるなどの加工を施す必要がある．また経時変化をグラフ化する等，目に見える形に直す必要がある．教員は多忙であるため，じっくりとデータを分析するゆとりがない．たとえ時間があったとしても，教員の多くはデータを分析する能力を必ずしももっていない．したがって，年に何回でも，データを分析し，報告することが必要ではないかと考えている．その過程によって，新しい企画や改善がなされるはずである．

　世の中，教育改革が叫ばれて久しいが，どこへ向かおうとしているのだろうか．昨今の現場の教員は長期展望が見えていない．短期的に目の前に子どもたちを抱え，右往左往しつつ，教員の自助努力と教員としての使命感によってどうにか持ちこたえている現実がある．その際の一つの目安が学校目標であろうが，その内容は誰もが否定することができない抽象的なものでしかない．また校訓も然りである．そこから具体的な戦略をブレイクダウンしなくてはならないのだが，これをトップダウンで行うのではなく，ボトムアップを期待するのであるならば，データの収集・分析・開示と説得が必要である．そうすれば，2割の教員からの具体的データにもとづく改善策を受けて，6割の教員が自信をもって新しい歩みをはじめることができる．これこそ改革の礎になる改善であると確信している．改善のできる学校は，時間がかかるかも知れないが，いずれ大きなうねりとなり学校に活力を取り戻し，改革を成し遂げることができると思われる．改善の文化や校風が改革へと導くのである．

　チャーターを「どのように活用できるか」といった表題からはほど遠いかも知れないが，筆者の今回の作業での収穫は，部分ではなく，思想・発想・着眼点という点であった．チャーターには，すべてにわたって「達成度の測定」や「基準」があったが，その重要性を強く感じた．ここでは，あえてPDCAのC

の部分についてのみ述べた．それは，PDCAのCの部分が，実は現在の学校では最も弱い部分だからである．この課題について警鐘を鳴らしておきたいと思う．

　筆者は，執筆を通して新しい改善・改革をいくつも思いついた．それを単なる思いつきにせず，現実のものにするために早速データを収集している．それは生徒・保護者・地域を同時に巻き込んだ企画でもある．学校という場で生徒が生き生きと青春を謳歌し，教師一人ひとりが夢や理想を語れる学校づくりのスタートを，チャーターづくりから学べたことは有意義であった．この事例研究は小さな試みに過ぎないが，明るい活気ある学校づくりに貢献できれば幸いである．

（文責：田辺大藏）

第2節　スクールリーダーとの対話

　筆者は，岡山大学大学院教育学研究科教育組織マネジメント専攻で学校経営戦略特論演習を担当している．学生は現職の教頭，主任等である．この授業で，事例研究の草稿について検討会を開催する必要を感じていた．事例研究の草稿は「生きた事例」であるから，学生にとって優れた学習の機会になると考えたからである．

　このような考えから，2006年11月18日（土曜午後2コマ）に事例研究の草稿に関する集中討議の授業を設定した．事例研究執筆者3名（1名は教育組織マネジメント専攻院生，2名は同専攻修了生）に草稿を報告してもらうことにした．第1章と翻訳の担当者も参加することになった．だが，その後，いきなり事例研究の草稿を報告してもらうのでは，学生が理解し難いことに気がついた．そこで，2006年11月16日（木曜夜間1コマ）に本書の企画とチャーターの概要について説明することにした．

　11月16日の授業では，チャーターの翻訳を配布した．学校プロファイルの

終　章　オーストラリア教育改革に学ぶ　211

翻訳を何人かの学生に朗読してもらったところ，教室の空気が一変した．皆が朗読に聴き入ったのである．スクールリーダーの心に響いた瞬間だった．以下では，教育組織マネジメント専攻における2回の授業をもとに，チャーターに関するスクールリーダーとの対話の要点を報告する．

(1) 学校経営計画の作成過程

　はじめに，日本の学校経営計画の作成過程について尋ねた．すると，学生（教頭）は，「学校経営計画は，校長が作る．校長が一人で作って4月の職員会議に出す．職員会議では質問はあまり出ない．学校経営計画は，教員評価の自己目標シートの作成の基盤となる」と発言した．別の学生（教頭）は，「うちの学校では昨年度に学校自己評価を行った．自己評価結果を新年度の学校経営計画に反映させるはずであったが，校長が交代した．4月に運営委員会を開いて，新しい校長とともに自己評価結果にもとづいて学校経営計画を作成した．そして，学校経営計画とその解説書を作成した．解説書には，計画の背景が説明されている．学校経営計画は教員評価の自己目標シートの作成の基盤となる」と説明した．

　これに関連して，筆者は以下のような説明を行った．日本の学校経営計画は，中期的展望をもって学校の変革を志向するというよりは，年度単位の改善を志向している．この背景には校長の在任期間が2～3年と短いことがあげられる．学校によって異なるが，前例主義が強ければ強いほど，学校経営計画の意味は弱まっていくだろう．日本では地教行法体制によって学校は行政にコントロールされているが，その一方で，学校の自主性・自律性が提唱され，学校評価・教員評価が導入されている．概して，こうした動きの中で，学校経営計画の重要性が指摘されながらも，学校経営計画の作成過程と位置づけは各学校の判断に委ねられている．

　オーストラリア・ビクトリア州では，「会議（校長，学校審議会会長・保護者代表，教員，保護者が参加）における意見集約→チャーター作成委員会（Charter Writing

Group)（複数の教員と学校審議会保護者代表が参加）によるチャーターの原案作成→校長との協議→地方教育事務所への原案の送付→学校審議会における協議と決定→校長，学校審議会会長，地方教育事務所長の署名」という慎重なプロセスがとられる．この理由は，ビクトリア州では，学校の裁量が大幅に拡大されており，学校変革の観点から，チャーターがきわめて重要な位置にあるからであろう．学校の権限が大きいだけでなく，校長が5年間の任期制であることも，学校経営計画の重要性を高めている．チャーターが1年間ではなく，3年間の学校経営計画であることも，作成過程が慎重となる要因だろう．このように，オーストラリアのチャーターと日本の学校経営計画は根本的な性質が異なっている．

(2) チャーターの実践方針と学校プロファイル

チャーターの翻訳における実践方針をめぐって議論が展開された．学生（教頭）は「教員の実践方針は人事考課，査定に使われる基準なのか．服務規程のようにも見える」と質問した．筆者は，「実践方針は教員評価の基準ではない．服務規程でもない．実践の目安である．教育行政が州全体の教員評価基準を設定している」と答えた[1]．続いて，同じ学生は，「校長と教頭の実践方針には，権利，責任という言葉が使われている．一々明文化しないと，動けないのか．実践方針に書いてないことには責任はないと言う校長は出てこないのか」と質問した．これに対して，筆者は，「そのようなことはない．チャーターは権利義務関係を示した法律上の契約ではない．準契約と呼ばれている．実践方針はその名のとおり方針である．校長・教頭の職務理念を示した方針であり，方針を超えて動くことは当然行われている」と説明した．この議論を聞いていた別の学生（教頭）は，「実践方針は教師の倫理綱領なのではないか．専門家の行動を制約するものではない．教育専門家の倫理を綱領的に示している．こういうものは日本にはないが，ある方が良いと思う．教師の役割がはっきりするからである」と指摘した．この指摘のとおり，チャーターの実践方針は教師の倫理

終　章　オーストラリア教育改革に学ぶ　213

綱領に相当する．教師は実践方針を土台に専門的・創造的に行動することが期待される．

　チャーターの翻訳における学校プロファイルに関して議論が展開した．学生（教諭）は，「学校プロファイルが想像以上に長いので驚いた．目標という言葉を使っているが，価値観に近い意味だと思う．チャーターは，日本の学校の校内研究の全体構想図に似ている」という意見を述べた．

　学生（教頭）はチャーターの学校プロファイルを読んで，「チャーターはきれいな言葉で書かれている．生徒を教師とともに育つ学習者ととらえている．教師を，生徒に教え込む者ではなく，生徒と一緒に教育をつくっていく者ととらえている．結局，チャーターを見ると，オーストラリアと日本では，教師と生徒の関係，教育の在り方が違うことが分かる．つきつめると，人間観，個人観が違うのではないか．オーストラリアでは，人とともに生きるという思想がある．これは宗教が背景にあるのではないか．日本の教育ではこういう文化は中心的ではない．日本の教育は，法律関係で規定されて，文化が形成されている」という意見を述べた．

　学生（専門学校職員）は，「学校プロファイルの翻訳を読むと，ケア，チームワーク，サポートという言葉がたくさん出てくる．これは福祉的な概念である．学校教育の当事者同士の目線が同じなのだろう．これは欧米の文化であり，企業や医療福祉にも取り入れられてきている．たぶん，日本の企業や医療福祉は，学校よりも，外国のものを取り入れやすかったのではないだろうか．現実には，学校にこれらの概念を取り入れるのは難しいと思う」と述べた．これに関連して，学生（大学講師）は，「教育も医療もサービス．ホスピタリティを提供するサービスである．サービスでは，提供する側とされる側が対等である．しかし，これは日本では難しい」という意見を述べた．

(3) チャーターを通して日本の教育について考える

　学生（教諭）は，「現実には，学校経営計画を教職員に浸透させるのが難しい．

オーストラリアでは，チャーターを教職員にどのように浸透させているのか」と質問した．筆者は，「企画運営委員会経由で浸透させる」と答えた．筆者もオーストラリアで公立D小学校校長に同じ質問をしたことがある．すると校長は，「それは簡単ではありません．学校には働いている人がたくさんいるからです．まず，校長が主任を集めた会議で説明し，議論します．それから，主任が学級担任に方針を伝えます．こうして浸透していきます[2)]」と答えた．

学生（教頭）は，「チャーターは興味深いが，日本の学校経営計画書としてそのまま使えない．学校経営の制度と文化がオーストラリアと日本で大きく異なるからである」と述べた．これに対して，筆者は，「チャーターをそのまま，日本の学校経営計画書として使ってほしいという意図はない．考えるヒントとして使ってほしい．たとえば，SWOT分析の次のステップとして，学校経営の見取図を把握するために使えるだろう」と説明した．

学生（教諭）は，「オーストラリアのベンチマークは学力の素点，数値だけなのか．日本には，わが国の教育や文化，学校の役割を考慮した独自のベンチマークが必要である」と述べた．これに対して，筆者は，「ベンチマークの領域は学力だけではない．数値がいけないのではない．多面的な数値を準備し，数値の使用の仕方に注意を払う必要があろう．学校評価では，数値を一つのきっかけに，事例と組み合わせて検討する，地域社会などの背景との関連を分析する等によって，具体的な解釈を進める必要がある．日本の教育と文化を考慮したベンチマークが必要であるという意見は的確である」と答えた．

学生（教諭）は，「日本では，教育基本法と学習指導要領が全国共通の公立学校の価値である．チャーターの価値は，各学校の価値である．各学校のチャーターの内容はとても広いので，学校コミュニティと共同で作るべきものではないか」と質問した．これに対して，筆者は，「学校裁量が日本とオーストラリアでは異なる．オーストラリアのように日本の学校の裁量が大きければ，学校経営計画もチャーターのように広範囲を扱う必要がある．日本の学校裁量はあまり拡大していない．学習指導要領は授業時数の規定に見られるように拘束性

が強い．教科書制度も拘束性が強い．人事面では，意見具申はできるが，選考の権限はない．裁量が少ない日本の学校にとって，チャーターの内容は広く見えるかもしれない．チャーターは，コミュニティと共同で作るものである．オーストラリアでは実際にそのようになっている」と説明した．

　岡山県の状況について，学生（教頭）は，「岡山県の学校経営計画書のフォーマットは2006年の4月から使用されている．校長に対する研修会で説明され，使用が指示された．内容は学校によって異なっている」と述べた．別の学生（教頭）は，「岡山県の学校経営計画書のフォーマットについて理解するためには，校長・教頭の自己目標シートも参照する必要がある」と指摘した．2006年度から岡山県では新しい教職員の評価システムが導入された．自己目標シートとは，いわゆる教員評価システムのフォーマットである．岡山県教育庁は，「教職員は，設定された学校経営目標をよく理解し，さらには学年や校務分掌等の目標をも踏まえた上で，自らの校内での役割を十分認識して自己目標を設定します」と説明している[3]．このように，岡山県において学校経営計画と教員評価は相互に関連している．

　学生（養護教諭）は，事例研究について「小学校，中学校，高校の各章によって内容が異なる．これは，学校段階が違うから内容が異なるという単純な問題ではない．まず，各章の執筆者の事例校における勤務年数と立場が異なる．さらに重要なことは，学校のおかれている状況が違うことである」と述べた．こうした観点は事例研究を読む際に重要である．

　最後に筆者が，「がんばる子，明るい子，やりぬく子という日本の小学校のイデオロギーがある[4]．現在，これが学校の価値では，不登校の子どもが減らないのではないか．ケア，サポート，チームという理念を学校の価値にしたらどうか．チャーターの翻訳を見ると，この点に気づくことができる」と述べた．これに対して，修了生の一人は小学校教頭の立場から「本当に，その通りです」と答えた．別の学生は中学校教諭の立場から，「ケアは大事だが，自立させることも必要である．そうでないと，卒業後に適応できない．ケアと自立の

バランスのとり方が難しい．発達段階によっても異なる」と述べた．学校教育は，ケアから自立への方向性で実践されるものであるが，とくに思春期の入り口である中学校では，ケアから自立のバランスのとり方が容易ではないのだろう．

以上のように，チャーターの翻訳を皆で読み，事例研究について討議したところ，充実した時間をもつことができた．教育論，教師論，文化論まで話題が発展したことは，とても良かったと思う．ここまで議論できたのは，学生が現職のスクールリーダーであり，その実力が発揮されたからである．オーストラリアのチャーターは，日本の学校教育と学校経営を問い直すヒントを十分に与えてくれたようである．

第3節　本論の要点

本書は，オーストラリアの教育改革とチャーター（3年間の学校経営計画）について検討した上で，日本のスクールリーダーにチャーターを作成してもらい，学校変革プランの方法と実際を示すことを目的としている．本書は，チャーターを学校変革プランと呼び，その実践的研究を通して，日本の学校経営計画，広くは教育改革の在り方を考えるヒントを提供しようと試みた．以下では，オーストラリア教育の研究（第1章と第2章），事例研究（第3章～第5章）の順に要点を述べる．

(1) オーストラリア教育の研究

第1章では，社会背景，教育制度，教育行政，学力水準，学校審議会，学校の裁量拡大とパートナーシップ，教育課程政策，多文化教育，市民性教育，先住民教育の観点から，オーストラリアの教育改革について論究した．オーストラリアでは，学校裁量が認められていることによって，地域や児童・生徒の実

態に合った学校経営が可能になっている．だが，一方で，教育成果の基準が明確化された結果，さまざまな側面での格差が明確になってきた．今後は，多様な教育ニーズに一層対応していくことが政策的課題であろう．

第2章では，ビクトリア州の自律的学校経営，学校組織マネジメントシステム，ベンチマーク，チャーター，学校評価，学校ランキングの規制，チャーターの理論について論じ，日本の学校におけるチャーターの使用法を解説した．チャーターは，保護者代表，教育行政代表と校長の間の同意であるが，相互に法的強制力を伴う権利・義務関係はない．これでは，学校が，保護者や教育行政の期待にかなった成果を収めるのか，疑問が残される．そこで，チャーターの実施を誘導するために，外部評価を含めた学校評価を実施して，学校の成果と課題を明らかにする．さらに，学校審議会会長と地方教育事務所長は，校長の任期更新時に学校経営の結果を検証し，校長のアカウンタビリティ（結果責任）を追及できる．日本でチャーターは，教育理念の明確化，将来展望の検討，学校変革の方向性の提示という観点から使用できる．さらに，チャーターのフォーマットにもとづいて，自分のアイデアを創出し整理することや校内研修を実施することが考えられる．

(2) 事例研究

第3章では，公立A小学校の事例研究を行い，チャーターを作成した．A小学校は，2004年度から二学期制を試行し，学校行事や生活時程などを見直してきた．2005年度から放送教育・情報教育の校内研究を進めることになった．研究主題は，「自ら学び，進んで活動する子どもの育成―豊かな学びを作るメディアの活用―」である．この研究では，放送・デジタル教材や情報機器の効果的な活用方法を探求している．そして，児童の自己肯定感を育成する授業をつくりたいと考えている．だが，社会のゆとりのなさを背景に児童の様子も変化してきている．そのような児童を前に，教科のねらいを達成するために放送教育・情報教育をどう活かしていくのか，研究主題をどのように実際の授業に

つないでいくのか，その具体策は十分明らかになっていない．そこで，本校では2006年度に，教室での「豊かな学び」を実現するために，授業改善を中心に位置づけた．そして，校内研修と授業研究会を実施し，先進校の視察も行った．これらの実践を整理し，今後の課題を明確にするためにチャーターを作成した．

チャーターの学校プロファイルの価値は次の3点である．(1)「確かな学力，豊かな心，健やかな体」を柱とする生きる力を育成する．(2)子どもたち一人ひとりの自立を図り，個性と可能性を開花させ，社会の形成者として必要な資質と能力を育成する．(3)心豊かにたくましく生きる子どもを育成する．

教育課程目標は次の3点である．(1)学びの質を高める授業づくりに向けて，ICTやNHK教育放送の有効な活用法を探る研究を進める．(2)安全な学校生活と健康づくり，体力の向上を進める教育に取り組む．(3)生活習慣の見直しを進め，学びの基礎力を向上させる．(4)卒業生の詩人薄田泣菫を，教育活動に生かす工夫を進める．教育課程目標の達成度の測定基準は設けていない．

重点領域は，「豊かな学びを創る教育メディアの活用（研究主題）—新しい放送教育・情報教育が授業を変える—」である．そのめざす成果は，主に，教育メディアを活用するとともに，一人ひとりの子どもを大切にし，思いやりと温かみのある学級・学校づくりを進めて，子どものやる気を育てることである．

チャーターを作成して次の考察を行った．第一に，ビクトリア州のチャーターは学校経営の指針であり，実際には，個々の具体的な実施計画の作成が有機的に連携していると思われる．日本でも個別の実施計画は学校教育の方針にもとづくことが求められているが，その重要性を再認識できた．第二に，チャーターのフォーマットの中に，「教育環境」「スタッフマネジメント」「財務・設備運営」という項目があることが新鮮であった．「教育環境」は，教育の成果につながる環境，教室や学校のもつ雰囲気が重要であると考えられる．「スタッフマネジメント」は重要である．教職員の児童への関わりと意識の違いが，児童の学びや学校の組織運営にプラスに作用するよう配慮しなければならない

からである。地域の人材の協力を得るためには，「スタッフマネジメント」という発想がますます重要となるだろう．

第4章では，公立B中学校の事例研究を行い，チャーターを作成した．公立B中学校でも，教職員の多忙化，生徒や保護者の意識や価値観の多様化，人間関係の問題等が生じている．生徒の基本的な生活習慣の乱れやコミュニケーションの不足が感じられる．こうした中，展望を開くために，学校自己評価を行った．その結果，教育指導上の課題が明らかになった．そこで，2006年度から，校内研究「豊かな人間性を育み，確かな学力の向上をめざす生徒の育成」を実施することになった．各教科で研究テーマを設定し，さらに，年間6回の校内研修を実施した．授業公開も行い，教師同士が刺激を与え合い，高め合う授業改善にしている．このような2006年度の公立B中学校の取組みを整理し，学校改善に寄与するために，チャーターを作成した．

チャーターの学校プロファイルの価値は次の3点である．(1)豊かな自然の中で，すべての生徒がその能力に応じて，生き抜く力を身につけることができるようにする．(2)生徒の健全な成長に向けて，「学力の定着と向上」「基本的な生活習慣の定着」の取組みを徹底する．(3)地域の取組みに進んで関与するなど，社会性を備えた生徒の育成に取り組む．

教育課程目標は次の3点である．(1)新しい時代を拓く，心豊かでたくましい生徒を育成する．(2)自ら課題を見付け，よりよく解決しようと努力する生徒を育成する．(3)自他ともに大切にし，思いやりのある生徒を育成する．(4)たくましく生きるための健康や体力をはぐくむ生徒を育成する．

重点領域は，豊かな心を育み，確かな学力の向上をめざす生徒の育成，個に応じた指導を通して，生徒が意欲的に学ぼうとする学習活動の創造，生徒の意欲を引き出す授業づくり，新しい授業の開発・工夫である．そのめざす成果は，生徒の自己肯定（安心と自信，分かる喜び，開かれた学び），確かな学力である．

チャーターを作成して主に次の考察を行った．第一に，日本では，学校経営の内容のすべてが「学校経営計画書」に記載されていない．公立学校では施設

管理や財務は，校長の裁量とは別枠のイメージが強い．スタッフマネジメントは各教師の人間関係能力に委ねられている．アカウンタビリティに関しては，教頭・教務主任が模索している．第二に，スタッフマネジメントは意義が大きい．学校改善は，スタッフマネジメント，すなわち教職員の組織モチベーション次第だからである．校内研修と教師の自律性・専門性の確立が鍵となるだろう．第三に，日本の学校では，オーストラリアよりも，生活指導や教育相談の領域が非常に大きな位置を占めている．したがって日本でチャーターのようなものを作る場合，そのフォーマットでは，「教育環境」ではなく，「生徒指導」という概念を使うことが妥当である．第四に，チャーターの実施体制の問題である．実際にはチャーター実施の段階において，公立中学校における分業の難しさをクリアしなければならない．フラットかつマトリックスな学校組織では，ミドルリーダーの力量が重要となる．第五に，到達水準の問題である．日本ではどこまで到達すればよいのかが見えない．一方，オーストラリアではベンチマークが策定されている．このベンチマークがヒントになってくれないかと期待をしているが，その運用には注意が必要であろう．

　第5章では，公立Ｃ高等学校の事例研究を行い，チャーターを作成した．Ｃ高校は新設の総合学科（単位制）であり，教育課程には「人文・社会系列」「自然科学系列」「総合技術系列」「伝統工芸系列」「健康福祉系列」という系列が設けられた．校長は県下初の民間出身校長であり，経営的な発想を学校に導入した．当初，教員の中に反発もあったが，次第に納得していった．だが，Ｃ高校は課題を抱えている．教員は多くの科目の授業を担当しており，多忙感と徒労感をもっている．その結果，生活指導面や進路指導が，個人的な努力に委ねられてしまい，十分な効果をあげていない．そこで，教員が組織的に動く仕組みをどう作っていくか，より積極的に動こうというモチベーションをどう高めていくかという課題意識からチャーターを作成した．

　チャーターの学校プロファイルの価値は次の2点である．(1)Ｃ地区唯一の県立高校であり地域の教育および活性化に寄与する．(2)総合学科として新し

い学校のモデル校である.

　教育課程目標は次の4点である．(1)一人ひとりの個性を尊重し，自己発見から自己実現へと導く．(2)自由と責任の自覚のもとに，主体的に学ぶ態度を育成する．(3)社会の一員としての自覚をもち，地域を愛し貢献できる．(4)心身を鍛え，心と体の調和のとれた人格の形成を図る．

　重点領域は次の6点である．(1) 1年次では，基礎・基本となる科目を中心に共通履修科目を開設し，基礎学力の充実をはかる．(2)一部の選択科目においては学年の枠を越えて学ぶことができるように，教育課程の工夫をはかる．(3)多様な履修形態が可能となるよう，二学期制を実施し，一部の科目については半期での単位認定を導入する．(4)少人数での授業や習熟度別の指導ができるような教育課程を編成する．(5)資格取得を積極的に奨励・支援し，その成果について単位認定する方向で工夫をはかる．(6)調べ学習や自学自習に対応した環境を整え，「自ら学ぶ」力の育成をはかる．そのめざす成果は，各生徒の自己発見から自己実現にむけての成長，自己発見の機会の多様性である．

　チャーターを作成して次の考察を行った．第一に，チャーターを作成するために，4年分の学校要覧を分析したところ，学校要覧の内容が中期計画と短期計画に分類できることが明らかになった．今後，学校要覧を作成する際，中期計画と短期計画に分類整理する必要があるだろう．第二に，チャーターの「重点領域」の「初年度実施戦略」は有効であろう．「初年度実施戦略」は，各課長や学年主任のめざす方向性を明らかにしているからである．各課学年団の構成員は「初年度実施戦略」が提示されれば，仕事の方向性と優先順位を理解できるだろう．

　第1章から第5章までの要約は以上のとおりである．事例研究で作成されたチャーターの要点は表6—1のとおりである．

表6―1　事例校のチャーターの比較（抄）

	学校プロファイル（学校の価値）	教育課程目標	重点領域
A小学校	・「確かな学力，豊かな心，健やかな体」を柱とする生きる力の育成． ・子どもたち一人ひとりの自立を図り，個性と可能性を開花させ，社会の形成者として必要な資質と能力を育成する． ・心豊かにたくましく生きる子どもの育成．	・学びの質を高める授業づくりに向けて，ICTやNHK教育放送の有効な活用法を探る研究を進める． ・安全な学校生活と健康づくり，体力の向上を進める教育に取り組む． ・生活習慣の見直しを進め，学びの基礎力を向上させる． ・明治の代表的な詩人で卒業生でもある薄田泣菫を，教育活動に生かす工夫を進める． （基準は設けていない．）	・豊かな学びを創る教育メディアの活用（研究主題）―新しい放送教育・情報教育が授業を変える―」 ・めざす成果：主に，教育メディアを活用するとともに，一人ひとりの子どもを大切にし，思いやりと温かみのある学級・学校づくりを進めて，子どものやる気を育てること． （初年度実施戦略：略）
B中学校	・豊かな自然の中で，すべての生徒がその能力に応じて，生き抜く力を身につけることができるようにする． ・生徒の健全な成長に向けて，「学力の定着と向上」「基本的な生活習慣の定着」の取組みを徹底する． ・地域の取組みに進んで関与するなど，社会性を備えた生徒の育成に取り組む．	・新しい時代を拓く，心豊かでたくましい生徒の育成． ・自ら課題を見付け，よりよく解決しようと努力する生徒の育成． ・自他ともに大切にし，思いやりのある生徒の育成． ・たくましく生きるための健康や体力をはぐくむ生徒の育成． （基準は設けていない．）	・豊かな心を育み，確かな学力の向上をめざす生徒の育成．個に応じた指導を通して，生徒が意欲的に学ぼうとする学習活動の創造，生徒の意欲を引き出す授業づくり，新しい授業の開発・工夫． ・めざす成果：生徒の自己肯定（安心と自信，分かる喜び，開かれた学び），確かな学力． （初年度実施戦略：略）
C高等学校	・C地区唯一の県立高校であり地域の教育および活性化に寄与する． ・総合学科として新しい学校のモデル校である．	・一人ひとりの個性を尊重し，自己発見から自己実現へと導く． ・自由と責任の自覚のもとに，主体的に学ぶ態度を育成する．	・1年次では，基礎・基本となる科目を中心に共通履修科目を開設し，基礎学力の充実をはかる． ・一部の選択科目におい

C高等学校		・社会の一員としての自覚をもち，地域を愛し貢献できる． ・心身を鍛え，心と体の調和のとれた人格の形成を図る． （基準は設けていない．）	ては学年の枠を越えて学ぶことができるように，教育課程の工夫をはかる． ・多様な履修形態が可能となるよう，二学期制を実施し，一部の科目については半期での単位認定を導入する． ・少人数での授業や習熟度別の指導ができるような教育課程を編成する． ・資格取得を積極的に奨励・支援し，その成果について単位認定する方向で工夫をはかる． ・調べ学習や自学自習に対応した環境を整え，「自ら学ぶ」力の育成をはかる． ・めざす成果：各生徒の自己発見から自己実現にむけての成長．自己発見の機会の多様性． （初年度実施戦略：略）

第4節 結 論
―学校変革プランの方法と実際―

　ここでは，事例研究の成果をふまえて，学校変革プランの方法と実際について，日本とオーストラリアの比較研究の観点から考察する．

(1) チャーターの意義

　オーストラリア・ビクトリア州では，1980年代後半から経済が低迷し，一

方で，都市部における多文化社会が存在感を増し，財政危機も深刻になった．学力の低下も問題になっていた．こうした背景の下，学力の向上，多様性への対応，コスト削減という観点から，1993年以降，ニューパブリックマネジメントの考えをもとに教育改革が実施された．すなわち，公立学校の裁量が大幅に拡大され，自律的学校経営が導入された．チャーターは，裁量が拡大した各学校の中期的経営計画を示すという意義をもっている．裁量が拡大した学校において，成果を向上するためには，経営ビジョンと教師の組織的実践が必要である．そこで，学校の経営と実践の基盤として，チャーターが不可欠であると考えられた．

　一方，日本では，さまざまな問題が学校の内部で発生している．その第一は，いじめ，不登校，学習レディネスと学力の格差拡大という子どもの問題である．これに関連して，学校に対する保護者への要望・不満も，多様化かつ増加している．第二は，社会の高度化・複雑化を背景として，教育内容・方法の高度化が要請されているが，教師の専門的指導力および学校の設備は必ずしも高度化していない．第三に，学校の多忙化によって，教師の精神的・肉体的徒労感が危機的になっている．教師が子どもと向き合う時間，同僚と話し合う時間，教材研究や自己研鑽のための時間が乏しくなり，自分の目の前の仕事をこなすことに精一杯となっている．

　こうした状況の中で少しでも学校を良い方向に進めるためには，どうすればよいのだろうか．まず，学校がビジョンと具体的な目標を設定し，子どもの問題や保護者の要望に対する共通の指針を定めることが必要である．次に，教育内容・方法の高度化の観点から，校内研修を進めて，教師の専門的指導力を組織的に高めることも期待される．そのためには，スクールリーダーシップの基盤として，学校経営計画の拡充が必要になってくる．つまり，チャーターのような学校変革プランの策定が日本でも要請されてくる．

　チャーターの意義について，事例研究の執筆者は次のように述べている．松永は（第3章執筆者，小学校教頭）は，「ビクトリア州では，実際の学校の組織と

運営において，指針となるチャーターと個々の具体的な実施計画の作成が有機的に連携していると考えられる．日本でも個別の実施計画は学校教育の方針に基づくことが求められている．筆者はその点の重要性を改めて確認することができた」と述べている．

　菅野（第4執筆者，中学校教諭）は，「チャーターをどう理解して，具体的な実践に結び付けていくか，どう組織を動かしていくか，どう保護者・地域の協力を得ていくか，課題でもあり，夢が膨らむところでもある」「校長から，チャーターでは目標と達成に向けての手だてがかなり明確になっており，教職員が具体的にどのように取り組んだらよいかがはっきりしてくるだろうとのコメントを得ることができた」と述べ，チャーターを肯定的にとらえている．だが，その一方で，学校経営計画には「地域に根ざした公立中学校の歴史・文化・風土，つまり人を育てる日本の教育の本質がその色を濃く残していることが期待される」とも指摘している．つまり，チャーターをそのまま導入するのではなく，教育の実情を考慮した上で，日本にふさわしい学校経営計画をつくっていくべきであると述べている．

　さらに，菅野は，「チャーターの領域の問題がある．チャーターの項目にしても，これですべて言い尽くしたのだろうか，これだけが教育なのだろうかという不安を覚える．では，何を入れて何を行うのかと問われれば，ますます抽象的になり，広がり過ぎた学校の実態に行き着くように思われる．日本でチャーターを試みとして作成する場合，学校の役割とは何かが問われなければならない」とも述べている．たしかに，学校経営計画の範囲と学校の役割は密接に関係している．日本の学校では，伝統的に学習指導だけでなく，生活指導も重視されてきた．そして今日，学校の役割は一層広がる傾向にあるが，教諭や事務職員が増員されるわけでもないので，教師の多忙感が高まっている．学校経営計画の在り方を政策的に改善する場合，学校の役割を再検討することも課題になってくるだろう．

　田辺（第5章執筆者，高等学校教諭）は，「今回，チャーターを作成するために，

学校要覧を開校当初から振り返った。C高校の場合，学校要覧は毎年変化している部分が目立つ。だが，4年目を迎えた現在も変わらず記載されている内容もある。なにも見直しをせずに変化がなかったのではなく，見直しをかけてもなお変化しない部分があると言えよう。この変化しなかった部分がC高校の中期目標計画であろう。つまりC高校の学校要覧には，中期計画策定書という意味合いの部分と，その計画を実施するための単年度の計画とが混在していることになる。今後，学校要覧もこの視点を取り入れ，中期計画と短期計画に分類整理し直してみる必要がある」と述べている。つまり，日本でも，チャーターのように中期計画という発想が必要だと考えている。「頭の中では仕事として分かっていることも，こうしたチャーターのフォーマットに整理することによって，業務の分類整理ができた。これは筆者にとって収穫であった」とも述べている。業務の分類整理は，学校組織の効果を高める大前提である。チャーターのフォーマットが有効に活用されたと考えられる。

(2) チャーター作成の手順

オーストラリアにおけるチャーターの作成過程は次のとおりである。(1)校長，学校審議会会長・保護者代表，教員，保護者が参加する会議を開催し，チャーターに対する意見を集約する。(2)チャーター作成委員会（構成員：複数の教員と学校審議会保護者代表）が，3年ごとの学校評価の勧告を反映して，チャーターの原案を作成する。(3)地方教育事務所がチャーターの原案を確認する。(4)学校審議会がチャーターの原案を審議・決定する。(5)校長，学校審議会会長，地方教育事務所長がチャーターに署名する。(6)チャーターにもとづいて教育課程を編成する。校務分掌を決定し，各分掌で計画を策定する。予算を編成する。

これに対して事例研究では，執筆者が単独で，既存の学校経営文書，すなわち，学校経営計画書，学校要覧，学校経営の構想，研究の構想等を参照して，チャーターを作成した。菅野は，「オーストラリアのように，最初にチャータ

ーを作ってから個々の計画内容を策定したのではない．チャーターを作成するために，逆に，教育課程編成表等の既存の文書を参照したのである」と述べている．

このような作成手順になった基本的な理由は，執筆者が教頭あるいは主任として事例校に勤務しているからである．勤務校の実態をふまえて，勤務校の今後に役立つチャーターを作るためには，既存の学校経営文書を参照することは妥当であると考える．しかも，事例研究の執筆者は学校改善の経緯と課題を検討し，課題意識を明確にした上で，チャーターを作成している．したがって，事例研究におけるチャーターの作成は，オーストラリアとは手順は異なるが，学校現場に密着した過程をたどっている．

執筆者は勤務をこなしながら，チャーターをここまでよく作ったと思う．今回，チャーターを作成して，各校の全体の見取図が明らかになった．次回は，同僚と討議する等の方法を取り入れ，より創造的にチャーターを再作成されることを期待している．

(3) チャーターの基準

オーストラリアのチャーターでは，教育課程目標，教育環境目標，スタッフマネジメント目標，財務・設備運営目標に，基準を記載する欄が設けられている．基準は，目標達成度の測定基準を意味する．チャーターには基準として，教育課程政策（内容習得の到達水準）とベンチマーク（数値目標）が記載されている．中等学校の場合，中等教育修了資格試験の成績も基準として使用されている．ちなみに，学校評価においても，同様の基準が使用されている．

事例研究の執筆者は一様に「日本には成果の基準が存在しない」と言っていた．たしかに，日本の教育行政はベンチマークのような成果の基準を策定していない．松永は教育課程目標の基準に関して，「数値で測りにくい部分である．授業研究で児童の学びの様子を職員で公開し，検証し合う仕組みづくりが大切である」と述べている．また，教育環境目標の基準については「教育活動の一

環として作用するものである．そのため，独立した達成の基準は設けにくい」と述べている．学校現場の立場から，学校の実態を尊重して活動していきたいという希望の表れと受け取れる．

　学校の実態の尊重という松永の主張は理解できる．だが，それだけでは，学校という狭い範囲の解釈に依存することになり，学習成果の検証や改善方法の開発に限界が生じてしまう．基準を忌避する理想主義は学力の定着を妨げていないだろうか．実際，小学校で学力が担保されなかったために，卒業後，中学校で授業について行けない子どもが後を絶たない．しかも，基準が存在しないことが，学校の自己評価，外部評価，第三者評価を困難にしている．どれだけ多面的または専門的に学校を評価しようとも，基準がなければ，印象論になりかねないのである．つまり，小学校は理想主義と現実主義のバランスをとる必要があるだろう．

　この点について菅野は次のように考察している．「公立B中学校の校内研修の際の教職員の意見交換の中で『自分の授業をよりよくするの"よく"とは何なのか』『授業の工夫を図る，その基準に苦慮する』という意見を得た．定期テストの度数分布表や自己評価表，授業アンケートをどう読むか，到達点の見えない苦しさは，共感できる．一方，オーストラリアではベンチマークが策定されている．このベンチマークがヒントになってくれないかと期待をしている．だが，『人格の完成』と知・徳・体の調和をめざす日本の学校教育において，これらの数値だけで評価してよいのかという不安も感じられる．ベンチマークの取り扱い方が問われるだろう」．

　つまり，ベンチマークは日本でも活用できそうであるが，その運用の仕方が問われるのである．とくに学力に関する数値の運用には注意を払う必要がある．イギリスでは，数値が学校の序列化に使用された結果，次のような事態が生じている．「フイッティは，リーグ・テーブルなどの結果によって評価される状況に対応して，人気のある学校は『上澄みをすくう』傾向になることを指摘する．その場合，人気のある学校は，高い能力で，教育熱心な親を持つ，中産階

終　章　オーストラリア教育改革に学ぶ　229

級の子どもをより多く入学させようとするが，こうした学校によって好まれる生徒は，『優秀な』『才能のある』『意欲のある』『熱意のある』生徒であり，イギリスの場合，より特定的には中産階級の子ども，女子，さらに（理科系科目に強いと考えられる）南アジア系の子どもである．こうした生徒は，学力のテスト点数を増やすための「資産」とみなされる一方，『できが悪い』『特別なニーズを持つ』（とくに問題行動を持つ）生徒，労働者階級の家庭の子ども，男子は，余り望まれない生徒とみなされ，人気のある学校はできる限りこうした生徒の入学を避けようとすることになる[6]」．

　一方，オーストラリアでは，2000年にビクトリア州教育大臣に対して答申『公教育―次の世代へ―』(Public Education: The Next Generation) が提出された．同答申は「政府は学校の成果を議会と市民に報告すべきだが，児童・生徒の成果に関するデータの使用法と濫用可能性に懸念を持つ．（中略）問題はデータを公表するかどうかより，むしろどのように収集し，解釈し，説明するかである．その結果，各学校と州全体の成果および学校に配分された資源に関する豊かな全体像を提供するかどうかが問われる[7]」と述べ，学校の成果に関するデータの取り扱いに慎重な姿勢を見せている．このような観点が日本でもベンチマークを策定する際に，きわめて重要になるだろう[8]．

(4) 学校プロファイル

　オーストラリアのチャーターの学校プロファイルの文章の長さと質は，学校によって異なっている．翻訳で示したD小学校の学校プロファイルは，長文で内容的にもとくに優れている．以下ではD小学校の学校プロファイルの要点を検討してみたい．

　学校プロファイルの「学校の価値」の冒頭では，「D小学校のコミュニティは，メンバー全体の学習機会を最大限に活かしていくことに労力を惜しまない．その重要な目的は，①児童の潜在能力を最大限に開花させること，②すべての教育活動を児童の学習向上と関連付けて考慮することである」と述べられて

いる．主語が「D小学校のコミュニティ」になっていることが注目される．ここで，コミュニティは地域社会の意味ではない．D小学校のコミュニティとは，学校コミュニティ（school community）のことであり，常勤・非常勤の教職員，保護者，児童から構成される「共同体」[9]を意味する．学校コミュニティのメンバーが一体になって教育を行うという意思の現れであろう．さらに，児童の潜在能力の最大限の開花および児童の学習向上への焦点化という原則が示されている．

「私たちの目標」では，「私たちは変化を恐れずに，データから多くのこと学んでいく」と述べている．ここに，前例主義との決別とデータにもとづいた専門的職能成長への志向が示されている．「私たちの学校コミュニティは，私たちの児童が幸せになり，目標を持って学習に取り組むことをサポートする」という理念も示している．目標のある学習とは，子どもが「学ぶ意味」を見出すことにつながるだろう．

「私たちのビジョン」では，「私たちは，個人やグループで，児童が活動的で，独立心を持ち，責任ある学習者として育つことを支援する．つまりは，自らの生活において児童たちがポジティブな選択や貢献ができるように育てたいのである」と述べている．これは教育内容・方法の支柱であろう．オーストラリア学校教育の国家目標（アデレード宣言）の「1.2　自信，楽観的な考え方，高い自尊心を持ち続ける素質」の育成につながるところでもある．

「私たちの価値」の「私たちは，学習を尊重する」の項目には，D小学校の教育論が凝集されている．まず，「私たちは，常に変化していく世界の中で児童を支え，習得すべき感性を養うことを目的としている」と述べ，教育の目的が表明されている．そして，「回復力，持続性そして柔軟性のような特質を習得することは，児童の世界観やその中で上手く対処する能力を伸ばしていくだろう」と述べている．標準化・効率化が進み，生きにくくなった現代社会では，心がきずついても回復する力が子どもに必要である．そして，教育の本質が，表面的な指導ではなく，児童の世界観を広げていくことにあると提起している．

終　章　オーストラリア教育改革に学ぶ　231

こうした観点は，日本の学校では，どれだけ共通理解できているのだろうか．

このように，D小学校のチャーターの学校プロファイルでは，教育論が丁寧に記述されている．チャーターの概要は，学校の価値目標，教育課程，重点領域の観点から表6─2にまとめた．チャーターの詳細については，巻末の付属資料を参照してほしい．

一方，日本の事例研究で作成した学校プロファイルを見ると，文章の長さ，内容の豊かさのいずれにおいても，オーストラリアの実例には及ばない．とはいえ，A小学校のチャーターの「学校の価値─学校の将来展望」では，「学校の存在意義の追求『集団と個』『地域社会』『保護者』，人の生きる意味や働く価値の追求，教育実践の本来的な使命の追及」という教育論の手がかりが示されている．これらの言葉を解釈することが，A小学校のチャーターの発展の鍵であろう．現代社会において，学校の存在意義とは何なのか，人の生きる意味や働く価値はどのように追求できるのか，教育実践の本来的な使命とは何なのかが考察される必要がある．

B中学校の学校プロファイルの「学校の価値」「学校の将来展望」は，素朴な一般的目標にとどまっている．この目標を具体化することが期待される．そのためには，スクールリーダーが教育実践の理念を提案し，教職員が討議し練り上げる必要がある．「学校の種別・規模・地域」では，「教職員は生徒の立場に立ち，保護者との連携をもって熱心に指導を展開することができるが，生徒・家庭の意識や実態の差に戸惑いがある．生徒は素朴で挨拶も良くでき，穏やかで，問題行動も少なく受容的であるが，家庭学習の徹底など，基本的生活習慣の定着が不十分な生徒が増加しつつあり，不登校，不登校傾向の生徒も増加傾向にある」と述べている．ここに生徒の姿が素直に書かれており，執筆者が生徒を大切に思っていることがうかがえる．生徒を大切に思うからこそ，生徒の課題も直視できるのだろう．これは，B中学校のチャーターの長所である．

C高校の学校の価値は，「C地区唯一の県立高校であり地域の教育および活性化に寄与する．総合学科として新しい学校のモデル校である」と短く書かれ

表6-2　オーストラリアD小学校のチャーター（抄）

	学校プロファイル （学校の価値）	教育課程目標	重点領域
D小学校	・私たちは，学習を尊重する． ・生涯学習，継続的な成長，知識，技能，思考力，持続性，回復力，関心，柔軟性． ・学習は，D小学校の最も重要な目標である．教えることは重視され，個々の学習機会を最大限に活かすことを視点として，継続的に改善される． ・私たちは私たちのコミュニティを尊重している． ・学校のコミュニティメンバー（常勤・非常勤の教職員，保護者，児童），学校周辺とその構成員，違い，思いやり，共感，私たちの学校という「思い」． ・私たちは私たちの環境を尊重している．ローカル，グローバルな物質的環境，私たちの学習環境． ・私たちは他者と歩調を合わせることを尊重する． ・ケア，チームワーク，協力，良好な関係の構築，自己，他者の尊重，寛容さ，受容，情熱的な見解． ・教員は，共同作業によ	〈児童の達成度〉 ・目標：教員は，児童の学習成果を向上させるために，多様な授業法，学習方法を利用する． 改善分野：重点領域であるリテラシーとニューメラシーの成果を改善するための，教室での教育活動に対する学校全体の一貫性．とくに，5・6学年における評価の適正化 ・目標達成度の測定（学校の達成目標）：2005年までに，3学年と5学年の「読解」「計算」の学校群ベンチマークに合致するか，それ以上の成果（評価としてAIMを利用する．） ・基準：教育課程政策に沿った英語と算数における児童の到達度．標準的な文章レベルに沿った準備学年から2学年までの「読解」における児童の到達度．学力改善調査によって測定される「読解」「表現」「計算」における児童の到達度 〈教育課程の編成・実施〉 ・目標：保護者との十分なコミュニケーションを伴った様々なプログ	・リテラシーとニューメラシーの分野において学校全体を通して一貫性がありかつ適切な授業戦略や学習実践を開発する． ・めざす成果：教室におけるリテラシーとニューメラシーの教育方法に対する学校全体の一貫したアプローチ．児童の学習を支援する幅広い教育方法および学習戦略を用いた，教員の実践を改善した結果による児童の成果改善． ・学校の目標：2005年までに，3年生と5年生の「読解」「計算」の学校群ベンチマークの中間値に合致するか，それ以上を達成する．（評価として学力改善調査を利用する．） 〈初年度実施戦略〉 ・教員にプログラムを知らせ，付加的な援助を募るために，幅広い評価基準（標準テストを含む）を利用する． ・低学年，中学年を対象とした戦略と一貫性のある適切な教育内容，教育方法を保障するために，算数プログラム

D小学校	って，ケア，協力関係，尊敬の観点からの望まれる姿のモデルとなる．	ラムの提供を通して，児童の教育ニーズが満たされる． • 改善分野：とくに教育到達度の両極（上位・下位）にいる児童個人をどのように学校が配慮しているかを保護者に知らせるためのプロセスの改善 • 目標達成度の測定（学校の達成目標）：学力の保証と授業の質に関する保護者の意識（2002年）を改善する． • 基準：各学年レベルの主要学習領域における授業時数配分．保護者の意識：授業の質，学力の保証，児童に関する報告基準．	を評価する． • 適切な専門性開発（研修）を低学年・中学年を担当するすべての職員に提供する．これは，とくに首尾一貫した評価基準，技法を重視するものである．

注）付属資料の翻訳から抜粋した．

ている．これは，C高校が新設校であり，学校の方向性を模索している段階のためであろう．「学校の将来展望」には，「社会人としての良識を身に付け自ら考え行動できる生徒の育成，進路実現・進路保障のできる学校，明確な目標・方策など先を見通したプランの達成をめざし行動する教職員集団」という一般論が書かれている．今日の社会状況をふまえて，「社会人としての良識」「進路実現・進路保証」といった概念を検討し，改善することが期待される．

(5) 学校目標

　学校目標は，教育課程目標，教育環境目標，スタッフマネジメント，財務・設備運営目標から構成されている．オーストラリアでは，教育課程目標が最も重要な目標に位置づけられている．オーストラリアD小学校のチャーターでは，教育課程目標は，「①児童の達成度」と「②教育課程の編成・実施」に分けら

れている．ここでは，「① 児童の達成度」に焦点を当てて検討する．

教育課程目標の冒頭には「州政府目標：2005年までに一ビクトリア州のすべての小学校の児童が，読解（reading），表現（writing），ニューメラシーのナショナル・ベンチマークに達するか，それ以上の学力を習得する」と書かれている．学校に権限を委譲して学校経営プロセスの自由度を高める代わりに，基準にもとづいて成果を測定するというニューパブリックマネジメントの考え方が表れている．

教育課程目標は「教員は，児童の学習成果を向上させるために，多様な授業法，学習方法を利用する」である．改善分野は「重点領域であるリテラシーとニューメラシーの成果を改善するための，教室での教育活動に対する学校全体の一貫性．とくに，5・6学年における評価の適正化」である．このように，児童の学習成果，とりわけリテラシーとニューメラシーの改善に焦点が当てられている．「教室での教育活動に対する学校全体の一貫性」から，D小学校では，教室の教育活動を学校経営の着地点に考えていることが読み取れる．

さらに，「目標達成度の測定」では，学力の現状が数値で示された上で，「2005年までに，3学年と5学年の「読解」「計算」の学校群ベンチマークに合致するか，それ以上の成果（評価としてAIMを利用する．）」という達成目標が述べられている．つまり，学力の現状をデータで把握し，いつまでに，どのレベルまで達成するか，どのように達成度測定するかが示されている．

これは，オーストラリアの教育が教師中心・教え込み重視であることを意味しない．逆に，オーストラリアの教育内容・方法は，対話を中心にした子どもの活動重視である．オーストラリアでは，1980年代に活動重視で成果を問わなかったため，学力が低下した．これに対する反省から，活動重視の教育を基盤にしつつ，データにもとづく達成度の測定を取り入れるようになったのである．

オーストラリアの大学で長く教えている友田多香子は次のように述べている．「チュートリアルに出席して，日本から来た教師や留学生がまず驚くことは，

授業中における学生の発言の多さである。学生によっては思ったことをすぐ口にするのではと思えるほど、質問や意見を次々と発する。これらのなかには的を射ている意見や意義のある質問もあれば、人前で聞くのはわれわれの常識からすると恥ずかしいと思われるような事柄を尋ねたり、授業の内容からはずれたものなど、実にさまざまである。もっともわれわれの常識という概念がもはや通用しないということを、まずこちらも認識する必要があるのだが。筆者はオーストラリアに来て間もなくこの活発で臆することなく発言する学生の姿勢から、初等・中等レベルの教育内容に興味を持ち調べてみて、同教育現場において学生が意見をストレートに表現する姿勢が尊重され、個人発表の機会が多く与えられているということを認識し、納得した次第である」[10]。

　オーストラリアの小学校では、1970年代にオープンスペースが導入され、今日、一般的になっていることも、活動重視の教育を例証している。中等教育修了資格試験(大学入学者選抜の判定にも使用される)の設問が、課題解決、論述、自分の意見と論拠の提示を重視していることも、活動重視の教育を裏づけている。教科書も学校が自由に選べる。それどころか、授業を見学していると、教科書よりも教師が作成した教材(プリント)を中心に授業が進められることが多い。カリキュラム開発が教師の専門的能力の中核に位置づき、カリキュラム・リソースが常に更新・普及されている。オーストラリアのチャーターを検討する際には、このような背景を知っておく必要がある。

　一方、日本では、1977年の学習指導要領改訂以降、教育課程基準の大綱化・弾力化が進められてきた[11]。1998年改訂では、総合的な学習の時間も創設され、学校の教育課程裁量は拡大されたように見える。だが、学校における教師の態度と教育方法が転換されたかどうかは大いに疑問である。天笠茂は、「教育課程をめぐる学校や教師の上部機関への依存・反発意識や行動は長期にわたる歴史的な流れのなかで育てられ体質化されたものである。すなわち、国が中心となって教育課程の基準をつくり、それを教育委員会などを通して学校・教師に伝達するシステムのもとで、学習指導要領の改訂期を幾度か迎える

ことによって，学校や教師に受身で消極的な教育課程の編成に向かう対応姿勢が次第に培われていったといえよう．この学校・教師の教育課程をめぐる依存的な体質の改善こそ歴史的な課題であるといってよい」[12]と考察している．こういう背景があるから，教育界は「ゆとり教育，是か非か」という単純な二項対立に振り回されてしまう．学校と教師が行政依存を脱却すれば，専門的立場から二項対立を超克できるだろう．

最近，筆者は，あるベテランの教諭に「教育課程は学校，教師がつくるものです．それがカリキュラム開発です」と説明したところ，「先生，それははじめて知りました．教育課程は行政がつくるものだとずっと思っていました」という答が返ってきた．これを聞いて，筆者は，「ベテランの教師でも教育課程研究の基本を知らないのか．だが，授業時数配分が学習指導要領によって規定され，教科書も自由に選べないのでは無理もない」と思った．結局，日本の教育課程の根本は何も変わっていない．教育課程基準の大綱化・弾力化も，総合的な学習の時間の導入も，教育課程の表面を変えたに過ぎない．当然，一部の優れた例外を除いて，教師のカリキュラム開発能力も十分に育っていかないのである．このような一般的状況をおさえた上で，日本の事例研究におけるチャーターの教育課程目標を検討してみたい．

A小学校の教育課程目標は，「心豊かにたくましく生きる児童の育成」を標語としている．改善分野の最初に，「『豊かな学び』を実現する授業づくり：(1)『豊かな学び』についての概念の共有化，(2)子どもたちの学び合いの創造，(3)保護者や地域の方々の参加による学び合いの創造，(4)教師同士の学び合いの創造」と書かれている．こうした方向性はA小学校の教職員と子どもの希望と合致しており，今後の発展が期待される．これらの理念が教育課程と教育方法の開発にいかにつなげられるかが，鍵となるだろう．

B中学校の教育課程目標は，「新しい時代を拓く，心豊かでたくましい生徒の育成」を標語としている．そして，改善分野では，「生徒の意欲を引き出す授業づくり，授業研究と実践：(1)授業規律の確立と指導法の改善（教科内，教

科間の情報交換), (2)授業公開の推進 (時間と場所の確保), (3)子どもの学習と生活に関する保護者への情報提供, 家庭との協力, (4)課題をもつ生徒を支援するための支援体制 (放課後, 質問日)」が掲げられている. 授業研究の推進という方向性は優れている. 今後,「生徒の意欲を引き出す授業づくり」の理念を教科別に開発した上で, 学校全体の理念を集約する必要があるだろう. 同校の国語科では既に「表現」がキーワードになっているようである.

C高校の教育課程目標は,「一人ひとりの個性を尊重し, 自己発見から自己実現へと導く」等である. 改善分野は,「知識の習得だけに偏ることなく, 自己表現力, コミュニケーション能力, 問題解決能力, 自己選択能力など『生きる力』を身につけた生徒の育成をめざす」を筆頭に, 合計五つ掲げられている. この目標を実現するために, 各教科の内容・方法を豊かにしていく必要がある. さらに, 教科の壁を越えて, コア的な共通の教育活動を開発することも一案となろう.

ただし, 事例校を含めて, 一般的には,「学校・教師の教育課程をめぐる依存的な体質の改善[13]」という課題が残っている. これを克服することは容易ではない. だが, 学校を変革するためには, 挑戦しなければならないのである.

(6) 重点領域

重点領域は, 日本の校内研究主題にほぼ共通するものといってよいだろう. ただし, チャーターの場合は, 3年間が期限となっているので, 重点領域を3年間で計画し, 成果と課題を総括することが求められる. 4年目からは, 新しいチャーターを作成する際に, 重点領域のテーマを継続・改善するのか, 変更するのかを検討しなければならない. 日本の校内研究主題は時間の区切りがはっきりしていないことがある. 学校の状況にもよるが, 日本の校内研究も, 3年程度の大綱的計画を作成してもよいかもしれない. そうすれば, 1年目, 2年目, 3年目の各時点で, どの水準まで高めていくのか, その見通しを明らかにできる.

オーストラリアＤ小学校の重点領域は，「リテラシーとニューメラシーの分野において学校全体を通して一貫性がありかつ適切な授業戦略や学習実践を開発する」である．これは教育課程目標の改善分野と同一である．ここから，リテラシーとニューメラシーの授業開発に焦点化していることが分かる．初年度実施戦略には，プログラムの評価や研修等が具体的に描かれている．

　一方，日本のＡ小学校の重点領域は，「豊かな学びを創る教育メディアの活用（研究主題）―新しい放送教育・情報教育が授業を変える―」である．初年度実施戦略は，研修プログラムが系統化されている．若手からベテランまで，すべての教師の専門性開発につながるかどうかが今後の課題であろう．とくに，中堅，若手の意欲向上にもつながるように，配慮する必要がある．

　Ｂ中学校の重点領域は，「豊かな心を育み，確かな学力の向上をめざす生徒の育成，個に応じた指導を通して，生徒が意欲的に学ぼうとする学習活動の創造，生徒の意欲を引き出す授業づくり，新しい授業の開発・工夫」である．初年度実施戦略は，研修プログラムが系統化され，研修の効果が高まるようになっている．「教科会において，課題分析・付けたい力・研究内容・具体的方策・意見を集約する」とあるが，その成果が期待される．今後は，生徒の学習意欲向上の観点から，学級経営も改善していく必要があるだろう．

　Ｃ高校のチャーターの重点領域は改善が必要である．チャーターでは，「１年次では，基礎・基本となる科目を中心に共通履修科目を開設し，基礎学力の充実をはかる」をはじめとして，六つの重点領域が設定されている．これでは多すぎるので，統合する必要がある．すなわち，重点領域の(1)～(4)と(6)は教育内容・方法・学力に関した領域であり，一つに統合する．重点領域(5)は進路面であるため，独立したままとし，内容を拡充する．こうすることによって，重点領域が統合され，分かりやすくなる．

　重点領域の統合によって，初年度実施戦略との整合性をとることができる．Ｃ高校の初年度実施戦略は，総務課，進路課，生活課に分けられている．教育内容・方法・学力に関する重点領域は総務課の初年度実施戦略と関連づけて，

進路に関する領域は進路課の初年度実施戦略と連携することが望ましい.

　初年度実施戦略においては生活課の分担もある．にもかかわらず、重点領域では生活指導が明記されていない．重点領域にも，生活面の課題をあげると一層分かりやすくなったと思う．つまり，C高校の重点領域は，教育内容・方法・学力，進路，生活指導の3領域とすべきではないだろうか．そうすれば，今後，各領域別の充実化・焦点化・特色化も可能となるだろう．付言すれば，将来的には，総務課と進路課の役割分担を再検討する必要があるかもしれない．

(7) 実践方針

　実践方針は，学校目標，重点領域を達成するために，学校に関与する人びとの実践の方向性を定めている．これは，校長・教頭実践方針，教員実践方針，学校審議会実践方針，保護者・地域住民実践方針から構成されている．オーストラリアで，学校審議会実践方針が設けられている理由は，学校審議会が職員会議の上位に位置し，学校経営の意思決定機関に位置づけられているからである．日本のコミュニティ・スクールでも，学校運営協議会実践方針が必要になってくるかもしれない．

　D小学校の実践方針は，詳細につくられている．これは学校に関与する人びとの倫理綱領的なものである．D小学校のコミュニティ・メンバーは，実践方針をベースに創造的に活動することが期待される．たとえば，教員実践方針には，「児童の個人的な差異を考慮し，児童の発達を創造的，効果的かつ正確に観察し，評価し，報告する授業プロセスを実践する」「変化に対応し，それを受けいれ，授業，学習実践についての最新の知識を有し，それを実践する技能を習得する」「学校で実施される専門性開発のための研修や広範囲の教育ネットワークに積極的に参加することを通して，専門的な学習をすすめる」という項目が設けられている．

　これらは教育の専門家にとって当たり前のことかもしれない．だが，日本の学校の現実を見ると，この当たり前のことができていない．いや，日本だけで

はなく，世界中の学校の問題だろう．教師という職業に内在する問題である．この背景について，渡邉美樹は，「教師は社会に出ることなく一生を学校の中で過ごす．大学を出たらすぐに学校に就職し，22歳でもう「先生」と呼ばれる．ことに教室の中では，自分以外はみな子どもたちだから，自分にかなう人間はいない．挫折を知らないまま時が過ぎ，黙っていれば役職も給与も上がり，それなりの立場を獲得することができる」[14]と論じている．

「子ども相手の要領」を覚えた教師は，日々をうまくやり過ごし，既得権を守ろうとする．そういう先輩の姿を見て，若手教師は，「教師はこの程度でいいのだ」と思うようになる．管理職は問題ある教師を注意せず，教育委員会の方を向いている．こうした状況に疑問を感じる教師も少なからずいるのだが，大勢を前に肩をすぼめ，学級経営の中で自己完結しようとする．だから，いつまでたっても，教師は専門職として認知されないのである．医者，弁護士，大学教授が「先生」と呼ばれるまでに，どれだけの研鑽を積んでいるかを教師は知るべきである．残念ながら，多くの教師は自らの専門的能力の内実を問い直そうとしない．「教師は世間知らず」という批判は，このような教師の態度に由来するのである．この問題をクリアするために，教師の倫理綱領が必要になってくる．しかも，教育行政が定めた綱領ではなく，学校の構成員が自己の責任において内側から作り上げた綱領が求められる．オーストラリアのチャーターの実践方針は，学校が自らつくった教育専門家の倫理綱領の模範を示しており，注目に値する．

事例研究では，実践方針は，A小学校，B中学校，C高校のいずれにおいても，短文の抽象的な表現にとどまっている．オーストラリアD小学校の校長は「実践方針はきわめて有用であった」[15]と述べている．ある意味で，チャーターの核心は実践方針なのである．田辺は，「義務教育でない高等学校において，実践の仕方は各教員にある程度任されており，それぞれの教員の個性と経験によって実践される．これが日本の高校教育の実態であろう」と述べている．それが日本の現実かもしれないが，実は根本的な問題でもある．教師が変わらな

ければ学校は変わらないのだから.

第5節　おわりに

(1) 教育改革の課題と展望

　今日，学校に対する保護者の不平・不満が激しさを増し，教師は対応に苦悩している．そうした状況はマスコミでも報道されるようになってきた．だが，保護者を批判するばかりでは何も解決しない．保護者は子どもを教育する権利と義務をもっているのだから，なぜ，保護者が意見を言うようになったのかを考えるべきであろう．その要因を列記すると次のようになるだろう．社会が高度化・複雑化し，教育への期待が高まっているが，学校がその期待に十分応えていない．インターネットによって誰でも豊富な情報を得られるようになり，教師が提供する情報の地位が相対的に低下した．学校の事なかれ主義や教師の不祥事が報道され，学校と教師への不信感が増幅した．保護者が個人主義化し，価値観も多様化した．保護者が高学歴になり，教師の資質や能力に疑問を感じるようになった．経済格差の拡大と人間関係の不安定化を背景として，保護者は子育てに不安を感じるようになった．

　根本的な要因は，学歴の社会的・経済的メリットが揺らぎ，学校の正当性がア・プリオリではなくなったからである．1990年頃までの経済成長期には，主に学歴のメリットにもとづいて学校の正当性が担保されていた．「学校で一生懸命勉強すれば，将来，良い生活ができる」と皆が信じていたし，実際にそうであった．だからこそ，保護者は「学校に行ったら先生の言うことを聞くんだよ」と子どもに言った．教師の授業や学級経営が下手でも，余程のことでなければ，学校に文句は言わなかった．保護者は「担任の当たり外れ」についてささやきあっても，ずっと我慢してきた．つまり，学校は学歴のメリットによって保護されてきた．だが，今は違う．構造改革が進む現代社会では，学歴の

メリットは不安定になっている．その結果，学校の正当性は「最初からあるもの」ではなくなったのである．

　保護者だけではなく，子どもも変わった．たとえば小学校では，「昔はやさしく励まして，丁寧に教えれば子どもはついてきた．今はそうしても，かったるいと言われる」．この事実が教師を苦しめている．たしかに，子どもの学習のレディネスは多様化している．保護者の経済的格差は，子どもの学力格差に反映している．電子化と少子化が進み，遊びのスタイルが変わった結果，子ども同士の人間関係能力も低下している．

　とくに高度経済成長期以降，日本の子どもは，学歴のメリットを背景に，我慢して通学し，勉強してきた．現在，学歴のメリットの不安定化に伴って，学校の正当性が揺らいでいる．そのような時代の中で，子どもは将来展望を描きにくくなっており，学ぶ意味，生きる意味に疑問をもつようになった．そして，自分の否定や将来の悲観へ向かう子どもが増えてきている．

　本来，専門家である教師は，学ぶ意味，生きる意味を考え合うような教育をつくる立場にある．だが，多忙化の中で，教師同士が学びあう時間が少なくなっている．また，時代の急速な変化の中で，教師のもっている教育理論が時代遅れになっている．だから，学校経営学にせよ，教育方法学にせよ，最新の教育理論を少しでも学んだ教師は，「自分が大学生の時に学んだことと全然違う」と驚くのである．

　教育行政職員，学校管理職，教師は，「なぜ学校が急に非難されるようになったのか」「子どもが変わった．どうすればよいのか」と右往左往している．学校の正当性がア・プリオリではなくなった以上，学校は自ら正当性を構築する必要がある．教育行政は，そのような学校の試みを支援するべきである．では，学校の正当性を構築するためにはどうすればよいのであろうか．そのためには，子どもの教育体験の質の向上が鍵となる．具体的には以下の方策が考えられる．

　第一に，文部科学省は現行の上意下達の教育行政制度を改め，教育委員会と

学校の専門的自律性の確立に向けて努力するべきである．文部科学省は，①学校裁量の大幅な拡大，②全国的なカリキュラム・ガイドラインの設定，③ベンチマークの設定，④独立専門機関による事後評価システム（教育委員会と学校に対する第三者評価）の整備，⑤予算の確保と公平な配分，⑥適切な法整備に専念するべきである．つまり，文部科学省は，自らの職責を「下位機関への権限の行使」から，「専門的な質の確保」に移行しなければならない．そして，スクールリーダーは，上位機関からの指示を待つのではなく，主体的に学校をマネジメントすることが求められる．

　第二に，個々の学校は，前例主義と決別し，チャーターのような学校変革プランを策定する必要がある．そのことによって，学校の価値，目標，実践方針（倫理綱領）を共有し，教師の実践の質を組織的に高めなければならない．個々の教師任せの自己完結的な授業や学級経営では，もはや通用しない．

　第三に，学校変革プランは，チャーターのように保護者代表と教育行政代表の同意を得ることが求められる．小島弘道は，保護者等が学校の意思決定に参加できる場合，[16]「保護者等からすれば，学校を契約当事者として学校を自分たちの前に交渉相手として"引き出した"ことを意味する．そこに契約の確認が生まれる」[17]と述べている．ここで契約は，民法上の契約ではなく，準契約を意味する．学校変革プランは，保護者代表と教育行政代表との同意を裏づけとして，スクールリーダーシップの発揮を促進する．だが，学校変革プランを準契約に位置づけるという発想は，日本の学校現場ではほとんどない．

　第四に，学校教育を豊かにするために，学校変革プランの母体として，学校コミュニティという発想が必要になる．オーストラリアD小学校では，学校コミュニティのメンバーは常勤・非常勤の教職員，保護者，児童・生徒である．オーストラリアの学校審議会とイギリスの学校理事会の会長は，通常，保護者代表である．保護者は教育の当事者なのだから，当然である．教職員，保護者，児童・生徒が一体となるという共同体（英語のコミュニティ（community））の発想が，学校と家庭の連携を実現し，教育活動とその成果を豊かにするのである．

一方，日本では，いまだに「学校を地域に開く」「開かれた学校づくり」という曖昧なフレーズが使われており，学校と地域という二項対立にとらわれている．この二項対立において，保護者の位置づけは明確ではない．コミュニティ・スクールの政策と実践でも，地域住民の役割が強調されている．これは，日本の政策と実践が，英語のコミュニティではなく，地域社会という概念を基盤にしているからであろう．地域住民の協力も重要であるが，教育の当事者である保護者代表のエンパワーメントに着目する必要がある．そのことによって，家庭の納得と協力を引き出し，学校の正当性を確立し，学校の活力を高められる．

　第五に，学校コミュニティにふさわしい組織マネジメントとは，どのようなものかが探求される必要がある．学校は，学校コミュニティのメンバー（教職員，児童・生徒，保護者）が協力して学びをつくるところである．企業が顧客に対して物を販売する仕組みとは大きく異なる．したがって，学校組織マネジメントの中核には，教育的価値が不可欠である．実際，チャーターの学校プロファイルには教育的価値が述べられている．教師は，校内研修と実践方針を通して，学校の教育的価値を具現化する必要がある．

　同時に，学校は，教育論を大切にしつつも，データにもとづいて現状を分析し，評価する必要がある．教師は情緒的な議論に陥りやすく，曖昧な結論で済ませようとする傾向がある．これを回避するために，量的・質的データを活用しなければならない．露口健司は学校にもデータマイニングが必要であると提唱しているが[18]，そのような考えこそ教師は取り入れるべきである．

　第六に，学校ガバナンスを機能させ，アカウンタビリティを成立させるために，学校コミュニティのメンバーの役割分担が必要である．たしかに，学校と家庭の連携を促進するために，学校コミュニティという共同体的発想は重要である．だが，そのことによって，教職員と保護者がなれ合いになり，学校コミュニティが「教師の権力化」[19]の温床になる危険性は否定できない．こうした事態を回避するために，オーストラリアでは，チャーターの実施結果は，保護者

代表と教育行政代表のチェックを受けている．これは，いわゆる事後の評価である．つまり，保護者は学校コミュニティのメンバーであるが，保護者代表は事後の評価に関与し，ガバナンス機能を果たしている．学校コミュニティの中核にガバナンス機能を内在化させることによって，アカウンタビリティを成立させることが，オーストラリアの学校審議会とイギリスの学校理事会の本来の趣旨なのである．

　第七に，教師の専門性を高める必要がある．社会の複雑化・高度化に対応して，教育内容・方法を高度化するためには，教師の専門的能力を向上しなければならない．学校変革プランをベースに教師の成長を促すことが効果的であり，そのためには，学校における知の交流，すなわち校内研修を展開する必要がある．その中核は授業研究である．だが，単に授業研究を進めても，討議が形式的になってしまっては意味がない．教師のための技術的な授業研究ではなく，教育理論を基盤とした子どものための本質的な授業研究を志向するべきである．そのためには，まず，研究者は校内研修にコミットし，教育実践の理論的深化に貢献すべきである．次に，教師集団も理論を受容・活用できるように，自らの専門的水準を高める必要がある．教職大学院やスクールリーダー養成大学院は，教師の水準を高めるために不可欠であろう．

　学校変革プランの方法について総括すると，図6−1のようになる．これを参考に，各学校における実践が進められることを期待する．

　日本の学校経営計画は学校変革プランにバージョンアップできるのだろうか．教育行政制度の違い，学校の役割の違い，教育の文化の違い，スクールリーダーと教師の専門性の違い，人間関係の違いが，日本とオーストラリアの間に存在している．それゆえ，日本の学校で，チャーターをそのまま実際の学校経営計画として使用することは難しい．だが，事例研究を通して，学校変革プランの存在意義が明確になった．事例研究の執筆者は，チャーターを実際に作成して，学校の現状を変えるための多くのヒントを得ることができた．これらは本研究の成果である．今後は，事例研究を進めて，チャーターのフォーマットを

図6—1　学校変革プランの方法

学校の特色と課題

教師の希望と課題

子どもの実態・願い

保護者・地域の期待

チャーター

1. 学校プロファイル
2. 学校目標
   (1) 教育課程目標
   (2) 教育環境目標
   (3) スタッフマネジメント目標
   (4) 財務・設備運営目標
3. 重点領域
4. 実践方針
5. 児童・生徒のルール
6. アカウンタビリティ計画

国内・国際社会の現状と未来

教育政策の動向

最新の教育理論

- 有機的展開
- 学級・教科・分掌における具体化
- 授業への焦点化

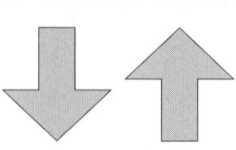

- 新しいチャーターの作成（3年ごと）
- 軌道修正（毎年）
- アイデアの蓄積（随時）

学校経営（学校組織）

教育課程の編成・教育方法の開発
授業研究（校内研修）
知の共有化
（めざす授業の理念と方法の明確化）

→授業のイノベーション
（自己効力感の醸成，基礎学力の確保と創造性の育成，知識基盤社会のための学校）

授業実践（教室等）

個人の技
（教室の中の自由）
（各教師の裁量）
（教師と子どもの相互作用）

○教室の中の創造性・即興性
×学級王国・閉鎖性・自己満足

どのように修正すれば，日本で実際に使える学校経営計画のフォーマットになるのかを研究する必要があるだろう．そのことによって，日本の学校のための学校変革プランのフォーマットを確立できる．さらに，学校変革プランを作成できるようなスクールリーダーの専門性を担保するために，スクールリーダーの養成，選考，研修の在り方を論究することも課題である．

(2) 学校教育の普遍性・永遠性

　本書では，これまで一貫して学校変革の重要性を主張してきた．その背景には，知識基盤社会のための学校の創造という現代的課題がある．変化が激しく，先行き不透明な時代には，リテラシーとニューメラシーを基盤に，「答が定まっていない問い」に対処する能力，つまり創造的能力が求められる．「コンピューターが発達すればするほど，人間は，コンピューターにはできないこと，すなわち，創造性を発揮することが重要になってくる」[20]．その結果，日本の教育は大転換が迫られる．能力観が変わるからである．これまで，日本の教育は，大学入試センター試験のような統一的な学力試験によって，網羅的な情報を記憶し，多くのデータを素早く処理する能力を測定してきた．そのような人材の育成こそが，1960年代の高度経済成長を支えてきた．だが，これからは，創造性を育てる教育を行う必要がある．「創造性を育てる教育は，一部の天才・秀才と呼ばれる子どもたちのためのものではないのか」．往々にして，私たちはこのように考えがちである．実は，こうした考え方がすでに時代遅れであり，子どもを学びから遠ざける原因となっている．教師は，こうした問題意識をどこまでもっているのだろうか．

　日本の教育に対する茂木健一郎の批判は痛烈である．「他人との絶えざる競争の中，自身を失い，自分には創造性どころか，そもそも能力はないのだ，と思いこんでいる人たちも多いのではないか．そのような思いこみを捨てることからしか，自らの中に眠る創造性を解放するプロセスは始まらない」[21]「創造性は一部の天才の専売特許ではない．新しいものを生み出す能力は，私たち一人

一人の中にある．まずはそのことに気がつくことから，創造性の脱神話化が始まり，情報技術の発達によりデジタル情報があふれるようになった時代にふさわしい人間の潜在能力の発揮のスタイルの模索が始まるのである」[22]．こうした事態を前に，学校は教育を刷新する必要がある．

　だが，変化だけについて考えることは，十分ではない．ヘドレー・ベアー（Hedley Beare）は，『未来の学校の創造』（Creating the Future School）という著書を刊行し，同書の結語で次のように述べている．「世界的な変化に伴う流転と不確実性の時代において，学校教育のより効果的なモデルを探求する際，われわれは変化の騒乱，はかなさと新しい成長が織成す美と興奮に魅せられざるを得ない．一方，同時に，聡明さ，普遍性，造詣，永遠性に対して，深く尊敬し，委ねることとなろう」[23]．

　これは，学校変革の未来を予測する場合，普遍性と永遠性という視点も忘れてはならないというメッセージである．これからの学校教育にとって普遍的であり，永遠であるものは何か．このような問いかけも，変化の時代だからこそ，スクールリーダーにとってきわめて重要であろう．つまり，学校変革プランを考えることは，変革の方向性だけでなく，普遍性と永遠性についても考えることを要請する．学校教育の普遍性と永遠性とは，子どもが中心であること，子どもの潜在的能力の開花を志向すること，子どもの自己効力感を高めること，ケアから自立に導くこと，共に育み合うこと，学校コミュニティの公共性を尊重することである．社会システムの標準化と効率化がこれらの理念を蔑ろにした時，私たちはこれに対抗し，学校教育の普遍性と永遠性を再生させる必要がある．

《注》
1）佐藤博志「オーストラリアにおける教員の人事評価と職能開発」八尾坂修編著『教員人事評価と職能開発―日本と諸外国の研究―』風間書房，2005年．
2）公立D小学校におけるインタビュー，2005年3月5日．
3）岡山県教育委員会『新しい教職員の評価システム（実施マニュアル）』2006年

3月,8頁.
4)「学びを促進するコミュニケーションにおいて,もっとも重要なのは聴き合う関係であり,話すよりも聴くという行為のほうが学びにおいては決定的である.わが国の小学校の教室において深刻なのは,絶えず「明るく元気」に行動することが求められていることではないだろうか.(中略)どこか無理がある「明るさ」や「活発さ」であり,ストレスの強い教室になっていると言ってもよいだろう.」(佐藤学『教育改革をデザインする』岩波書店,1999年,107-108頁.)
5)「幼少の子どもを観察すればわかることだが,「依存」できる子どもは「自立」でき,「自立」できる子どもは「依存」できるのである.今問題なのは「依存」も「自立」もできない子ども,すなわち人と関わることが苦手な子どもが増えていることにある.安心して「依存」できる関わりをベースとしてゆるやかな「自立」を促進できる幼稚園や小学校でありたい.」(佐藤学『教育改革をデザインする』岩波書店,1999年,108-109頁.)
6)望田研吾「現代における公立学校改革の原理と展望」日本比較教育学会『比較教育学研究』第28号,2002年,9頁.
7) Department of Education, Employment and Training, *Public Education: The Next Generation, Report of the Ministerial Working Party,* 2000, p. 61.
8) 2007年になって,オーストラリアでもリーグ・テーブルを導入すべきだとの議論が出てきており,今後の推移を注視する必要がある.("Minister pushes school league tables" *The Age,* February 8, 2007.) 本書は,第1章を除き,オーストラリアの教育改革については,1993年から1999年を主な対象とし,広くは2000年代初頭までを対象としているため,この点については論じない.
9)共同体は,community の訳語である.
10)友田多香子「変化のなかにある大学教育の現状」石附実・笹森健編『オーストラリア・ニュージーランドの教育』東信堂,2001年,205頁.
11)天笠茂「教育課程基準の大綱化・弾力化の歴史的意味」日本教育経営学会『日本教育経営学会紀要』第41号,1999年,3頁.
12)同上論文,8頁.
13)同上論文,8頁.
14)渡邉美樹『教育崩壊』ビジネス社,2006年,170-171頁.
15) D小学校校長から編著者への電子メール(2006年3月23日)にもとづく.
16)小島弘道「学校の自律性・自己責任と地方教育行財政」日本教育行政学会『日本教育行政学会年報』第25号,1999年,39頁.
17)同上論文,39頁.小島は次の文献にもとづいて,契約について論じている.三上和夫「教育自治論をめぐる歴史的総括」第29回日本教育法学会定期総会第2分科会報告,1999年.
18)露口健司「学校ビジョン」篠原清昭編著『スクールマネジメント』ミネルヴァ

書房,2006 年,78 頁.
19)「学校の"権力化"とは,教育関係において子ども・親に対して教師・学校の指導の支配的権能を事実上形成,主張し,教師・学校の規範,秩序を一方的に守ることを求め,そうした関係と秩序が子どもや親に一定の力,強制力となっている姿のことである.」(小島弘道「現代の学校問題と教育裁量の課題」日本教育法学会『日本教育法学会年報』第 22 号,1993 年,102 頁.)
20) 茂木健一郎『脳と創造性―「この私」というクオリアへ―』PHP エディターズ・グループ,2005 年,17-18 頁.
21) 同上書,22 頁.
22) 同上書,35-36 頁.
23) Beare, H., *Creating the Future School*, Routledge/Falmer, 2001, p. 191.

補論

スクールリーダー養成大学院の展望

(1) はじめに

　岡山大学大学院教育学研究科教育組織マネジメント専攻は，2004年4月に全国で最初に設置されたスクールリーダー養成大学院である．同専攻で教育・研究に携わるようになって3年間が過ぎた．日本では前例のない試みで，「授業の方法は教えながら編み出す．システムは学生の反応を見て作り直す」という3年間であった．当初は「本当に大学院でスクールリーダー養成ができるのか」「大学院はそれほど期待されているのか」「行政研修とどこが違うのか」といった疑問や批判を寄せる者もあった．

　ところが，この3年間で時代は大きく変わった．2006年6月に日本教育経営学会は実践推進委員会を設置し，教育経営研究の実践化と大学院におけるスクールリーダー養成を促進することになった．政策的には教職大学院の創設（2008年4月設置）が提唱され，今後，大学院におけるスクールリーダー養成が制度的に確立することが予想される．岡山県教育委員会においても，大学院におけるスクールリーダー養成への期待が高まりつつある[1]．

　こうした動向と一致するかたちで，教育組織マネジメント専攻は，2006年3月に最初の修了生を輩出し，2007年3月には2期目の修了生を送り出す．1学年定員6名という小さな専攻ではあるが，修了生は，現在，スクールリー

ダーとして活躍している．修了生・在学生のなかには，管理職に昇進した者も少なからずいる．修了生は，大学院での学びに，課題を指摘しつつも，満足感と達成感をもってくれているようである．[2] 教育組織マネジメント専攻は，北神正行教授，淵上克義教授のリーダーシップの下，運営された．本専攻では，教育・研究の自主性，専門性，創造性が尊重され，学生の意欲とかみ合って成果が得られたと考えられる．

本書では，学校変革プランの方法と実際について論じたわけであるが，スクールリーダーの専門性，スクールリーダーシップの開発，スクールリーダー養成という概念を何度か使ってきた．ここでは，補論として，スクールリーダー養成大学院の展望について論点をまとめておきたい．

(2) 学校経営と授業開発

日本では2001年頃から，小島弘道（日本教育経営学会会長・当時）の主導によってスクールリーダー養成大学院が構想されるようになったが，初期のプログラム試案は学校経営に特化する傾向が強かった．小島は，校長の資格・養成と大学院の役割に関する政策提言のなかで，スクールリーダー養成大学院の「カリキュラムは『学校経営専門科目』『学校経営共通発展科目』『学校経営実践科目』の三つの科目群によって構成するものとする」[3] と述べている．この提案において「カリキュラムの開発と経営」という領域は「学校経営専門科目」に位置づけられているが，前後の文脈を読む限りでは，授業開発に大きく踏み込んだものではないという印象を受ける．岡山大学大学院教育学研究科教育組織マネジメント専攻のプログラムも，全体的にみれば，学校経営にかなり特化している．

ところが，実際に授業をしていると，学生から学校経営と授業の分離が指摘されることが何度かあった．筆者自身も授業を進めるなかで，そうした考えをもつようになった．その理由は，授業が学校経営の中心だからある．どんなに，計画，評価に努力しても，授業が変わらなければ，子どもは変わらない．教え

る側と学ぶ側の関係の問い直しに踏みこまなければ，子どもは学校，学級から遠ざかってしまう．当然，教師の態度，理念，子ども理解の在り方も問われてくるだろう．校長と教頭も，子どもの学習経験の質の向上を重要課題に位置づけている．そして，その課題を達成するために，どのような学校組織が効果的なのか，どのように教職員を動機づければよいのかを考えている．

コールドウエルとスピンクスは自律的学校経営研究を国際的にリードしたことで著名であるが，彼らも同様の問題意識をもっている．「学校のリストラクチャリングだけでは，学校教育の質に持続的な影響を与えられない．学校の新しい責任，権限，アカウンタビリティは，学習と授業を改善するために使われなければならない[4]」．

天笠茂も「教育課程経営に関する研究には，歴史と積み重ねがある．しかし，教育内容・方法とマネジメントの統一的・全体的な把握については，まだ，多くの課題を残しているといわねばならず，この点の進展に発展の道がある．これに加えて，教育経営研究の立場から授業に接近を図る手法の開発が求められている．教育経営研究の立場から授業への接近をどうはかっていくか．また，授業を窓口とする教育経営研究をいかに開発していくか．この点もまた，『臨床』への接近を可能にする取り組みとしてあげておきたい[5]」と述べている．

岡山県内公立学校の現職校長・教頭に対する質問紙調査（2005年実施）では，スクールリーダーに求められる力量の因子として，「1．カリキュラム実施，評価，2．校内研修，3．学校評価，教員評価，4．学校教育目標の具体化，浸透，実施，5．現状分析と学校教育目標の設定，6．児童・生徒の理解と指導[6]」が抽出された．これらの因子は，校長・教頭の学校経営に対する認知様式を示したものであり，スクールリーダー養成プログラムの開発に示唆的である．とくに，児童・生徒の理解と指導が因子として現れており，子どもの学習に関する開発的・経営的能力が求められていると指摘できる．

以上のことから，子どもの学習と授業を中心に据えることが，実践化を志向する学校経営研究の基本であるといえる．にもかかわらず，これまで，学校経

営研究者は,学校経営と授業開発の関係を十分論じてこなかった.学校経営の政策,システム,組織の研究にシフトし,授業開発,教師と子どもの関係論等は,教育方法学の主題であると考えられてきた.もちろん,学校経営の政策,システム,組織の研究が今後も重要なことはいうまでもない.だが,学校経営研究者が実践性を高め,スクールリーダー養成に貢献したいのならば,授業開発を学校経営学の新たな分野に位置づけ直すことが必要であろう.より明確にいえば,授業開発マネジメントという分野を開拓する必要がある.そのことによって,学校経営学は実践的な学問としてスクールリーダーに受け入れられるのではないだろうか.筆者は,学校経営と授業開発によって,スクールリーダー養成プログラムの基幹的分野が構成されると考えている(図7-1).

(3) コア,リベラルアーツ,実習

さらに,スクールリーダー養成プログラムにおけるコア,リベラルアーツ,実習の在り方について論じてみたい.

第一に,スクールリーダー養成プログラムのコアについて論じる.横須賀薫は,教員養成プログラムにおけるコアの必要性について,「教員養成論としてみれば,統合の軸が唯一しかないとは思わない.さまざまな試行や概念設定があってよいと思う.しかし,統合の軸がなければならないという立論の正しさだけは認めてもらいたいと願っている[7]」と述べている.これに反論する者はほとんどいないだろう.

一方,横須賀は,コアの内容について「(教員養成教育には) カリキュラムを内容的に統合される軸にあたるものがない.私たちは,そういう軸になるものの必要性を感じ,実践してきたなかで,その軸に名前をつければ教授学だろうというように考えるようになってきたのです[8]」とも述べている.筆者は,今日的には,教員養成,スクールリーダー養成のいずれのプログラムにおいても,学校教育倫理がコアになるべきだと考えている.その理由は,現代社会において,教師の専門性の向上が課題になり続けているからである.実際,教師の力

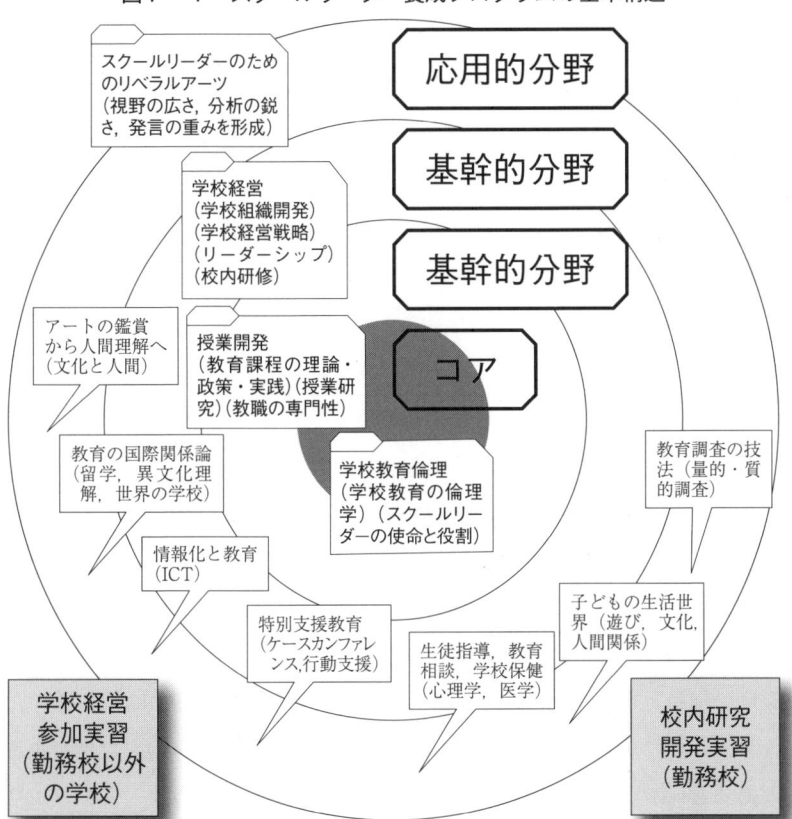

補　論　スクールリーダー養成大学院の展望　255

図7－1　スクールリーダー養成プログラムの基本構造

応用的分野

基幹的分野

基幹的分野

コア

スクールリーダーのためのリベラルアーツ（視野の広さ，分析の鋭さ，発言の重みを形成）

学校経営（学校組織開発）（学校経営戦略）（リーダーシップ）（校内研修）

アートの鑑賞から人間理解へ（文化と人間）

授業開発（教育課程の理論・政策・実践）（授業研究）（教職の専門性）

教育の国際関係論（留学，異文化理解，世界の学校）

教育調査の技法（量的・質的調査）

学校教育倫理（学校教育の倫理学）（スクールリーダーの使命と役割）

情報化と教育（ICT）

特別支援教育（ケースカンファレンス，行動支援）

子どもの生活世界（遊び，文化，人間関係）

生徒指導，教育相談，学校保健（心理学，医学）

学校経営参加実習（勤務校以外の学校）

校内研究開発実習（勤務校）

量への批判や不信が絶えないのである．この問題を論じるためには，アカウンタビリティの観点から，教育専門家の職業行為の内実に踏み込まなければならない．

　黒崎勲は，アカウンタビリティが専門的職業行為に関する概念であると論じている．「高度に分業化がすすんだ現代社会においては，専門家の役割が増大するが，それとともにその専門家の専門職業的活動の内実はともすれば一般の人々の関心から切り離され，専門家の活動の実際は人々の目の届かない，ブラ

ックボックスのなかに閉ざされる傾向を帯びていく．それは専門性の名の下で専門職業行為が空洞化し，堕落する危険をもつことを意味する．こうした状況認識に立てば，専門家の専門的職業行為を一般の人々に責任あるものとさせる意識的な方法の探求が必要となる．アカウンタビリティという言葉は一般に『説明責任』と訳される場合が多いが，それは公共的な職務とともに，とくにこうした専門家の職業行為における『責任』を意味するのである[9]」．

　こうした背景から，専門職である医師には，インフォームド・コンセントが求められている．そして，医師の養成を担う医学部では，生命倫理が重要な位置を占めている．もし教師が自らを専門職として確立したいのならば，自らの教育活動の質を絶えず向上させることが必要であり，その職責の原点として学校教育倫理を内在化することが求められる．なぜなら，教育は医療と同様，人に直接的な影響を与える専門的職業行為だからである．学校で子どもを教育する教師が「学校教育倫理」をもたないことは許されない．それは，病院で患者に治療を行う医師が「生命倫理」をもたなかったら許されないのと同じである．つまり，教師と医師は，倫理の保持が職業上の不可欠な条件となる．

　教師の模範となるスクールリーダーは，教育実践の経験をもっているのだから，リーダーにふさわしい倫理について仲間と討議し，自らの力で模索する必要がある．「倫理について教えてほしい」というような人物は，スクールリーダーになれない．スクールリーダーを志す者は，大学院で自己を理解し，自分と勤務校の倫理綱領を作成できるような力量が必要である．したがって，教員養成とスクールリーダー養成のプログラムには学校教育倫理がコアに位置づけられ，それぞれに適切な内容が開発される必要がある．すでに，アメリカの大学院におけるスクールリーダー養成プログラムでは専門的倫理が授業科目になっているのである[10]．

　第二に，スクールリーダー養成プログラムの応用的分野としてリベラルアーツが必要であろう．教育は，教師と子どもの相互作用，すなわち人と人との関わりによって成立する．人は日々多面的に行動しており，その性格もさまざま

である。その結果、教師の仕事は、実に多様性に富んだものになっている。総合的な仕事といってもよい。教師という仕事は、時につらいこともあるが、その魅力が色あせないのは、人びとの多面性・多様性を背景とした教育活動の躍動性のためである。そのため、教師には多様な専門的能力が要請される。その能力にはコツや勘も含まれる。「子どもの表情を見て何を察することができるのか」という問題である。社会の複雑化・高度化に伴い、子どもをめぐる問題が深刻化した現在、スクールリーダーには、これまで以上に多様かつ高度な能力が求められている。

とはいえ、スクールリーダーは、医学や心理学を主専攻として学び直す必要はない。スクールリーダーは、医者やカウンセラーになりたいのではなくて、教育者として高度なリーダーシップを発揮できるようになりたいからである。スクールリーダーは、すでに教育に関する豊富な職務経験をもっている。だが、その職務経験をある程度概念化しないと、同僚に効果的に伝えることはできない。コツや勘を若手教師に伝承することだけが重要なのではない。現場（学級）で子どもと接している教師の問題意識（気づき）やアイデア（思いつき、発見）に注目し、責任者の立場から対立を止揚し、豊かな育ちを共同で展開することが、スクールリーダーの本質的な役割である。そのためには、学習指導と生活指導だけでなく、現場で起こり得る主要な事柄について一定の見識が必要になる。したがって、大学院におけるスクールリーダー養成プログラムには、「スクールリーダーのためのリベラルアーツ」を設定する必要がある。

第三に、スクールリーダー養成の実習が求められる。教員養成における教育実習は、医師養成における診療参加型臨床実習（クリニカル・クラークシップ）に比べて遅れている。ましてや、スクールリーダー養成の実習は開発途上といわざるを得ない。この点、兵庫教育大学大学院のスクールリーダーコースには「学校経営専門職インターンシップ」が開講されており、注目に値する。インターンシップでは「数日間（1週間）の校長・教頭のシャドウイング（shadowing）が必須となっている」[11]。

イギリスの国立スクールリーダーシップカレッジでは，シャドウイングが本格的に展開している．これは「受け入れ校の校長の業務に密着して研究する機会を設定」して，「受け入れ校の校長とお互いの経験・問題点等について意見交換」を行うものである．筆者は，短期間の「学校経営参加実習」（勤務校以外の学校のリーダーのシャドウイング）と長期間の「校内研究開発実習」（勤務校の校内研究の理論的・実践的開発）を考えているが，まだアイデアの段階である．今後，日本においても，スクールリーダー養成の実習の開発と展開が課題になっていくだろう．図7-1は，スクールリーダー養成プログラムの基本構造について，筆者の考えを示したものである．

(4) 大学院レベルのスクールリーダー養成システムの確立へ

　「かつてはイエール大学の教育大学院が学術研究に特化する改革によって閉鎖に追い込まれ，近年は，社会科学部の教育学科として学術研究中心に改組したシカゴ大学において教育大学院が消滅する事態が生じている．これらの事実は，教育大学院が，たとえ最先端の『研究大学』の教育大学院であっても『専門大学院（プロフェッショナル・スクール）』としての機能を充実させなければ，その将来がないことを証明している」．

　この指摘のとおり，今日，教育系大学院の実践化は後戻りのできない路線になりつつある．アメリカ，イギリス，オーストラリアの教育系大学院は10年以上前から，大学院におけるスクールリーダー養成を進めている．日本の近年の教育系大学院改革も，このような国際的動向に合致しているといえよう．今後は，各地の教職大学院や既設の大学院で，教育・研究の実践化とスクールリーダー養成が進められることが予想される．スクールリーダー養成大学院の修了生は，学校の中核的リーダーとなり，管理職にも登用されていくことと思われる．

　だが，スクールリーダー養成は「大学院を修了し，管理職に登用されたら完結」という性質のものではない．スクールリーダー養成には継続性と発展性が

求められる．すなわち，校長候補者（現職教頭等）の力量形成と現職校長の継続的職能成長が課題となる．具体的には，国内・海外の最高水準の研究者と実践家による集中講義・演習，校長候補者・現職校長による事例報告と検討，校長候補者・現職校長の全国的・国際的交流というプログラムが必要になる[15]．学習形態としては，宿泊研修とオンライン学習が想定される．こうした課題に対応するために，日本版国立スクールリーダーシップカレッジの設立が期待される．

国立スクールリーダーシップカレッジの一定のプログラム修了を校長登用の基礎資格とすれば，校長の質が全国的に向上するだろう．これは，校長職の国家資格化を意味する．同時に，現職校長にも，初級から上級まで，いくつかのレベルのプログラムを用意し，各レベルの修了を地位や給与と関係づけることが必要だろう．このように校長職を年功主義から実力主義に転換し，その職能成長を促すことが，教育界に新風を吹き込むことにつながる．当然，優秀な若手の抜擢も進むだろう．

イギリスの国立スクールリーダーシップカレッジは，校長の養成と職能成長を目的としているが，大学ではない．いわばセンターである．にもかかわらず，カレッジと名づけられた理由は，第一に，スクールリーダーに「学ぶ場所」として親しみを感じてもらうこと，第二に，教育行政による官僚統制のイメージを回避することである．イギリスでは，2004年から，新任校長は国立スクールリーダーシップカレッジにおける学習と国家資格（National Professional Qualification for Headship）の取得が義務化されている[16]．基本的に，学費の80％は国立スクールリーダーシップカレッジによって負担されている[17]．国立スクールリーダーシップカレッジのプログラムでは，ロンドン大学，マンチェスター大学，ノッティンガム大学等，各地の教育系大学院との単位互換も行われている[18]．つまり，国立スクールリーダーシップカレッジをコアとしながら，教育系大学院が連携し，全国的に校長養成を推進するシステムになっている．このようなシステムが日本でも導入されることが期待される（図7－2）．

図7―2 大学院レベルのスクールリーダー養成システムの確立

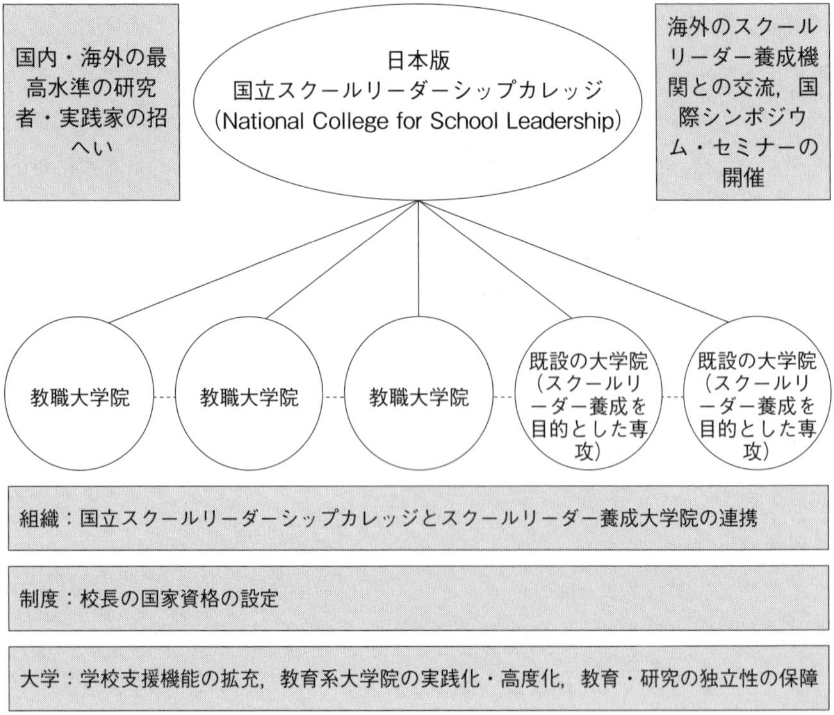

- 国内・海外の最高水準の研究者・実践家の招へい
- 日本版 国立スクールリーダーシップカレッジ（National College for School Leadership）
- 海外のスクールリーダー養成機関との交流，国際シンポジウム・セミナーの開催

- 教職大学院
- 教職大学院
- 教職大学院
- 既設の大学院（スクールリーダー養成を目的とした専攻）
- 既設の大学院（スクールリーダー養成を目的とした専攻）

組織：国立スクールリーダーシップカレッジとスクールリーダー養成大学院の連携

制度：校長の国家資格の設定

大学：学校支援機能の拡充，教育系大学院の実践化・高度化，教育・研究の独立性の保障

(5) 残された課題

「この村は郡としては僻地だし，また小さい学校なので，代々の校長がみな私と同じに新任の校長であった．そして一年か二年すると，ここを足場にして他の大きい学校へ転任して行ってしまった．だから在職中も事なかれ主義で，積極的なことは何一つしないで行ってしまうのが多かった．私の赴任する前も，五年間に四人もかわっていた．それらの多くが力もなく努力もしなかった，と村人は来る校長来る校長に失望してしまっていた」[19]．

これは斎藤喜博著『学校づくりの記』の一節である．あれから何年が経ったのか．世紀が変わっても，一部の優れた事例を除いて，学校の事なかれ主義は変わっていない．この点を克服する必要がある．そのためには，管理職登用の

在り方を問う必要がある．

　藤原和博は「全国の公立中約1万校のうち，三千校くらい校長を代えないといけない．校長は，教頭という非常にハードな仕事に耐えた人の『上がりポスト』で，そこにあぐらをかいている人が大半だ．これを許していては，日本はダメです[20]」と述べている．こうした実態は，これまで隠されてきた．だが，現在，民間出身校長によって実態が明らかにされつつある．「上がりポスト」という教育界の既得権を打破する必要がある．ましてや，校長が「天下りポスト」であってはいけない．実は，教育改革の本丸は，校長人事制度改革なのである．これは，学校経営のアカウンタビリティの問題である．この点については，改めて論じたいと思う．

《注》
1) 学校組織マネジメント研修について，岡山県教育庁は「大学との連携のあり方や，岡山大学大学院教育組織マネジメント専攻課程修了者の活用についても研究を行う必要があると感じた」と述べている．（金光一雄・宮野正司「岡山県における学校組織マネジメント研修の実施状況および成果と課題」北神正行・高橋香代編『学校組織マネジメントとスクールリーダー』学文社，2007年，202頁．）
2) 丸山直也「スクールリーダー育成と大学院教育の実際」北神正行・高橋香代編『学校組織マネジメントとスクールリーダー』学文社，2007年，174-177頁．
3) 小島弘道「政策提言―校長の資格・養成と大学院の役割―」小島弘道編著『校長の資格・養成と大学院の役割』東信堂，2004年，406-407頁．
4) Caldwell, B. J. and Spinks, J. M., *Beyond the Self-Managing School*, Falmer, 1998, p. 12.
5) 天笠茂「学校経営研究における臨床的アプローチの可能性」小野由美子・淵上克義・浜田博文・曽余田浩史編著『学校経営研究における臨床的アプローチの構築』北大路書房，2004年，36-37頁．
6) 佐藤博志・加納亜紀「スクールリーダー育成の展望―プログラム開発の方向性と課題」北神正行・高橋香代編『学校組織マネジメントとスクールリーダー』学文社，2007年，218頁．
7) 横須賀薫「『大学における教員養成』を考える」藤田英典他編著『大学改革』世織書房，2002年，222-223頁．
8) 同上論文，222頁．
9) 黒崎勲『教育の政治経済学』東京都立大学出版会，2000年，208-209頁．

10) 浜田博文「アメリカにおける校長の資格制度と養成プログラムについて」日本教育経営学会学校管理職教育プログラム開発特別委員会『大学院における学校管理職教育プログラムの開発に関する研究』2005年，19頁．
11) 加治佐哲也「スクールリーダー育成と大学・教育委員会の連携―兵庫教育大学の養成プログラム」北神正行・高橋香代編『学校組織マネジメントとスクールリーダー』学文社，2007年，189頁．
12) 舘林保江・小松郁夫「校長のリーダーシップと資格・研修制度の研究―イギリスのIPHとNCSL―」日本教育経営学会第46回大会発表資料，東北大学，2006年6月4日，2頁．
13) 同上資料，2頁．
14) 佐藤学「教育学部・大学院の将来像―専門大学院の構想へ」藤田英典他編著『大学改革』世織書房，2002年，249頁．
15) スクールリーダー養成のための教材開発や大学院担当教員（研究者教員と実務家教員）の研修も課題になってくる．
16) 梶間みどり「イギリスのスクールリーダー養成教育プログラム」日本教育経営学会学校管理職教育プログラム開発特別委員会『大学院における学校管理職教育プログラムの開発に関する研究』2005年，26頁．
17) 同上論文，27頁．
18) 同上論文，28頁．
19) 斎藤喜博『学校づくりの記』国土社，1990年，27頁．
20) 「私たちの『美しい国へ』2，よのなか科，杉並区立和田中学校校長藤原和博さん」『東京新聞』朝刊，2007年1月3日．

あとがき

　本書は，豪日交流基金の出版助成（サー・ニール・カリーオーストラリア研究助成プログラム）を受けて刊行されました．オーストラリア政府，豪日交流基金の関係各位に深く感謝申し上げます．

　本書の企画においては，笹森健先生（青山学院大学名誉教授），北神正行先生（岡山大学教授）から格段のご支援をいただきました．小島弘道先生（筑波大学名誉教授）は本書の刊行にご賛同下さいました．この場を借りて厚く御礼申し上げます．本書の分担執筆者・翻訳者の伊井義人さんは誠実に仕事をこなしてくれました．松永喜樹さん，菅野孝江さん，田辺大藏さんは現職の教師です．ご多忙の中，原稿を執筆してくれました．私のオーストラリア教育研究は，ブライアン・コールドウエル先生（Professor Brian Caldwell）（メルボルン大学名誉教授）によって温かく見守られてきました．コールドウエル先生に心から感謝申し上げます．

　最後に私の家族の由香，湧希とともに，本書の刊行を喜びたいと思います．

編著者　佐藤博志

付属資料

(1) オーストラリア・ビクトリア州公立D小学校のチャーター（翻訳）
(2) 公立A小学校の学校経営計画
(3) 公立B中学校の学校経営計画
(4) 公立C高等学校の学校経営計画
(5) チャーターのフォーマット

(1) オーストラリア・ビクトリア州公立D小学校のチャーター（翻訳）

D小学校　スクールチャーター
2003～2005年

1．学校プロファイル
　　―学校の価値

> D小学校のコミュニティは，メンバー全体の学習機会を最大限に活かしていくことに労力を惜しまない．その重要な目的は，①児童の潜在能力を最大限に開花させること，②すべての教育活動を児童の学習向上と関連付けて考慮することである．
>
> 学校コミュニティが共有する価値観は，学校のエートス（校風），文化，さまざまなリソースを説明する上での土台となる．
>
> <u>私たちの目標</u>
> 学習は，私たちが共有すべき責任であり，継続的に成長していくことを促進する．私たちは，ローカルかつグローバルな視点から学習，ケア，責任の文化を支えていく．とくにケアは，具体例が示され，教えられ，そして望まれている．私たちは変化を恐れずに，データから多くのこと学んでいく．念入りに計画され，組織化された方法で，テクノロジーは学校に溶け込み，利用される．私たちの学校コミュニティは，私たちの児童が幸せに

なり，目標をもって学習に取り組むことをサポートする．

私たちのビジョン
私たちは，個人やグループで，児童が活動的で，独立心をもち，責任ある学習者として育つことを支援する．つまりは，自らの生活において児童たちがポジティブな選択や貢献ができるように育てたいのである．

私たちの価値
私たちは，**学習を尊重**する．
- 生涯学習
- 継続的な成長
- 知識，技能，思考力
- 持続性
- 回復力
- 関心
- 柔軟性（変化によって引き起こされる機会を受け入れる）

学習は，D小学校の最も重要な目標である．教えることは重視され，個々人の学習機会を最大限に活かすことを視点として，継続的に改善される．

学習は，全人格を発達させ，それぞれの機会を最大限に利用することを可能にする．そして，子どもたちが一層，成長するためには，自らの得意分野をもつ必要がある．私たちの目的は，生涯学習や広範囲のアカデミックな分野における個人の成長の価値を認め，多様な観点から物事を考えることができ，問題解決の際，幅広い方法でそれを解決することができる社会のメンバーを育成していくことである．この個人像は，社会で成功するための技能をもつと同時に，責任ある選択ができ，彼（女）ら自身，価値があると認めている事柄を支えることができる技能も有している．私たちは，児童の異なった学習スタイルに配慮し，思考力を習得させ，学習に取り組むための優れたプロセスを利用する．

私たちは，常に変化していく世界の中で児童を支え，習得すべき感性を養うことを目的としている．回復力，持続性そして柔軟性のような特質を習得することは，児童の世界観やその中で上手く対処する能力を伸ばしていくだろう．

私たちが今取り組んでいる優先事項は，すべての児童が高いレベルのリテラシー・ニューメラシー技能を習得することである．これらの技能は，学習成果と合致した探求モデルを利用する活気ある統合的カリキュラムによって推進される．その一方で，学習の各単元の中での方向性を定めるために，児童自身の意見を積極的に求め，その機会を有効活用する．私たちの

環境は重要かつ進行中の焦点であり，社会技能の計画的な授業は，ケアの文化を推進していくだろう．

児童たちは，計画，実施，評価段階において学習過程に関与することとなる．彼（女）らは学習目的を理解し，学習に参加し，評価基準や個々人，グループの目標設定を通して，学習を評価する一員となることが期待されている．この過程は，児童主導の改善ミーティングが私たちの児童中心の姿勢を強化するという報告段階を通して，進んでいく．支援スタッフは，児童の学習プログラムや社会的・医療的な福祉への援助や付加価値を提供する．

常に改善を求めていくという文化は推進されている．経営，教育，学習過程のすべての側面は，改善という視点から，批判的に吟味される．D小学校において「個人の潜在能力の開花」は，単なるスローガンではない．その意味は，学校のすべての面で遵守されている．たとえば，教員は能力や興味，思考や学習に関して，児童が好む方法に関するデータを収集し，その後，個々の要望にあった学習経験を積んでもらう．それぞれの児童の関心は，多様な「教室外」活動や教員の技能を最大限に利用する柔軟な人事運営を通してからも実現するであろう．

私たちは私たちのコミュニティを尊重している．

- 学校のコミュニティメンバー：常勤・非常勤の教職員，保護者，児童
- 学校周辺とその構成員
- 違い
- 思いやり
- 共感
- 私たちの学校という「思い」

D小学校は，ローカルおよびグローバルなコミュニティと，継続的で質の高い関係を築いてきた．私たちは，いつもこれらのつながりを拡げるチャンスを逃さずに，創造的で明確な意図を持ったカリキュラムを包み込むような関係を築いている．そこでは，グローバルな視点をもった市民としての環境的，市民的な関心・行動を重視している．

私たちの計画は，児童のリーダーを育成することにある．つまり，彼（女）らが属するコミュニティのことを考慮しつつ，課題を認識し，解決方法を考え出すことができる技能をもち，信頼にたる人間の育成である．テクノロジーやコミュニケーション技能は，新しい関係を構築し，既存のモノを維持することに利用でき，強い仲間意識，専門性，チームや個々人の関係性に向って働き出すことを可能にする．

防衛施設のコミュニティは私たちの学校にとって，重要な役割を担っている．つまり，幅広い経験を得る機会を与えてくれて，また，それにより視野も広げることができる．防衛移転援助の補助金は，私たちの防衛関係者の家族をサポートしており，彼（女）らがDコミュニティにいち早く住み慣れることを助けている．

私たちは私たちの環境を尊重している．

- ローカル，グローバルな物質的環境
- 私たちの学習環境（私たちはどんなインパクトを与えられるのか？）

D小学校は，メルボルン近郊のE市に位置している．本校は，1995年F小学校とG小学校の合併に伴い創設された．その際，とくに施設面において，多くの改善がなされた．

D小学校は，野生の動物や鳥がやってくる自然が豊かな快適な場所にある．また，スポーツ施設や大きな駐車場，コミュニティ・ホール，専門家や小規模なグループワークのための宿舎など多様な活動ができる施設が整っている．そこには就学者を収容する以上の広大な敷地がある．コミュニティは，その環境を高く評価し，もちろん誇りに思っている．現在，校舎内外で環境教育のための多様なプロジェクトを実施するアウトドア施設の拡張を目的とした校庭の整備計画がある．そこでは，身体を動かしたり，ゆっくり考えたりすることもできる．

教室および学習エリアは，日光を取り込み，よく整備されている．将来的には，環境に配慮した多目的エリアを作りたいと考えている．

優れた施設設備は，教員，児童，保護者によって作り出される刺激に満ちた仕事環境を反映している．

私たちは他者と歩調を合わせることを尊重する．

- ケア
- チームワーク
- 協力
- 良好な関係の構築
- 自己，他者の尊重
- 寛容さ
- 受容
- 情熱的な見解

個人とグループとの良好な関係は，学校のビジョンの達成のために，一緒に働き，調和のとれた環境を維持していく上で重要なことである．教員は，共同作業によって，ケア，協力関係，尊敬の観点からの望まれる姿のモデルとなる．彼（女）らは，可能な限りお互いをケアし，サポートしあうチームとして，自覚するために，クラスの子どもたちを元気づける．

学校コミュニティは，良好な社会的相互関係が，すべての学校目標を実現するための重要な鍵となると考えている．クラスのルールについては，児童たちと毎年話し合い，保護者とも協議する必要がある．望まれる行動を推進するとき，論理的に一貫した明確なアウトラインと合意が必要となってくる．明確に示された学校の価値は，それらのルールに目的を与えるため，コミュニケーション，チームワーク，他者への尊重における改善を推進するために利用される．

学校行事とさまざまなサポートは，仕事と遊びを通して協力的な社会性を身に付けることに対して，継続的に配慮していくことを補完する．それらは，生涯学習に携わり，思いやりや責任感をもつ市民に児童が成長していることを目標とする技能や戦略を開発する．私たちは革新的で，社会の流れに敏感に対応した，包括的，創造的なプログラムを提供することによって，これを達成する．そのために，地元のコミュニティや環境を可能な限り利用するのである．

―学校の種別・規模・地域

記載なし（注：地域については「私たちは私たちのコミュニティを尊重している．」「私たちは私たちの環境を尊重している．」の項目を参照）

―学校の教育課程の概要

記載なし

―学校の将来展望

記載なし（注：「私たちは私たちのコミュニティを尊重している．」の項目等を参照）

2．学校目標
　(1) **教育課程目標**（① 児童の達成度，② 教育課程の編成・実施）
　　　（州政府目標：2005年までに―ビクトリア州のすべての小学校の児童が，読解（reading），表現（writing）そしてニューメラシーのナショナル・ベンチマークに達するか，それ以上の学力を習得する．）

―目標（① 児童の達成度）

〈児童の成果〉
教員は，児童の学習成果を向上させるために，多様な授業法，学習方法を利用する．

―改善分野（目標の具体像）

- 重点領域であるリテラシーとニューメラシーの成果を改善するための，教室での教育活動に対する学校全体の一貫性
- とくに，5・6学年における評価の適正化

―目標達成度の測定

〈学校のパフォーマンスの現状（ベースライン）〉
読解
準備学年：L.5=80.4（州=75.9），1学年：L.15=95（州=84.5），
2学年：L.20=98.1（州=94.6），3学年：AIM=2.4（州=2.5），
4学年：CSF=2.95（LSG=2.99），5学年：AIM=3.2（LSG=3.4），
6学年：CSF=4.11（LSG=3.99）
表現
準備学年：1.01（LSG=0.98），2学年：2.02（LSG=1.96），
4学年：2.97（LSG=2.95），6学年：3.96（LSG=3.93）
計算
準備学年：1.05（LSG=0.99），2学年：2.03（LSG=1.97）
4学年：2.95（LSG=2.95），6学年：3.93（LSG=3.93）
（注：CSFは教育課程政策，AIMは学力改善調査，LSGは学校群ベンチマークを意味する．数値は水準を意味する．）
〈学校の達成目標〉
2005年までに，3学年と5学年の「読解」「計算」の学校群ベンチマークに合致するか，それ以上の成果（評価としてAIMを利用する．）

―基準

〈必要とされる評価基準〉
- 教育課程政策に沿った英語と算数における児童の到達度
- 標準的な文章レベルに沿った準備学年から2学年までの「読解」における児童の到達度
- 学力改善調査によって測定される「読解」「表現」「計算」における児童の到達度

―目標（② 教育課程の編成・実施）

> 保護者との十分なコミュニケーションを伴ったさまざまなプログラムの提供を通して，児童の教育ニーズが満たされる．

―改善分野（目標の具体像）

> とくに教育到達度の両極（上位・下位）にいる児童個人をどのように学校が配慮しているかを保護者に知らせるためのプロセスの改善

―目標達成度の測定

> 〈学校のパフォーマンスの現状（ベースライン）〉
> 保護者の意識
> 授業の質：5.88，学力の保証：5.84，児童に関する報告：5.85
> 〈学校の達成目標〉
> 学力の保証と授業の質に関する保護者の意識（2002年）を改善する．

―基準

> 〈必要とされる評価基準〉
> ・各学年レベルの主要学習領域における授業時数配分
> ・保護者の意識：授業の質，学力の保証，児童に関する報告基準

(2) 教育環境目標

―目標

> ・安全で，お互い認め合い，そして誰でも歓迎する学校環境は保護者にとって，高く評価される．
> ・児童は学校で安全性を約束され，それを感じている．

―改善分野（目標の具体像）

> ・保護者の意識の改善
> ・児童の「つながり」の改善

―目標達成度の測定

> 〈学校のパフォーマンスの現状（ベースライン）〉
> 保護者の意識，児童の意識
> 一般的な環境：6.08，顧客の反応：6.10，一般的な満足度：5.91，
> 自己尊重：4.14，児童の安全：3.82，仲間意識：4.25，
> 教員との関係：4.09，学校との関係：3.72，学習意欲：4.39

〈学校の達成目標〉
- ベンチマーク水準に保護者の満足度を近づける．
- 学校調査における児童の態度に関するスコアを州のベンチマーク水準まで上昇させる．

―基準

〈必要とされる評価基準〉
- 保護者の意識
- 児童の出席率
- 児童の事故データ
- 付加的な学校評価基準
- 学校調査における児童の態度（5・6学年）

(3) スタッフマネジメント目標
　　―目標

学校の計画や実践を認識し，支援することを教職員に奨励する環境を整えるための戦略を策定する．

　　―改善分野（目標の具体像）

- 学校の価値およびビジョンに関する説明
- 教職員に対する活発な福祉支援
- 専門的な連携，研修，成長に関わる機会の提供
- 専門性開発のための研修への出席に関する記録の保持

　　―目標達成度の測定

〈学校のパフォーマンスの現状（ベースライン）〉
教職員の意識調査
学校のモラール：4.07，支援的なリーダーシップ：4.05，
目標適合性：4.08，専門的な連携：3.81，専門家としての成長：3.93
2002年のベンチマーク水準と同等かそれ以上の教職員の意識のスコアの維持もしくは改善

　　―基準

〈必要とされる評価基準〉
- 教職員の意識
- 資格をもっていない教職員の病欠

〈付加的な評価基準〉
- 3年毎の教職員健康診断

(4) 財務・設備運営目標
　　—目標

> チャーターの重点領域は多く資源配分される．

　　—改善分野（目標の具体像）

> 記載なし

　　—目標達成度の測定

> 〈学校のパフォーマンス〉
> 領収書と会計報告の監査
> 〈学校の達成目標〉
> 効果的な資源配分を通して，チャーターの重点領域は支援され，実現される．

　　—基準

> 記載なし

3．重点領域
　　—関連する学校目標

> 2005年までに，3学年と5学年の「読解」「計算」の学校群ベンチマークの中間値に合致するか，それ以上を達成する．（評価としてAIMを利用する．）（教育課程目標（①児童の達成度））

　　—現状分析と重点領域の必要性

> 〈学校のパフォーマンスの現状（ベースライン）〉
> 読解
> 準備学年：L.5=80.4（州=75.9），1学年：L.15=95（州=84.5），
> 2学年：L.20=98.1（州=94.6），3学年：AIM=2.4（州=2.5），
> 4学年：CSF=2.95（LSG=2.99），5学年：AIM=3.2（LSG=3.4），
> 6学年：CSF=4.11（LSG=3.99）
> 表現
> 準備学年：1.01（LSG=0.98），2学年：2.02（LSG=1.96），
> 4学年：2.97（LSG=2.95），6学年：3.96（LSG=3.93）
> 計算
> 準備学年：1.05（LSG=0.99），2学年：2.03（LSG=1.97）
> 4学年：2.95（LSG=2.95），6学年：3.93（LSG=3.93）

―重点領域(重点領域,めざす成果,目標達成度の測定)

〈重点領域〉
リテラシーとニューメラシーの分野において学校全体を通して一貫性がありかつ適切な授業戦略や学習実践を開発する.
〈めざす成果〉
- 教室におけるリテラシーとニューメラシーの教育方法に対する学校全体の一貫したアプローチ
- 児童の学習を支援する幅広い教育方法および学習戦略を用いた,教員の実践を改善した結果による児童の成果改善

〈目標達成度の測定〉
- CSFに照らした英語と数学における児童の到達度
- 標準的なテキストレベルに照らした準備学年から2学年までの「読解」における児童の到達度
- AIMによって測定される「読解」「表現」「計算」における児童の到達度

―初年度実施戦略(データ収集・分析,プログラム開発,研修,予算,運営)

初年度実施戦略
- 教員にプログラムを知らせ,付加的な援助を募るために,幅広い評価基準(標準テストを含む)を利用する.
- 低学年,中学年を対象とした戦略と一貫性のある適切な教育内容,教育方法を保障するために,算数プログラムを評価する.
- 適切な専門性開発(研修)を低学年・中学年を担当するすべての職員に提供する.これは,とくに首尾一貫した評価基準,技法を重視するものである.
- 児童のニーズを確認するために,教育テストに関するガイダンス専門員の支援を提供する.
- 特定のグループおよび個人に対して付加的な支援を教室で提供するための幅広い戦略の利用(例:教頭が特別な教育対象となる小規模のグループと一緒に働くためのチームメンバーを公表する.)
- 教育省のガイドラインに則って,障がい者プログラムのもとで補助を受けた児童に対する評価を継続する.

4.実践方針

以下の方針は,人種や宗教に関する誹謗中傷を禁止し,人種や宗教に対する寛容さを支援する「人種・宗教への寛容に関する法律(2001年)」に基づいている.それらは,すべてのハラスメント,差別,不寛容さとは無縁の環境で誰もが働くことができる権利を支援するものである.

校長・教頭実践方針
すべての教職員が有する権利に加えて，校長と教頭には下記の権利がある．
- 教職員と学校審議会からの支援を求める．
- 学校外でのネットワークや支援体制を構築し，維持することを支援され，奨励される．

校長と教頭は，下記の責任を担う．
- 学校における教育ビジョンを明確に打ち出し，かつ具体化することによって，熱意あるリーダーシップを発揮し，そのビジョンの達成のために，教職員や保護者の協力を得る．
- 学校にとって重要であると確認された価値を支援し，実現していく．
- 変革のプロセスで機能する組織的なリーダーシップを発揮し，高いパフォーマンスを達成するチームを構築し，コミュニティに権限を与え，モラールを高める．
- 協働的，協議的かつ戦略的な計画作成・意思決定を推進していく．
- チャーターや運営計画を通して，計画性を明確にしていく．
- 教育省の目標，政策，プログラムを明確に理解し，具体化する．
- 近隣の学校，校長，コミュニティ，支援サービス，公共機関間の支援ネットワークを構築し，維持する．
- プログラムを実施する上での必要性と利用可能な資源や財務を関連付けながら，正常な財務運用と予算化プロセスを保証する．
- 最新の教育方法や学習プロセスに関する十分な知識をもった上で，学校の計画やプログラムを評価し，すべての児童にとって最適な教育成果を達成させる．
- 効果的かつ安全で，ハラスメントとは無縁な環境を児童や教職員に保証する．
- 継続的な改善を可能にする環境を促進する．

教員実践方針
継続的な改善の価値を認めつつ，それを重視するきわめて有能な教職員は，堅実かつ生産的な授業，学習環境にとって不可欠である．

すべての教職員は下記の権利を有する．
- 尊敬をもって接せられる．
- 同僚によって自らの価値が認められていると感じる．
- チームの一員として働く．：協働で計画し働き，学校全体・教科内の計画作成に積極的に関与する．
- 彼（女）ら自身の活動に関するフィードバックを得ることができる．そして，尊重され，支援される個人のキャリアを得ることを期待する．
- 相互支援，信頼，尊重と誠実さという協調的な雰囲気の中で他の教職員

と働く．
- 必要に応じて，守秘義務が堅持されることを望む．
- 学校改善と学校の意思決定プロセスに貢献することを求められる．
- 学校や個人が要求する専門性開発の活動に参加する．

すべての教職員は下記の責任を有する．
- 学校と教育省のガイドラインに沿って計画，実施，評価される包括的カリキュラムを実践する．
- 学校が重視する価値とビジョンに協力する．
- チャーター，学校の教育・学習哲学を支持し，実施する．
- 児童のケアに従事し，彼（女）らの興味・関心，個性に対応する．これには，自己および他者の尊重，社会性を児童が身に付けること含んでいる．
- 失敗によるリスクのとり方や失敗から学ぶことなど，児童の探究心，批判的思考，適応力，創造力，創作力，発見力を促進する．
- 学習におけるコミュニケーション，協力性を推進する．
- 児童の個人的な差異を考慮し，児童の発達を創造的，効果的かつ正確に観察し，評価し，報告する授業プロセスを実践する．
- ICT（情報通信技術）を授業もしくは学習プロセスにおいて効果的に利用することを保証する．
- 変化に対応し，それを受けいれ，授業，学習実践についての最新の知識を有し，それを実践する技能を習得する．
- 学校で実施される専門性開発のための研修や広範囲の教育ネットワークに積極的に参加することを通して，専門的な学習をすすめる．
- 学校目標および児童の行動指針に沿った児童の行動および福利厚生に関する管理・運営を行う．
- 学校の教育実践・成果についてのコミュニティの見解に対応をする．
- 地元や幅広いコミュニティとの関わりを通して，積極的でフレンドリーな対応をする．また，思慮深くかつ，配慮をもって，学校コミュニティのメンバーと接する．
- 可能な場所では，学校のプログラムを補完する資源や専門的な技能を提供する．
- 学校審議会とその専門部会に協力する．
- 課外活動に参加し，関与することによって学校を支援する．例：グラウンドのメンテナンスなど

<u>学校審議会実践方針</u>
この実践方針は，審議会委員の権利と責任を明確にし，審議会運営のための基本理念を明らかにするものである．

学校審議会のメンバーは下記の権利を有する．

- 自らの価値が認められ，耳を傾けてもらい，尊重されていると感じられる．
- 相互支援，信頼，尊重と誠実さという協調的な雰囲気の中で協力して働く．
- 学校の改善や学校の意思決定プロセスに貢献する．
- すべての重要な計画決定を通して，学校コミュニティの見解を模索し，検討し，考慮することを期待する．
- 学校審議会が計画の方向性の設定を協働で決定していくことを期待する．
- 校長からパブリック・コメントが求められたとき，審議会の代表として，審議会の会長が自らの責任として，発言する．
- すべての決定が，協議的，協働的な方法でなされる．
- 必要に応じて，守秘義務が維持されることを求める．

学校審議会のメンバーは下記の責任を有する．
- 教育法規と教育省規則，その他政府の指導の範囲内で運営する．
- 学校行事には保護者のより幅広い関与を奨励する．
- ニーズがある場合には，専門部会を構成し，意思決定の際により多くのコミュニティの参加を可能にし，学校審議会の決定を行う．財務の専門部会は常に運営される．
- 審議会の決定に関する学校コミュニティへの告知は，定期的に行い，なおかつ役立つ情報であることを保証する．
- 計画を実施するのは校長や教職員の役割であることを保証する．
- パブリック・コメントは，必要に応じて校長からの指導の下，審議会の代表として，会長によってのみなされる．
- すべての会議は，学校の規定や規則に則って運営されることを保証する．
- 機密事項とされた議事内容は，すべての審議会メンバーにとって守秘義務であることを保証する．
- 学校生活の様々な側面を支援することに積極的に関与する．
- 保護者・地域住民実践方針の良いモデルとなる．

学校審議会における校長の役割
審議会のエグゼクティブオフィサーとして，校長は下記の責任を有する．
- すべての教育事項について，学校審議会には多くの正確な情報と助言を提供する．
- 学校審議会の決定を実行に移す．
- 教職員には学校審議会のすべての決定事項を知らせる．
- 審議会の会合の実施に対して，十分な支援と資源を提供する．

保護者・地域住民実践方針
D小学校は，ローカルかつグローバルなコミュニティとの継続的で質の高い関係を保っている．

D小学校のコミュニティは，さまざまな人たちによって構成されている．その中には，父母，保護者，地元の企業のメンバー，地元の住民，地元のネットワーク・グループだけではなく，姉妹校提携やさまざまな専門的な団体を通してグローバルなコミュニティとの連携を構築している．

最も質の高い学習環境を提供するために，学校は下記の権利をもつコミュニティメンバーとの親密な連携に期待をかけている．

- 尊重をもって接せられる．
- 子どもの教育に積極的な関心をもつ．
- 必要に応じて，守秘義務を保持する．
- 一般社会に受け入れられる価値観を学校が教えることを期待する．
- 児童は一人の人間として，教えられ，尊重されることを期待する．
- 児童の達成に高い期待があることを望む．

学校コミュニティのメンバーは下記の責任を有する．
- 合意した学校の価値，ビジョン，目標，計画，プログラムに賛同し，支援する．
- 教員や他の職員の専門性を尊重する．
- 児童の福利厚生，校則，学校のプログラムを支援する．
- 学校の活動や行事には，積極的に参加する．
- 資金集めやマーケティング事業に関して学校を支援する．
- 優れた教育プログラムを提供することに関する学校審議会の行動を支援する．
- 学校に対して誠実に接し，幅広いコミュニティの中で学校に協力する．
- 学校内の活動，または遠足やコミュニティ事業に対して協力する．
- 子どもたち全員が着用するユニフォームを提供する．
- 子どもたちが，学校や学校の活動に遅刻しないよう保証する．
- 必要に応じて，守秘義務を保持する．
- 校舎やグラウンド設備を維持し，整備することを支援し，学校環境の目標を支援する．

幅広いコミュニティメンバーは下記の責任を有する．
- 合意した学校の価値，ビジョン，目標，計画，プログラムを提示し，支援する．
- 教員や他の職員の専門性を尊重する．
- 児童の福利厚生，校則，学校のプログラムを支援する．
- 資金集めやマーケティング事業に関して学校を支援する．
- コミュニティ事業に対して学校内での支援を提供する．
- 必要に応じて，守秘義務を保持する．

- 学校環境の目標を支援する．

5．児童のルール

児童のルールは，学校の生活指導方針に記述されている．学校の生活指導とそれに関わる活動は，このルールと合わせて考えられる．下記のチャーター文書は，その文書を要約したものである．児童のルールと生活指導方針は，チャーター実施の早い段階で見直されることになるだろう．

D小学校の児童のルールは，教育省のガイドラインや規則の範囲内で，それと一致した形で書かれている．

私たちの学校は，すべての子どもたちに安全で規律正しく，思いやりのある学習環境を提供し，小学校生活のすべての段階における児童のニーズに対応していく．ルールは，下記の原則にもとづいている．

- 学校のすべてのメンバーは，価値を認められ，尊重され，差別なく扱われる．
- すべての児童は，協働的，支援的そして安全な環境で過ごす権利をもつ．
- 保護者は，生産的な学習環境を維持するための努力を通して，学校を支援する責任を持ち，学校の教職員は，公正で継続的に児童の福利厚生や校則を実現する責任をもつ．
- 私たちは，教育プロセスにおける保護者の役割の重要性を認め，利用し，奨励する．そのため，学校運営の重要な部分として，保護者の関与を推進し，歓迎する．

児童と教員はそれぞれのクラスで，「学校の価値」が何かを一緒に話し合い，その価値を成立させるために構成員すべてが支援するためのクラスのルールを決める．明確なルールは，学校全体に浸透させ，望ましい行為を行った場合は褒めることを重要とする．

保護者は，クラスや遊び場のルールについて情報を知らされる．また自らの子どもが，受け入れがたい行動を続け，それが深刻かどうかを知らされ，教職員とともに，子どもたちがより受容可能な行動ができるように働きかける．児童が責任ある行動の選択ができるようにするために，さまざまな対応がなされる．それぞれの教員チームは，一体となり，ルールに適応するのが困難な児童を支援する．子どもたちのそれぞれの環境を可能な限り考慮する．教育省文書に従い，校長は停学や退学に関する責任をもつ．しかし，これらは最後の手段である．深刻さが増した場合，停学を実行する前に，柔軟で多様な対応がなされる必要がある．

受容可能な行動か否かに伴い，そこに発生する権利と責任は，下記のよう

に，教育的・社会的な目標に合わせつつ，学校を支援することにある．

下記の権利を，児童は有する．
- プレッシャーを感じない環境で学べ，自らのニーズに合わせて，ベストを尽くすことができる．
- 平等に，親身に，尊厳と尊重を持って接せられる．
- 安全性を感じ，保護される．
- 前向きなフィードバックや意見を受け，学習改善を進められる．
- 友だちや教員によって，尊重され，認められ，耳を傾けてもらえる．
- 自らの考えを適切に，思いやりを持って表明できる．
- 必要に応じて，プライバシーを守ることができる．
- 幸せで，学校の一員であるとの感覚をもてる．

児童は下記の責任をもつ．
- 学校に登校する．
- 自らの行動の結果を受け入れる．
- 他者からの支援を受け入れ，自らの学習に責任をもつ．
- いつでも全力を尽くす．
- 他者を尊重し，礼儀正しく話し，共感を持って聞く．
- 安全で，健康的で，綺麗な環境を保つ．
- 他者の権利や持ち物を尊重する．
- 私たちすべてが安全であるために，学校のルールに従う．
- 他者への寛容さを表明する．
- 協調性を持って，生活する．
- 自らの所持品を大切にする．
- 正直である．
- 自分，他者に対して気を使う．
- 学校に対して，誠実に接する．
- 転入・新入生や訪問者を歓迎する．

受け入れがたい行動
- 児童や教職員，その他の人に危険をもたらす．
- 攻撃的で，無作法である．
- 教員の教える，もしくは児童が学ぶ権利を妨害する．
- 「人種・宗教への寛容性に関する法律」に違反し，人種や宗教にもとづいて，他の児童を非難するという法に反する行動をする．

児童のルールの実施
- 学年が始まるときに，教員は，学校規則に沿った，自らのクラスのルールを設定する．
- 学校の価値は議論され，このルールに目的を与えるために利用される．

- 学校やクラスのルールは，家庭に知らされ，学校の目立つ場所に掲示される．
- 学校やクラスのルールに従わない者に対して，道理に適い，首尾一貫した対応がとられる．

いじめは児童のルールにおける重要な違反とみなし，どんなことが理由であれ，認められない．

6．アカウンタビリティ計画
   (学校評価の領域，データ，実施者，頻度，結果報告対象者)

記載なし
(注：D小学校の2003-2005年チャーターには記載がなかった．読者の参考のために，同校の1997-1999年チャーターのアカウンタビリティ計画の要点を以下に記載する．)
〈学校評価の領域〉
チャーターと学校年次報告（注：チャーター実施結果に関する学校の自己評価），教育課程（①児童の達成度，②教育課程の編成・実施），教育環境，スタッフマネジメント，財務・設備運営，重点領域（①準備学年から2学年のリテラシー，②クオリティマネジメント，③ICT，④生活指導）
〈データ〉
チャーターと学校年次報告：各種データの総合的分析
教育課程
　　① **児童の達成度**：学力アセスメント，成績表，保護者の意識調査
　　② **教育課程の編成・実施**：授業時数配分
教育環境：通学状況，自己報告，保護者の意識調査，設備の検査
スタッフマネジメント：勤務状況，労働保険，メリット・公平性の指標，教職員の意識調査，教職員の自己評価
財務・設備運営：予算，会計検査
重点領域
　　① **準備学年から2学年のリテラシー**：英語の教育課程政策を基準とした生徒の達成度
　　② **クオリティマネジメント**：クオリティマネジメントにもとづく自己評価
　　③ **ICT**：児童と教職員の能力と家庭における使用
　　④ **生活指導**：児童の調査，いじめに関する教職員・保護者・児童対象の調査
〈実施者〉略
〈頻度〉略
〈結果報告対象者〉略

チャーター一概観

共同的な学校コミュニティ
- 保護者に関する情報、コミュニケーション、教育
- 社会技能に関する教育、コミュニケーション戦略を目的とした教育
- 保護者の教育、コミュニケーション戦略を目的とした、低学年、中学年の教員グループチームを構築する
- 明確な報告プロセス

専門的支援

学校の社会的基盤のデザイン
- 低学年・中学年戦略への専門性開発
- 人事：リテラシーやニューメラシーのコーディネーター
- 学校・校外の研修の場で、共通理解や教育方法の共有などに貢献する
- 低学年、中学年対象に付加的な支援
- 目標を設定したコーチング、教育相談
- チームの構築

学習の戦略的基盤
学校のビジョン、ミッション、価値は、学校全体の教育活動の実施を導いていく。
- 学習は、コアとなるプロセスである。
- 継続的な学習を好むことへの期待
- 継続的な改善を推進する文化
- 人間関係・社会相互関係の成功を重視
- 自らの行動や学習に児童が責任をもつ。
- 児童が学習や教育の目的を認識する。
- 児童が地元を重視し、良い影響を与えるよう行動する。
- 専門的な学習は、改善の重要な手段である。

専門的支援

学校の成果
- 学校群の中間値以上の目標
- 児童の学習を支援するために幅広いで、教育方法・学習戦略を教員が利用する。
- 児童が学校での安全性を実感し、それを継続する。
- 学校での子どもの活動を保護者がよく知ることができる。
- 価値、計画、実践に関わる教員を改善する。

専門的支援

校内専門研修は、リソース配分の面で重視される。チームの強い結束は、専門的な対話や専門性を高い学習、誘導、相談を可能にして、同僚関係が良好であれば、専門的な相互関係も活発になる。

教育方法の三次元
：信頼できる、学校全体、個人の重視
- 低学年・中学年でのリテラシー・ニューメラシーの連携
- リテラシー・ニューメラシーの成果を後押しする統合的なカリキュラムの提供
- 各児童の学習や教育方法を考慮した多様な評価
- ルーブリックや現代学習理論にもとづいた目標に対する生徒の自己評価

専門的支援

共同的な専門的学習プロセスは、戦略的な基盤や教育方法を支援するためにある。

(2) 公立A小学校の学校経営計画

平成18年度　学校経営計画書

市立A小学校

○本校のミッション（使命，存在意義，めざす学校像）

> 本校の教育は「確かな学力・豊かな心・健やかな体」の育成を柱とする生きる力の育成を目的としている．保護者・地域からは，子どもたち一人一人の自立を図り，個性と可能性を開花させ，社会の育成者として必要な資質と能力を育成することが期待されている．そこで，本校では学校教育目標を「心豊かにたくましく生きる子どもの育成」と設定し「元気で　仲よく　がんばる子」を合言葉として教育活動を展開していくことにした．
> 　　めざす学校像
> 　○真剣に学習　「伸びる学校」
> 　○生き生きと活動「楽しい学校」
> 　○安心と健康　「安全な学校」
> 　○品位と節度　「美しい学校」

○本校のビジョン（中期的目標）

> ○学びの質を高める授業づくりに向けて，ICTやNHK教育放送の有効な活用法を探る研究を進める．
> ○安全な学校生活と健康づくり，体力の向上を進める教育に取り組む．
> ○生活習慣の見直しを進め，学びの基礎力を向上させる．
> ○明治の代表的詩人で卒業生でもある薄田泣菫を教育に生かす工夫を進める．
> ○服務のあり方を見直し，次の2点についての意識をより強くもつようにする．
> 　・法令や規則の遵守　・コスト意識
> ○児童や保護者とともに「安心」できる学校,「自信」のもてる学校づくりを進める．

○当該年度の学校経営目標・計画

> ○情報教育研修会へ参加するなど情報教育の研修に努め，その成果を授業改善に生かす．
> ○学びの基礎力（読書，宿題，早寝早起き，朝食，あいさつ，廊下歩行）の習慣化を図る．
> ○登下校時の事故や，校内生活事故の発生件数を減少させる．
> ○「泣菫に学ぶ・泣菫に親しむ」をキャッチフレーズとする教育活動を創意工夫し，展開を図る．

○個人情報の正しい管理と情報モラルの指導のあり方を探り，全教職員で取り組む．
○保護者参加型などの協働的な授業づくりを通して，共に学び育ち合う関係づくりに努める

（3）公立Ｂ中学校の学校経営計画

平成18年度　学校経営計画書

市立Ｂ中学校

○本校のミッション（使命，存在意義）

豊かな自然環境の中で，すべての生徒がその能力に応じて，生き抜く力を身につけることができるようにする．
○学校教育目標
　新しい時代を拓く，心豊かでたくましい生徒の育成
　自ら課題を見つけ，よりよく解決しようと努力する生徒
　自他共に大切にし，思いやりのある生徒
　たくましく生きるための健康や体力を育む生徒
○保護者に対して
　生徒の健やかな成長に向けて，「学力の定着と向上」「基本的な生活習慣の定着」の取り組みを徹底する．
　・生徒の意欲・関心の高まる授業の実践
　・学習習慣を含む基本的生活習慣の定着に向けて保護者への働きかけと協力要請
○地域社会に対して
　地域の取り組みに進んで関与するなど，社会性を備えた生徒の育成に取り組む．
　・地域の良さ・特性に気づかせる授業や行事の実施
　・地域の行事への参加・関与の呼びかけ等の支援
※保護者・地域社会ともに学校の情報発信と交流を望んでいる．学校だより・学級通信等の配布などのほかに，教職員からの報告や情報交換の場なども活用する．

○内外の環境分析

・学校規模
　生徒数・学級数は各学年3〜4学級で集団活動に適しているが，減少の傾向にあり，職員構成では職員数の減少に伴う組織の改編が課題である．
・教職員の構成と資質
　生徒の立場に立ち，保護者との連携を絶やさないで，学習面・生活面で

の指導を熱心に展開することができるが，生徒・家庭の意識や実態の差に戸惑いがある．
- 生徒・保護者の状況
  生徒は素朴で挨拶も良くでき，穏やかで，問題行動も少なく学校の指導に受容的であるが，規則的な生活，家庭学習の徹底など，基本的生活習慣の定着が不十分な生徒が増加しつつあり，不登校および不登校傾向の生徒も増加しつつある．また，各家庭で成長して行く生徒の変化にとまどう保護者も少なくない．
- 地域社会との関わり
  地域住民は気がついたことは学校へ即時に連絡するなど協力的で，学校教育への期待も大きい．

○ミッションの追求を通じて実現しようとする本校のビジョン（将来像，めざす姿）

「目標をもち，意欲的に学ぶ生徒の育成をめざす教職員集団」
- 課題を明確にして研修し，意欲的に指導を展開する教職員
  授業研究……生徒の興味・関心を引き出す授業の実現に向けて工夫する．
  生徒指導……生徒指導の機能を活かして，各教科の授業や学校・学年・学級行事に取り組む．
  研修……課題に応じて計画を立て，焦点化した研修に取り組む．

○当該年度の具体的な学校経営目標・計画

「生徒の意欲を引き出す授業づくりに全職員で取り組む」
学習の意義づけや，学習習慣の定着の不十分さが大きな課題である．また，学習面でのつまづきが不登校へのきっかけになることもある．単なる指導法の工夫に留まらない，生徒指導の機能を意識した授業改善等を全職員共通の課題として取り組みを徹底する．
○意欲を引き出す授業に向けての授業研究と実践
- 授業規律の確立や指導法の改善などについての教科内・教科間での情報交換
- 課題や成果を明確にする授業公開の時間や場所の確保

保護者に学習と生活習慣の関連性や現状を伝えるなどの情報提供と学校・家庭間の協力体制の構築
課題をもつ生徒の支援のための放課後や質問日などの時間の確保
○生徒指導（教育相談）体制のますますの充実
- 各学級・別室（ハートルーム・保健室）等での実態把握と柔軟な対応
- スクールカウンセラーとの連携や，教職員コンサルテーションの充実

課題をもつ生徒（非行・不登校傾向）についての情報の早期収集
中学校入学前の状況把握　生徒指導委・教育相談委・別室登校担当者会での情報の徹底

○協力体制の確立（学年・係・教科等）

（4）公立C高等学校の学校経営計画

平成18年度　学校経営計画書

県立C高等学校

○本校のミッション（使命，存在意義）

○備前地区唯一の県立高校であり地域の教育および活性化に寄与する
○総合学科として新しい学校のモデル校である

○内外の環境分析

S	W
・様々な進路目標に合わせた教育が可能 ・福祉と工業でレベルの高い学習ができる ・充実した講義室と工業設備の完備 ・自分で作ることができる時間割 ・進学に対応した講座の開設や少人数・習熟度別講座の実施 ・意欲あふれる優秀なスタッフが多い ・普通科，専門科両方の教員や若いスタッフが多く様々な取組ができる ・専門科目の教員と普通科目の教員との共存共栄を図りやすい ・少人数クラス二人担任で生徒へのきめ細やかな対応ができる ・部活動に熱心な教員が多く部員との信頼関係も厚い ・幅広い人材間の生徒交流が可能 ・一期生の進路実績の活用が可能 ・既成の学校にとらわれない柔軟な試みが可能 ・多様な科目に豊富な人材 ・工業科目が内容スタッフともしっかりしている	・部への入部者が少なく活発ではない ・部活動で使用する設備が不十分である ・アルバイト中心の学校生活になっている生徒が多い ・部活動と土曜講座との調整不足 ・部活動の指導時間がとれない ・教員間のコミュニケーション不足による連携の不十分さ ・ベテラン教員が少ない ・校務分掌の欠如による指揮系統の不備 ・学校行事等の計画性に乏しく組織的に動けない ・学習意欲や高い能力を有する生徒が集まりにくい ・設備不足による選択科目の人数制限 ・講座が多く複雑であると共に選択が安易な方向に流れやすい ・専門教育が二年にならないと開始できない ・進路希望や生活習慣が多様で生徒指導等が十分にできていない ・多様な進路希望を持つ生徒に対応

・他校にはない産社・総学等の取り組みによるキャリア教育の実践が可能 ・総学での論文指導が定着している ・作家を講師として招きプロの技術が学べる ・素直な生徒が多い ・OJTの仕組みがある ・「報連相」の仕組みができつつあり無駄な会議が少ない ・資格取得に向けた指導に熱心である	できる指導体制の未整備 ・進路目標を持てない生徒が多く将来を見据えた科目選択ができていない ・就職希望者支援のためのプログラム未完成・女子の就職希望者に対応する科目がない ・市立定時制高校との共存 ・実習を効率よく行う仕組みができていない
O	T
・地域からの期待が大きく地域の行事・活動への依頼が多い ・部活動やボランティア活動等に対し地域からの期待感がある ・総合学科全国大会で関心が高まる ・キャリア教育推進事業など小中高連携のプロジェクトがある ・再編整備の先駆けとして教育改革に取り組める ・最寄りの駅から非常に近い ・新しい備前市で唯一の県立高校である ・一期生の進路実績に関心が集まっている ・地元企業に製造業関係が多い	・地元の学校という風土がなく地元から力を持った生徒の進学が少ない ・地域での少子化が進行している ・保護者や企業等の総合学科に対する理解不足 ・県内での総合学科の増加 ・周辺高校の活性化 ・JRの便数が少ない ・本校生徒の不真面目さが地域からの評価となる ・勉強しなくても上級学校に行ける全入時代がくる ・地元企業の数が少なく体験学習などがしにくい

○ミッションの追求を通じて実現しようとする本校のビジョン（将来像，めざす姿）

> ○地域や保護者に信頼され中学生があこがれる学校
> ○社会人としての良識を身に付け自ら考え行動できる生徒の育成
> ○進路実現・進路保障のできる学校
> ○明確な目標・方策など先を見通したプランの達成をめざし行動する教職員集団

○平成18年度の具体的な学校経営目標・計画

○積極的な情報発信と広報活動,地域行事等への参加
○基本的な生活習慣の徹底と積極的な生徒指導の推進
○教育課程の改善とキャリア教育の推進および基本的な学習習慣の確立
○目標管理の推進・充実

(5) チャーターのフォーマット

1. 学校プロファイル
　　　―学校の価値

　　　―学校の種別・規模・地域

　　　―学校の教育課程の概要

　　　―学校の将来展望

2. 学校目標
　(1) 教育課程目標
　　　―目標

―改善分野（目標の具体像）

―目標達成度の測定

―基準

(2) 教育環境目標
　―目標

　―改善分野（目標の具体像）

　―目標達成度の測定

　―基準

(3) スタッフマネジメント目標
　　　―目標

　　　―改善分野（目標の具体像）

　　　―目標達成度の測定

　　　―基準

(4) 財務・設備運営目標
　　　―目標

　　　―改善分野（目標の具体像）

　　　―目標達成度の測定

―基準

3．重点領域
　　　―関連する学校目標

　　　―現状分析と重点領域の必要性

　　　―重点領域（重点領域，めざす成果，目標達成度の測定）
　　　〈重点領域〉

　　　〈めざす成果〉

　　　〈目標達成度の測定〉

　　　―初年度実施戦略（データ収集・分析，プログラム開発，研修，予算，運営）
　　　〈データ収集・分析〉

　　　〈プログラム開発〉

　　　〈研修〉

　　　〈予算〉

　　　〈運営〉

4．実践方針

5．児童・生徒のルール

6．アカウンタビリティ計画
　　（学校評価の領域，データ，実施者，頻度，結果報告対象者）

〈学校評価の領域〉

〈データ〉

〈実施者〉

〈頻度〉

〈結果報告対象者〉

参考文献

《日本語文献》

青木麻衣子「オーストラリアにおけるエスニック・スクール―「エスニック」と「ナショナル」の対立と共存―」日本比較教育学会『比較教育学研究』第30号, 2004年.

青木麻衣子『オーストラリアの言語教育政策に関する研究―多文化主義が内包する「多様性」と「統一性」をめぐって―』(博士学位申請論文:北海道大学) 2006年.

秋田喜代美「学校でのアクション・リサーチ」秋田喜代美・恒吉僚子・佐藤学編著『教育研究のメソドロジー』東京大学出版会, 2005年.

浅野良一「学校評価システムの考え方・すすめ方―組織マネジメント手法を活用した学校評価―」『教育委員会月報』第54巻6号, 2002年.

天笠茂「教育課程基準の大綱化・弾力化の歴史的意味」日本教育経営学会『日本教育経営学会紀要』第41号, 1999年.

天笠茂「学校経営研究における臨床的アプローチの可能性」小野由美子・淵上克義・浜田博文・曽余田浩史編著『学校経営研究における臨床的アプローチの構築』北大路書房, 2004年.

荒木廣「イギリス, 学校の組織と運営」小松郁夫・坂本孝徳・篠原清昭編著『諸外国の教育改革と教育経営』玉川大学出版部, 2000年.

飯笹佐代子「多文化国家オーストラリアのシティズンシップ教育―「デモクラシーの発見」プログラムの事例から―」オーストラリア学会『オーストラリア研究』第17号, 2005年.

市川昭午「比較教育再考」日本比較教育学会『比較教育学研究』第16号, 1990年.

大野裕己「学校経営計画」篠原清昭編著『スクールマネジメント』ミネルヴァ書房, 2006年.

大脇康弘「スクールリーダー教育のシステム構築に関する争点―認識枠組と制度的基盤を中心に―」日本教育経営学会『日本教育経営学会紀要』第47号, 2005年.

岡山県教育委員会『新しい教職員の評価システム(実施マニュアル)』2006年3月.

尾木直樹「子どもたちに「先生」を返せ」『世界』2月号, 岩波書店, 2007年.

大住荘四朗『ニュー・パブリックマネジメント』日本評論社, 1999年.

小島弘道「現代の学校問題と教育裁量の課題」日本教育法学会『日本教育法学会年報』第22号, 1993年.

小島弘道「学校の自律性・自己責任と地方教育行財政」日本教育行政学会『日本教育行政学会年報』第 25 号, 1999 年.

小島弘道「政策提言—校長の資格・養成と大学院の役割—」小島弘道編著『校長の資格・養成と大学院の役割』東信堂, 2004 年.

小野田政利『悲鳴をあげる学校』旬報社, 2006 年.

加治佐哲也「スクールリーダー育成と大学・教育委員会の連携—兵庫教育大学の養成プログラム」北神正行・高橋香代編『学校組織マネジメントとスクールリーダー』学文社, 2007 年.

梶間みどり「イギリスのスクールリーダー養成教育プログラム」日本教育経営学会学校管理職教育プログラム開発特別委員会『大学院における学校管理職教育プログラムの開発に関する研究』2005 年.

金光一雄・宮野正司「岡山県における学校組織マネジメント研修の実施状況および成果と課題」北神正行・高橋香代編『学校組織マネジメントとスクールリーダー』学文社, 2007 年.

木岡一明『新しい学校評価と組織マネジメント』第一法規, 2003 年.

木村力雄・宮腰英一「教育の並置比較」日本比較教育学会『比較教育学研究』第 20 号, 1994 年.

黒崎勲『教育の政治経済学』東京都立大学出版会, 2000 年.

国立教育政策研究所・文部科学省『21 世紀の学校を創る』国立教育政策研究所, 2002 年.

斎藤喜博『学校づくりの記』国土社, 1990 年.

佐古秀一「学校の内発的な改善力を高めるための組織開発研究」日本教育経営学会『日本教育経営学会紀要』第 48 号, 2006 年.

笹森健・佐藤博志「オーストラリアにおける教育課程行政改革—ナショナルカリキュラムを中心に—」青山学院大学文学部教育学科『教育研究』第 38 号, 1994 年.

佐藤博志「オーストラリア：ビクトリア州の公立学校改革とアカウンタビリティの確保」日本比較教育学会『比較教育学研究』第 28 号, 2002 年.

佐藤博志「オーストラリアの教育改革にみる国家—ビクトリア州労働党政権の教育政策の分析を通して」篠原清昭編『ポストモダンの教育改革と国家』教育開発研究所, 2003 年.

佐藤博志「オーストラリアにおける教員の人事評価と職能開発」八尾坂修編著『教員人事評価と職能開発—日本と諸外国の研究—』風間書房, 2005 年.

佐藤博志「岡山大学大学院におけるスクールリーダー養成の実態と課題」大塚学校経営研究会『学校経営研究』第 31 巻, 2006 年.

佐藤博志・加納亜紀「スクールリーダー育成の展望—プログラム開発の方向性と課題」北神正行・高橋香代編『学校組織マネジメントとスクールリーダー』学文社, 2007 年.

佐藤全「教育経営研究の現状と課題」日本教育経営学会『日本教育経営学会紀要』第 38 号, 1996 年.

佐藤学『教育方法学』岩波書店, 1996 年.

佐藤学『教育改革をデザインする』岩波書店, 1999 年.

佐藤学「教育学部・大学院の将来像—専門大学院の構想へ」藤田英典他編著『大学改革』

世織書房, 2002年.
佐々木毅「比較教育学の理論と方法」日本比較教育学会『比較教育学研究』第20号, 1994年.
塩原良和『ネオ・リベラリズムの時代の多文化主義』三元社, 2005年.
渋谷英章「地域教育研究の可能性」日本比較教育学会『比較教育学研究』第27号, 2001年.
ジョー・ネイサン（大沼安史訳）『チャータースクール―あなたも公立学校が創れる』一光社, 1997年.
関根政美「オーストラリアン・マルチカルチュラリズムの行方―ハワード政権下の多文化主義」オセアニア教育学会第10回大会記念講演配布資料, 2006年12月9日.
竹熊尚夫「比較教育学と地域教育研究の課題」日本比較教育学会『比較教育学研究』第27号, 2001年.
舘林保江・小松郁夫「校長のリーダーシップと資格・研修制度の研究―イギリスのIPHとNCSL―」日本教育経営学会第46回大会発表資料, 東北大学, 2006年6月4日.
田辺大蔵『学校における目標管理システム導入に関する研究』岡山大学大学院教育学研究科教育組織マネジメント専攻修士論文, 2006年1月提出.
露口健司「学校ビジョン」篠原清昭編著『スクールマネジメント』ミネルヴァ書房, 2006年.
東京都教育委員会『都立学校におけるマネジメントサイクルの導入に向けて（学校経営計画策定検討委員会報告書）』2002年11月.
友田多香子「変化のなかにある大学教育の現状」石附実・笹森健編『オーストラリア・ニュージーランドの教育』東信堂, 2001年.
中島千恵「アメリカ：チャータースクールが投げかける問い」日本比較教育学会『比較教育学研究』第28号, 2002年.
二宮晧「比較教育学の研究基盤（インフラ）の現状と課題」日本比較教育学会『比較教育学研究』第25号, 1999年.
日本教育経営学会研究推進委員会「課題研究報告「教育改革」に揺れる学校現場：学校は今どうなっているのか？そして教育経営研究は何を期待されているのか？」日本教育経営学会『日本教育経営学会紀要』第47号.
橋本博子「「多文化社会」オーストラリアの大学生にとっての日本留学の意義」オセアニア教育学会『オセアニア教育研究』第12号, 2006年.
浜田博文「アメリカにおける校長の資格制度と養成プログラムについて」日本教育経営学会学校管理職教育プログラム開発特別委員会『大学院における学校管理職教育プログラムの開発に関する研究』2005年.
福島明子「学校改善と管理職（スクールリーダー）」岡山大学大学院教育学研究科教育組織マネジメント専攻修士論文, 2007年1月提出.
淵上克義『学校組織の心理学』日本文化科学社, 2005年.
朴聖雨「理論研究」佐藤全・河野和清・西穣司編著『教育経営研究の理論と軌跡』玉川大学出版部, 2000年.
丸山直也「スクールリーダー育成と大学院教育の実際」北神正行・高橋香代編『学校組織

マネジメントとスクールリーダー』学文社,2007年.
三重県教育委員会事務局「学校経営品質アセスメントシート(資料3,平成16年10月修正版)」2004年10月.
見世千賀子「オーストラリアにおける多文化教育と市民性教育の動向と課題」オセアニア教育学会『オセアニア教育研究』第11号,2005年.
見世千賀子「オーストラリアにおける多文化教育の展開─公教育を中心に」『多文化教育に関する総合的比較研究─公教育におけるエスニシティへの対応を中心に』(科学研究費補助金報告書,代表者:江原武一)1998年.
茂木健一郎『脳と創造性─「この私」というクオリアへ─』PHPエディターズ・グループ,2005年.
望田研吾「現代における公立学校改革の原理と展開」日本比較教育学会『比較教育学研究』第28号,2002年.
八尾坂修「日本とアメリカのクオリティ・マネジメント(Quality Management)をめぐる今日的特質─アメリカの大学におけるTQM導入成果をふまえて─」大学評価・学位授与機構『大学評価』第1号,2002年.
横須賀薫「「大学における教員養成」を考える」藤田英典他編著『大学改革』世織書房,2002年.
吉本二郎『学校経営学』国土社,1965年.
渡邉美樹『教育崩壊』ビジネス社,2006年.

《英語文献》

ABS, *Census of Population and Housing: Selected Social and Housing Characteristics Australia 2001*, 2002.
ABS, *Schools*, 2004.
ACER, *PISA in Brief from Australia's perspectives*, 2004.
Allan, P., Director of Schools, Office of Schools, Department of Education, "Executive Memorandum, Amendment to Schools of the Future Reference Guide ─ Section 4.1.1.6 Student Placement," September 10, 1998.
Australian Council of Population and Ethnic Affairs, *Multiculturalism for All Australians: Our Developing Nationhood*, AGPS, 1982.
Australian Ethnic Affairs Council, *Australia as a Multicultural Society*, AGPS, 1977.
Barcan, A., *A History of Australian Education*, Oxford University Press, 1980.
Beare, H., *Creating the Future School*, Routledge/Falmer, 2001.
Blake, M. and Fary, B., "Accountability and the Vexed Issue of Reporting on School Achievement ─ A Joint Policy Statement from the three Principals' Associations," 1998.
Brady, L., *Curriculum Development, Fourth Edition*, Prentice Hall, 1992.
Bruce, W. (ed), *Numeracy Benchmarks Year 3, 5 & 7*, Curriculum Corporation, 2000.
Bush, T., "Introduction: Setting the Scene," Bush, T., Bell, L., Bolam, R., Glatter, R., Ribbins, P. (ed), *Educational Management*, Paul Chapman Publishing Ltd, 1999.

Caldwell, B. J. and Spinks, J. M., *Leading the Self-Managing School*, Falmer, 1992.
Caldwell, B. J. and Hayward, D. K., *The Future of Schools*, Falmer, 1998.
Caldwell, B. J. and Spinks, J. M., *Beyond the Self-Managing School*, Falmer, 1998.
Caldwell, B. J., *Administrative and Regulatory Mechanisms affecting School Autonomy in Australia*, Department of Employment, Education, Training and Youth Affairs, 1998.
Cotter, R., "Exploring Concepts and Applications of Benchmarking," *Leading and Managing*, Vol. 3, No. 1, 1997.
Curriculum Corporation, *Literacy Benchmarks Year 3, 5 & 7: Writing, Spelling and Reading*, 2000.
Directorate of School Education (Victoria), *Schools of the Future Preliminary Paper*, 1993.
Department of Education (Victoria), *Annual Report, 1993-1994*, 1994.
Department of Education (Victoria), *An Accountability Framework*, 1997.
Department of Education (Victoria), *Developing a School Charter*, 1997.
Department of Education (Victoria), *Guidelines for Annual Reports*, 1997.
Department of Education (Victoria), *School Review, Guidelines for Independent Verification of School-Self Assessments*, 1997.
Department of Education (Victoria), *Triennial School Review, Guidelines for School-Self Assessment*, 1997.
Department of Education (Victoria), *MACLOTE and ESL, Multicultural Policy for Victorian Schools*, 1997.
Department of Education (Victoria), *Annual Report 1997-98*, 1998.
Department of Education (Victoria), *How good is our school?*, 1998.
Department of Education, Employment and Training (Victoria), *Public Education: The Next Generation*, Report of the Ministerial Working Party, 2000.
Department of Education and Training (Victoria), *Where to Now?:Guide to the VCE, VCAL and Apprenticeships and Traineeships for 2003*, 2002.
Department of Education & Training (Victoria), *A Framework for School Network*, 2002.
Department of Education & Training (Victoria), *Blueprint for Government Schools: Future Directions for Education in the Victorian Government School System*, 2003.
Department of Education & Training (Victoria), *Leading Schools Fund*, 2003.
Department of Education and Training (Victoria), *Accountability and Improvement Framework for Victorian Government Schools 2007*, 2006.
Department of Education (Queensland), *The Development of School Councils in Australia: An Overview*, 1984.
Department of Education (Queensland), *Discussion Paper on School Councils in Queensland State Schools*, 1995.
Department of Education (Queensland), *School Planning and Accountability Framework*, 1997, p. 3.
Department of Education (Tasmania), *Assisted School Self Review 1999*, 1999.
Department of the Prime Minister and Cabinet: Office of Multicultural Affairs, *National*

Agenda for a Multicultural Australia: …Sharing our future, 1989.
Department of Education, Science and Training (DEST), *National School Chaplaincy Programme: Guideline*, 2007.
Education Queensland & Queensland Government, *Partners for Success — Strategy for the Continuous Improvement of Education and Employment Outcomes for Aboriginal and Torres Strait Islander Peoples in Education Queensland*, 2000.
Erebus Consulting Partners, *Evaluation of Discovering Democracy Programme 2000-2003*, 2003.
Gamage, D,T., "A Review of Community Participation in School Governance: An Emerging Culture in Australian Education," *British Journal of Educational Studies*, Vol. XXXXI, No. 2, 1993.
Goertz, M. E. and Odden, A., "Preface," Goertz, M. E. and Odden, A. (ed), *School-Based Financing*, Corwin Press, 1999.
Gough J. and Taylor, T., "Crashing Through: Don Hayward and Change in the Victorian School System," *Journal of the Australian College of Education*, Vol. 22, No. 2, 1996.
Gurr, D., *From Supervision to Quality Assurance: The Case of the State of Victoria (Australia)*, International Institute for Educational Planning, UNESCO, 1999.
Henry, J. et al., *Evaluation of VCAL Trial 2002 (Final Report)*, 2003.
Interim Committee for the Australian School Commission, *Schools in Australia*, AGPS, 1973.
James, J., *Contract Management in Australia*, Haper Educational, 1995.
Levacic, R., "Managing for efficiency and effectiveness: developments and progress in the English school system 1988-98," Centre for Applied Educational Research: Research Seminars 1999, Needs-Based Funding, Learning Outcomes and New Patterns in the Governance of Public Education, The University of Melbourne, February 4, 1999.
MCEETYA, *The Adelaide Declaration on National Goals for Schooling in the Twenty-First Century*, 1999.
MCEETYA, *National Data on Participation in VET in Schools Programs & School-based New Apprenticeships for the 2002 School Year*, 2003.
MCEETYA, *National Assessment Program — Civics and Citizenship Year 6 & 10 Report*, 2006.
McGaw, B., "Education and Social Cohesion" Dean's Lecture Series, Faculty of Education, University of Melbourne, 16 May, 2006.
McGuire, L., "Service Delivery Agreements: Experimenting with Casemix Funding and "Schools of the Future"", Alford, J. and O'Neil, D. (ed), *The Contract State: Public Management and the Kennett Government*, Deakin University Press, 1994.
Mendelovits, J., "PISA trickles down: Measuring reading literacy in the International Assessment," 国際研究会「読解リテラシーの測定, 現状と課題」配布資料, 東京大学, 2006年8月6日.
Neave, G., "On the cultivation of quality, efficiency and enterprise: an overview of recent

trends in higher education in Western Europe, 1968-1988," *European Journal of Education*, 23 (1/2), 1988.
Rae, K., "The plucking still of the flaxbush," *Restructuring and Quality*, Routledge, 1997.
State of Victoria, *Education Act 1958*, 1995.
Steering Committee for the Review of Commonwealth/State Service Provision, "Survey of Decision Making in Government Schools," Steering Committee for the Review of Commonwealth/State Service Provision, *Implementing Reforms in Government Services 1998*, AusInfo, 1998.
Teese, R and Polesel, J., *Undemocratic Schooling: Equity and Quality in Mass Secondary Education in Australia*, Melbourne University Press, 2003.
Thursday Island High School & Education Queensland, "Partnership Agreements between Thursday Island High School and Local school community," 2003.
Victorian Curriculum and Assessment Authority, *Victorian Essential Learning Standards: Overview*, 2005.
Victorian Primary Principals Association, Victorian Association of State Secondary Principals, Directorate of School Education, The University of Melbourne, *A Cooperative Research Project, Leading Victoria's Schools of the Future, The First Report, Base-Line Survey of Principals in 1993*, 1993.
Victorian Qualifications Authority, *Victorian Certificate of Applied Learning: Course Accreditation Document*, 2002.

索 引

あ 行

アカウンタビリティ……………… 9, 94, 255
アデレード宣言…………………… 38, 43
オーストラリアの学校…………… 47, 70
オープンスペース………… 119, 120, 235

か 行

学習指導要領……………… 116, 141, 235
学力水準……………………………………41
学校間ネットワーク………………………49
学校教育制度………………………………35
学校群ベンチマーク……………… 78, 79
学校経営計画………………… 8, 10, 11, 14
学校経営研究の実践化…………… 16, 17
学校自己評価…………………… 145, 146
学校審議会……………… 47, 48, 71, 72
学校組織マネジメントシステム…………75
教育の本質…………………………………12
言語教育……………………………………57
国立スクールリーダーシップカレッジ
　……………………………… 6, 257, 259
コールドウエル，B. …………… 6, 69, 253

さ 行

三年ごとの学校評価………………………87
市民性教育…………………………………59
情報教育……………………………… 118, 121
自律的な学校経営………… 6, 69, 70, 74
事例研究…… 2, 17, 22, 25, 26, 210, 217
スクールリーダー養成…… 14, 251, 254,
　256, 258
スクールリーダー養成大学院……… 2, 252
SWOT 分析 ………………………… 168, 175
生徒の学習到達度調査……………………41
全国教育雇用訓練青少年問題審議会……37

先住民教育…………………………… 61, 62

た 行

多文化主義………………………… 34, 55
チャーター…………… 13, 15, 73, 74, 80,
　82-85, 92, 93
チャータースクール………………………15

な 行

ナショナル・カリキュラム………………51
二学期制………………………… 115-117

は 行

バックワード・マッピング…… 97, 98, 100
比較教育研究の実践化……………………22
PISA ………………………… 41, 105, 106
PDCA ……………… 10, 165, 168, 174
フォロー会…………………… 175-177
ブッシュ，T. ……………………………… 8
ブラザー制度…………………… 177, 193
ペアー，H. ……………………… 98, 248
ベンチマーク…… 40, 43, 72, 76-78, 164,
　227-229
放送教育…………………………… 118, 121
ホバート宣言………………………………37

ま 行

マトリックス…………………… 164, 181
民間出身校長…………………………… 173
目標管理システム……………………… 191

や 行

豊かな学び……………………… 121, 122

ら 行

リーディング・スクール・ファンド……50
リテラシー………………………… 45, 46
リフレクション………………………… 205

編著者

佐藤　博志

〈略歴〉
1993年，青山学院大学文学部教育学科卒業
1998年，筑波大学大学院博士課程教育学研究科教育基礎学専攻単位取得満期退学
以後，日本学術振興会特別研究員，メルボルン大学上級客員研究員，筑波大学講師（第Ⅰ種特別教員配置），長崎大学講師を経て，2004年4月，岡山大学大学院教育学研究科に助教授として着任する．
現在，岡山大学大学院教育学研究科准教授

〈専門分野〉
学校経営学，教育行政学，比較教育学

〈著書〉
『諸外国の教育改革と教育経営—公教育の構造転換と新時代の学校像—』玉川大学出版部（共著），『オーストラリア・ニュージーランドの教育』東信堂（共著），『校長の資格・養成と大学院の役割』東信堂（共著），『世界の教員養成Ⅱ—欧米オセアニア編—』学文社（共著），『教員人事評価と職能開発—日本と諸外国の研究—』風間書房（共著），『学校組織マネジメントとスクールリーダー—スクールリーダー育成プログラム開発に向けて—』学文社（共著），『時代の転換と学校経営改革』学文社（共著），ほか多数．

執筆分担

佐藤　博志	岡山大学大学院教育学研究科准教授	序章,第2章,終章,補論
伊井　義人	藤女子大学人間生活学部准教授	第1章，付属資料（翻訳）
松永　喜樹	岡山県倉敷市立乙島小学校教頭	第3章
菅野　孝江	岡山県総社市立総社中学校教諭	第4章
田辺　大藏	岡山県立和気閑谷高等学校教諭	第5章

オーストラリア教育改革に学ぶ
――学校変革プランの方法と実際――

2007年5月30日　第一版第一刷発行
2008年10月20日　第一版第二刷発行

編著者　佐　藤　博　志

発行者　田　中　千津子

発行所　㈱学文社

〒153-0064　東京都目黒区下目黒3-6-1
電話 (03)3715-1501㈹　振替 00130-9-98842
http://www.gakubunsha.com

落丁・乱丁本は，本社にてお取り替えします。　◎検印省略
定価は売上カード・カバーに表示してあります。

印刷／㈱亨有堂印刷所

ISBN 978-4-7620-1701-8

© 2007 SATO Hiroshi Printed in Japan